Umschlagvorderseite: Inselheiligtum Las Nieves
Innenklappe vorn: Straßenszene in Santa Cruz
Innenklappe hinten: Wanderung durch die Caldera de Taburiente
Umschlagrückseite: Palmero im Fenster *(oben)*, Bananenplantage bei San Andrés *(Mitte)*, Blick auf Santa Cruz *(unten)*
Vignette: Drachenbaum
S. 2 f.: Klippen bei Puerto de Naos

Über die Autorin: Susanne Lipps, geb. 1957 in Treysa, studierte Geographie, Geologie und Biologie in Marburg und promovierte 1985. Seit 1988 bereist sie als Studien-Reiseleiterin regelmäßig Spanien und Portugal. Weiterhin ist sie als freiberufliche Publizistin tätig. Bei DuMont erschienen von Susanne Lipps außerdem das Reise-Taschenbuch ›Madeira‹, DUMONT Extra ›Fuerteventura‹, und in der Reihe ›Richtig wandern‹ die Bände ›La Palma – Gomera – Hierro‹, ›Pyrenäen‹ sowie zusammen mit Gerhard Beese ›Mallorca‹.

4., aktualisierte Auflage 1999 (Redaktionsschluß Januar 1999)

Umschlaggestaltung: Groschwitz, Hamburg
Satz und Druck: Rasch, Bramsche
Buchbinderische Verarbeitung: Bramscher Buchbinder Betriebe

Printed in Germany ISBN 3-7701-3155-X

INHALT

LAND & LEUTE

Landschaft und Klima

Gesellschaft, Wirtschaft und Geschichte

Architektur, Kunst, Kultur

UNTERWEGS
AUF LA PALMA

Santa Cruz

Der Südosten

Die Südspitze

Der Westen um Los Llanos

Die Caldera de Taburiente

Der Nordwesten

Der Nordosten

Unbekannter Norden

TIPS & ADRESSEN

LAND & LEUTE

Dunkle Wolkenmassen ringsum, … dann eine blutrote Stelle, die allmählich in ätherisch lichtes Purpur und Grünblau sich auflöst: das märchenhafte La Palma liegt vor uns, … und lockend und niedlich die helle Stadt, Santa Cruz de la Palma, emporkletternd an steilen Lehnen.

Hermann Christ

Landschaft und Klima

Wie alles begann …

Eine »Insel des ewigen Frühlings«

Weihnachtsstern und Wolfsmilch, Drachenbaum und Lorbeer – eine üppige Vegetation

Die Geschichte vom Fischadler und anderen Tieren

Pico de los Muchachos

Eindrücke von der »Isla Verde«

Ob San Borondón, die achte Kanareninsel, die irgendwo westlich von La Palma gelegen haben soll, jemals existiert hat, bleibt auch heute noch ein Geheimnis. Wissenschaftler versuchen, das Phänomen mit einer Luftspiegelung, einer Fata Morgana, zu erklären. Auf den Kanaren erzählt man sich hingegen, die *Encantada* (›Verzauberte‹), wie San Borondón auch genannt wird, würde nach Belieben aus dem Atlantik auftauchen und ebenso unverhofft wieder verschwinden, wenn jemand versuche, sich ihr zu nähern.

Viele wollen sie gesehen haben: So auch der irische Mönch Brandan (Borondón) de Clonfert, der sich im 6. Jh. auf die Suche nach dem Paradies auf Erden begeben hatte. Der Mythos will es, daß die wunderbare Insel mit üppigem Pflanzenwuchs bekleidet ist, der das ganze Jahr über von verschwenderischen Flüssen gespeist wird.

Doch ist es gar nicht nötig, dem ›verlorenen‹ San Borondón nachzutrauern, um Bäume, Blumen und Wasser im Überfluß bewundern zu können: Denn auch auf La Palma kann man ›Natur pur‹ genießen. Wanderer kommen voll auf ihre Kosten in den grandiosen Vulkanbergen oder den schattigen Lorbeerwäldern, wo seltene Pflanzenarten und geheimnisvolle Schriftzeichen der Ureinwohner zu entdecken sind. Baderatten finden kleine, aber feine Strände in verträumten Buchten.

Aber nicht nur die großartige Natur lockt immer mehr Besucher auf die »Isla Verde«, die grüne Insel. Faszinierend sind auch die Menschen, die zwischen Tradition und Moderne alte Bräuche pflegen und die Feste feiern, wie sie fallen. Ein Straßencafé in Santa Cruz könnte der Ort sein, um die glorreiche Vergangenheit der Insel als Handelsstützpunkt zwischen der Alten und der Neuen Welt an sich vorüberziehen zu lassen und sich zugleich zu vergegenwärtigen, daß die Zeit in der quirligen Hauptstadt – aber auch anderswo auf der Insel – nicht stehengeblieben ist.

Die Entstehung der Kanarischen Inseln

Die Kanarischen Inseln, zu denen La Palma gehört, liegen ca. viereinhalb Flugstunden von Deutschland entfernt, der südmarokkanischen Küste vorgelagert, am Ostrand des Atlantischen Ozeans zwischen 27,5 und 29,5° nördlicher Breite sowie zwischen 13,5 und 18,5° westlicher Länge. La Palma ist die nordwestlichste Insel des Archipels. Ihre Entfernung zum afrikanischen Kontinent beträgt etwa 400 km, nach Spanien sind es fast 1500 km. Von den sieben Inseln des Kanaren-Archipels ist La Palma mit rund

›Steckbrief‹

Lage:	ca. 18° westliche Länge, ca. 28,5° nördliche Breite; nordwestlichste Insel des Kanaren-Archipels; etwa 80 km von Teneriffa entfernt
Fläche:	726 km²
Einwohner:	ca. 92 000; davon etwa 800 Deutsche
Bevölkerungsdichte:	ca. 126 Einwohner/km²
Hauptstadt:	Santa Cruz, ca. 20 000 Einwohner
Weitere Gemeinden:	Breña Alta ca. 5000, Breña Baja ca. 3000, Villa de Mazo ca. 5000, Fuencaliente ca. 2000, Los Llanos de Aridane ca. 18 000, El Paso ca. 7000, Tazacorte ca. 7000, Tijarafe ca. 3000, Puntagorda ca. 2000, Garafía ca. 2000, Puntallana ca. 2300, San Andrés y Sauces ca. 5500, Barlovento ca. 2500 Einwohner
Religion:	mehr als 99% römisch-katholisch
Sprache:	Spanisch
Tourismus:	ca. 150 000 Gäste im Jahr; ca. 9000 Gästebetten
Verwaltung:	seit 1982 Autonome Region der Kanarischen Inseln innerhalb des spanischen Staates; für die Inselverwaltung ist der *Cabildo Insular* (›Inselrat‹) zuständig
Wichtigste Exportartikel:	Bananen, Avocados, Zigaretten, Zigarren

726 km² die fünftgrößte nach Teneriffa, Fuerteventura, Gran Canaria und Lanzarote, aber vor Gomera und Hierro. Bei günstigen Wetterlagen kann man von La Palma Teneriffa (etwa 80 km), Gomera und Hierro (60 bzw. 65 km) ausmachen.

La Palma ist ebenso wie die anderen Inseln des Kanaren-Archipels vulkanischen Ursprungs. Der griechische Philosoph Platon sah

Kanarische Inseln ▷

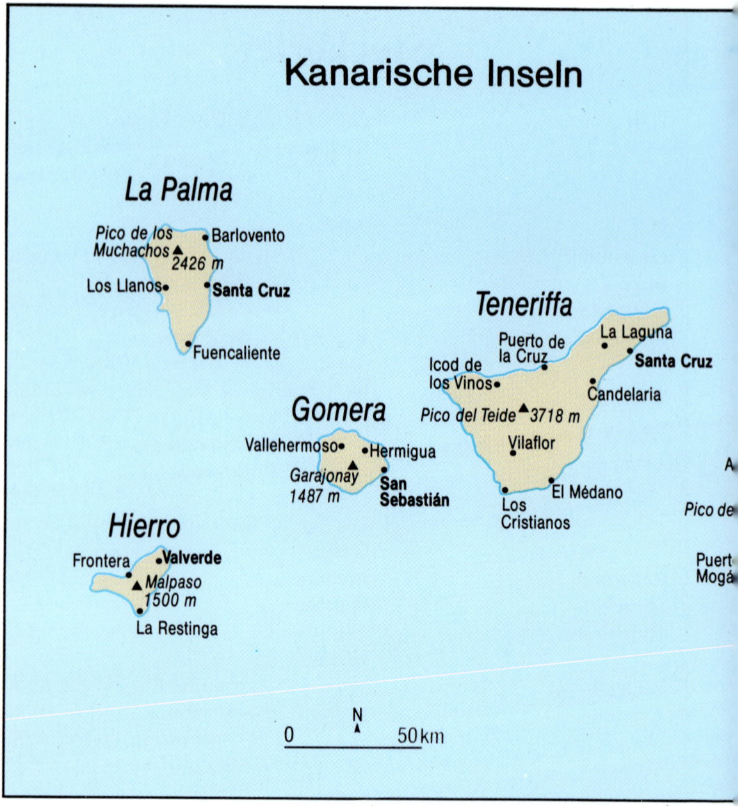
Kanarische Inseln
La Palma
Pico de los
Muchachos
2426 m
Barlovento
Los Llanos
Santa Cruz
Fuencaliente
Teneriffa
Puerto de
la Cruz
La Laguna
Santa Cruz
Icod de
los Vinos
Candelaria
Pico del Teide
3718 m
Vilaflor
El Médano
Los
Cristianos
Gomera
Vallehermoso
Hermigua
Garajonay
1487 m
San
Sebastián
Hierro
Frontera
Valverde
Malpaso
1500 m
La Restinga
N
0
50 km

m
4000
3000
2000
Hierro
La Palma
Gomera
Teneriffa

Alegranza
Montaña Clara
Graciosa
Lanzarote
Peñas del Chache
671 m
Yaiza
Arrecife
Lobos
Corralejo
La Oliva
Puerto del Rosario
Betancuria
Fuerteventura
Canaria
Pico de la Zarza
807 m
Gran Tarajal
Las Palmas
Teror
Morro del Jable
1949 m
San Bartolomé
Maspalomas
Marokko

m
4000
3000
2000
1000
an Canaria
Fuerteventura
Lanzarote

die Inselgruppe als Rest des versunkenen Kontinents Atlantis an, eine Hypothese, die später immer wieder gerne aufgegriffen wurde, heute aber als wissenschaftlich unhaltbar gilt. Vielmehr ist die Entstehung der Inseln auf die Kontinentaldrift – auf die langsame Wanderung des afrikanischen Kontinents und des angrenzenden Ozeanbodens über die tiefergelegenen Schichten des flüssigen Erdinneren nach Osten – zurückzuführen. In den 70er Jahren vermutete man im Erdinneren unter den Kanarischen Inseln einen sogenannten »hot spot« (›heißer Fleck‹), von dem man annahm, er würde für ständigen Nachschub an Magma (durch Erdwärme aufgeschmolzenes Gestein) sorgen und dabei seine Lage nicht verändern, während der Atlantikboden über ihn hinwegwandert. Wiederholte Eruptionen über dem »hot spot« hätten im Verlauf von Jahrmillionen die Vulkaninseln vom Tiefseeboden über den Meeresspiegel hinauswachsen lassen. Diese Theorie stützte sich auf das abnehmende Alter der Inseln von Ost nach West. Die Ostinseln Lanzarote und Fuerteventura begannen vor etwa 20 Millionen Jahren über die Meeresoberfläche emporzusteigen, La Palma und Hierro dagegen werden nur 2 bis 3 Millionen Jahre zugeschrieben.

Heute ist die »hot spot«-Theorie für die Kanarischen Inseln überholt. Man hält es mittlerweile für wahrscheinlich, daß die Inseln auf gehobenen Schollen des hier in etwa 4000 m Tiefe liegenden Atlantikbodens sitzen, der im mittleren Tertiär (vor ca. 30–40 Millionen Jahren) bei seiner Wanderung nach Osten durch tektonische Kräfte vor der afrikanischen Küste gestaucht wurde und zerbrochen ist. Am Ozeanboden dringt an Bruchlinien Magma aus dem flüssigen Erdinneren empor. Wiederholte Eruptionen führten allmählich zum Aufbau der gewaltigen Vulkane.

Auf La Palma, an den steilen Wänden des Barranco de las Angustias, findet man kissenförmige Lavablöcke mit Durchmessern bis zu 1 m, die durch die Erosion freigelegt wurden – die sogenannte Kissenlava. Häufig sind die Blöcke kräftig grün gefärbt – ein Zeichen dafür, daß die Kissenlava schon zu Grünstein zersetzt ist. Diese Gesteine dokumentieren, daß die Insel bereits unter dem Meeresspiegel aufgebaut wurde. Durch tektonische Kräfte wurden sie nachträglich über die Meeresoberfläche gehoben. Auch grobkristalline Tiefengesteine findet man hier und da im Barranco de las Angustias. Meist handelt es sich um *Gabbro*, ein granitähnliches Gestein, das vermutlich aus der tieferen Erdkruste stammt und gemeinsam mit der Kissenlava gehoben wurde. Beide zusammen bilden den sogenannten Basalkomplex, also den geologischen Grundstock der Insel.

Auf die Hebung des Basalkomplexes folgte eine Zeit vulkanischer Ruhe, in der die submarin entstandenen Gesteinsschichten durch Erosion teilweise abgetragen wurden. Später kam es durch erneute Eruptionen zur Bildung der jüngeren vulkanischen Gesteinsserien. An den steilen Innenwänden der Caldera de Taburiente sind die erkalteten Lavaströme angeschnitten: Sie sind an den dunklen (Basalt) oder hellgrauen (Trachyt, Phonolith) Farben zu erkennen. Die Lavaströme wechseln mit rötlichem Tuff ab – also mit vulkanischen Auswurfmassen, die bei explosionsartigen Ausbrüchen herausgeschleudert wurden. Diese Schichten ließen im heutigen Nordteil La Palmas einen riesigen Vulkankörper entstehen, einen sogenannten Stratovulkan (Schichtvulkan), der früher 3500 m über die Meeresoberfläche hinausgeragt haben dürfte. Damit war La Palma einschließlich seines submarinen Teils einst etwa 7500 m hoch – und auch heute noch ist die Gesamthöhe mit 6500 m beachtlich. Der überwiegende Teil der Gesteinsmasse, rund 90%, befindet sich allerdings unterhalb des Meeresspiegels.

Die Caldera de Taburiente ist mit 7 km Durchmesser und einer Tiefe von mehr als 2000 m einer der größten Krater der Welt. Der deutsche Geologe Leopold von Buch (1774–1853) führte nach seinen Untersuchungen auf La Palma den Begriff *Caldera* (›Kessel‹) in die Fachsprache ein: Nach seinen Forschungen entstand die Caldera de Taburiente durch Einsturz des einstmals weitaus höheren Vulkandoms, dessen Magmakammer keinen Nachschub an flüssigem Gestein aus dem Erdinneren erhielt. Diese Theorie ist für andere Riesenkrater, wie z. B. die Caldera auf Teneriffa, nach wie vor gültig. Für die Caldera de Taburiente nimmt man allerdings heute eine kombinierte Entstehung aus Einsturz und Erosion von der Küste her (Barranco de las Angustias) an.

Geologisch jünger als der Nordteil La Palmas sind die südlich angrenzenden Gebirgszüge, die Cumbre Nueva und ihre Fortsetzung, die knapp 2000 m hohe Cumbre Vieja. Beide Gebirgsrükken verdanken ihre Entstehung der Öffnung eines spaltenförmigen Risses in der Erdkruste, der von der Caldera südwärts verläuft. An dieser Störungszone dringt immer wieder Magma zur Erdoberfläche empor. Auf dem Kamm der Cumbre Vieja reihen sich über 100 Vulkankegel und Krater aneinander. Wiederholt kam es noch in historischer Zeit zu Ausbrüchen, zuletzt 1971, als mit dem Teneguía an der Südspitze La Palmas der vorerst jüngste Vulkan der Kanarischen Inseln entstand. Auch in Zukunft ist mit Eruptionen an der Cumbre Vieja zu rechnen (siehe S. 111f.).

Große Höhenunterschiede auf kleinstem Raum haben dazu geführt, daß der Nordteil La Palmas stark zerklüftet und unwegsam ist. Reißende Gebirgsbäche haben in den vergangenen Jahrtausenden unter feuchteren klimatischen Bedingungen als heute auf ihrem kurzen Weg zum Meer tiefe Schluchten

Wassermangel auf der »grünen Insel«?

Einen seltsamen Sport kann man hin und wieder im kanarischen Fernsehen verfolgen. Der auf der Welt wohl einmalige *calabazo* wird in Los Llanos gepflegt. Mit einem Blechnapf, der gut 12 l faßt und an einem langen Stiel befestigt ist, schöpfen kräftige Burschen unentwegt Wasser. Etwa 2 m Höhenunterschied sind dabei zu überwinden, wofür sie im Schnitt nur 3 Sekunden brauchen. Wer am schnellsten schöpft, hat gewonnen.

Was heute eine Gaudi mit Pokalverleihung ist, war für die Bauern der sogenannten Calabazo-Fincas bis vor wenigen Jahrzehnten bittere Realität. Ihr Land lag oberhalb des Bewässerungskanals, der Quellwasser aus der Caldera auf die Plantagen des Aridane-Tals leitete. Gegen Bezahlung durften sie an bestimmten Wochentagen soviel von dem kostbaren Naß entnehmen, wie sie per Hand schöpfen konnten. Dazu benutzte man ursprünglich einen ausgehöhlten Kürbis (span. *calabaza*). Geschöpft wurde über mehrere Etagen, um möglichst viel Land bewässern zu könne. Bis zu 15 m^3 Wasser hob ein Mann pro Stunde. Seit den 50er Jahren wurden Stollen (*galerías*) in die Berge getrieben, um das Grundwasser anzuzapfen. Neue Kanäle wurden gebaut, die den Calabazo überflüssig machten. Ohnehin fand sich kaum noch jemand zu der kräftezehrenden Tätigkeit bereit.

Heute stehen die Plantagenbesitzer vor neuen Problemen. Die Galerías, die etwa die Hälfte der Wasserversorgung La Palmas abdekken, versiegen allmählich. Rund 4 m Grundwasserabsenkung werden pro Jahr in der Umgebung der Stollen beobachtet. Wasser ist auf den Kanarischen Inseln seit jeher Privateigentum und damit der Kontrolle der Öffentlichkeit entzogen. Obwohl die ökologische Problematik der Galerías längst bekannt ist, treiben private Wassergesellschaften immer neue, oft kilometerlange Gänge ins Gestein.

Umweltschützer warnen vor einem völligen Austrocknen der »Isla Verde« (›Grüne Insel‹). Diesen Beinamen erhielt La Palma einst wegen seines Wasserreichtums. War man doch 1893 noch auf ein Wasserkraftwerk stolz, dessen Stromerzeugung es Santa Cruz als erster Stadt auf den Kanaren ermöglichte, die Straßen zu beleuchten. Von den drei Wasserkraftwerken, die es in den 60er Jahren auf La Palma gab, er-

Bananenplantage bei San Andrés

zeugt heute nur noch eines Strom. Das Quellwasser der Caldera de Taburiente ist innerhalb der letzten 20 Jahre um ca. 70% zurückgegangen, ein Drittel der Quellen sind bereits versiegt. Im trockenen Westen der Insel sind tagelange Wasserausfälle im Sommer keine Seltenheit mehr.

Dennoch wird weiterhin gedankenlos Wasser konsumiert, als hätte man völlig vergessen, wie mühsam es einst gewonnen werden mußte. Der Pro-Kopf-Verbrauch liegt auf La Palma mit ca. 1200 m^3 im Jahr rund doppelt so hoch wie in Deutschland, wobei der vielgeschmähte Tourismus nur für 0,3% des Verbrauchs verantwortlich zeichnet. Der Löwenanteil entfällt mit 95% auf die Landwirtschaft. Um 1 kg Bananen zu erzeugen, werden 400 Liter Wasser benötigt. Mindestens noch einmal soviel versickert – wie Experten feststellten – in undichten Zuleitungskanälen oder verdunstet aus nicht abgedeckten Wassertanks. Durch den Bau gigantischer Staubecken hofft die Inselregierung das Problem in den Griff zu bekommen. Sinnvoller wäre es nach Ansicht von Ökologen, auf den Anbau von Bananen zu verzichten und auf Kulturen auszuweichen, die weniger Wasser benötigen (z. B. Avocado, Mango oder Papaya).

(*barrancos*) in den Vulkankörper geschnitten. Dazwischen blieben breite Bergrücken (*tablados*) stehen. Weitaus weniger wurden bisher die jüngeren Vulkanketten im Süden der Insel von der Erosion angegriffen. Das weite Aridane-Tal dürfte durch tektonische Absenkung entstanden sein. Heiße Lavaströme traten in den letzten Jahrhunderten immer wieder aus Kratern auf der Cumbre Vieja aus und wälzten sich mit zerstörerischer Kraft hangab Richtung Küste. Auf ihrem Weg hinterließen sie unfruchtbare Schollenfelder, die von den Einheimischen »Malpaís« (›schlechtes Land‹) genannt werden.

Flache Küstenabschnitte gibt es auf La Palma kaum. Die Brandung nagt von allen Seiten intensiv an der Vulkaninsel. Vielerorts fallen hohe Kliffs senkrecht zum Meer ab. Die wenigen kleinen Badebuchten mit dunkelsandigem bis kiesigem Strand, der nicht selten von grobem Geröll oder gar Felsen durchsetzt wird, sind vor allem in der Südhälfte der Insel zu finden. Im Norden legte man als Ersatz an einigen Stellen Badeplätze in den felsigen Küstenabhängen an, an denen man im Pool oder im Meer schwimmen kann.

Klima

Die Kanarischen Inseln werden auch »Inseln des ewigen Frühlings« genannt. In der Tat ist das Klima dank der südlichen Lage ganzjährig ausgeglichen. Temperaturextreme, wie sie für die nahegelegene Sahara charakteristisch sind, werden durch den Kanarenstrom – einen relativ kühlen Ausläufer des Golfstroms – gemildert. In den Wintermonaten sinkt das Thermometer in den Küstengebieten La Palmas selten unter 18 °C, im Sommer ist es mit Durchschnittstemperaturen zwischen 21 und 24 °C angenehm kühl. Die Wassertemperaturen schwanken zwischen 18 °C im Februar und 22 °C im August.

Während im Sommerhalbjahr selten Niederschläge fallen, sind die Monate November bis Januar mit ausgiebigen Regenfällen gesegnet. Im Jahresdurchschnitt fallen an der Ostküste in Santa Cruz rund 500 mm Niederschlag, an der Westseite der Insel bei Tazacorte sind es nur knapp 300 mm. Relativ regenreich ist die Nordostecke La Palmas mit 900 mm (bei Barlovento). Dafür sorgen die stetigen nordöstlichen Passatwinde (*alisios*), die fast täglich gegen Mittag in Höhen über 600 m Bewölkung bringen. Erst am frühen Abend klart der Himmel wieder auf. Das von Nord nach Süd verlaufende Bergmassiv im Inselinneren hält das schlechte Wetter von der Westküste fern. Häufig läßt sich ein eindrucksvolles Naturschauspiel beobachten, wenn die Wolken in Kaskaden über den Caldera-Rand und die Cumbre Nueva fließen und sich auf der Westseite rasch auflösen. Im allgemeinen ist daher der Westen La Palmas sonniger als die Ostküste. Bei einer Fahrt von Santa Cruz nach Los Llanos wird man häufig bei Nebel in den Cumbre-Tunnel einfahren und auf der anderen Seite bei Sonnenschein herauskommen. Doch verregnete Tage sind auch in der östlichen Küstenregion nicht zu erwarten.

Große klimatische Unterschiede bestehen zwischen den Küstengebieten und den höheren Lagen, was man bei Ausflügen in die Berge berücksichtigen sollte. Mit der Höhe nehmen die tages- und jahreszeitlichen Temperaturschwankungen zu. Die Passatwolkenzone, deren Obergrenze etwa bei 1500 m liegt, ist niederschlagsreich (um 1000 mm pro Jahr) und mit Temperaturen zwischen 12 und 16 °C recht kühl. Weiter oben ist es dagegen meist sonnig und trocken mit durchschnittlichen Jahresniederschlägen um 400 mm. In den kälteren Monaten kommt es hier regelmäßig zu Nachtfrost, im Tagesverlauf kann es dann aber recht warm werden. Nur im Winter fällt auf den höchsten Bergen auch einmal Schnee.

Obwohl im wesentlichen die Passatwinde das Klima La Palmas bestimmen, greifen im Winterhalbjahr zuweilen auch atlantische Tiefausläufer aus westlichen oder nördlichen Richtungen auf die Insel über. Sie können auch der Westküste Regen bringen. Sehr selten bestimmt dagegen die Südostwetterlage (*tiempo del sur* oder *brisa*) das Wetter. Dann weht ein warmer, trockener Saharawind, der feinen, rötlichen Wüstenstaub mitbringt. Der Himmel ist wolkenlos, aber dunstig, und im Hochsommer können die Temperaturen für wenige Tage auf über 40 °C steigen.

Vegetation

Seit Alexander von Humboldt vor etwa 200 Jahren die Kanaren bereist und beschrieben hatte, kamen immer wieder Botaniker aus aller Welt, um die außergewöhnliche Flora zu erforschen. Jahrhunderte menschlicher Besiedelung veränderten allerdings die Vegetation La Palmas, wobei die altkanarische Bevölkerung an dieser Veränderung keinen ausschlaggebenden Anteil nahm.

Aufgrund der isolierten Lage der Inseln machte die Flora eine eigenständige Entwicklung durch, so daß heute zahlreiche Arten Endemiten, d. h. örtlich begrenzt auftretende Pflanzen, sind. 40 Blütenpflanzen und Farne wachsen beispielsweise ausschließlich auf La Palma (Lokalendemiten). Andere kommen auf mehreren Inseln vor: An den insgesamt rund 800 Gefäßpflanzenarten der natürlichen Flora La Palmas haben die Kanarenendemiten einen Anteil von 20%. Relativ wenige Blütenpflanzenarten haben vor der Besiedelung durch den Menschen den Sprung von Nordafrika oder aus dem Mittelmeerraum über den

Hibiskus

Atlantik geschafft, daneben zahlreiche Farne, Moose und Pilze, deren winzige Sporen vom Wind leicht transportiert werden können.

Die heutige Vielfalt an Kulturpflanzen wie Zuckerrohr, Wein und Banane, Obst-, Gemüse- und Getreidesorten fand erst mit den spanischen Eroberern auf der Insel Verbreitung. Mit den Nutzpflanzen wurde vielerlei Ackerunkraut eingeschleppt, das verwilderte und sich in die natürliche Vegetation einfügte. Nicht selten verdrängte es dabei – zum Leidwesen der Botaniker – die heimische Flora.

Übrigens – La Palma wurde nach der **Kanarischen Palme** (Phoenix canariensis) benannt, von der es heißt, sie sei die schönste Vertreterin der Gattung der Dattelpalmen. Wie alle Palmen steht sie sprichwörtlich gern mit dem Schopf im Feuer, mit den Füßen dagegen im Wasser. Sie bevorzugt Standorte in den sonnigen Küstenregionen, wächst dort aber an feuchten Stellen, wo sie mit ihren Wurzeln das Grundwasser erreichen kann. Auf La Palma ist sie gar nicht so verbreitet, wie man vielleicht vermuten könnte. Schöne Palmenhaine gibt es vor allem rund um Breña Alta.

Kerzenstrauch

Ziergewächse

Neben Kulturpflanzen brachten die Spanier Ziergewächse aus aller Welt auf die Kanarischen Inseln. Die Bewohner La Palmas lieben eine üppige Blütenpracht: Öffentliche Parkanlagen, Privatgärten oder

Fensterkästen sind mit tropischen und subtropischen Blütenpflanzen reichlich geschmückt. Sogar die Straßen werden vielfach von Blumenrabatten gesäumt. Ganzjährig entfalten sich in dem milden Klima La Palmas immer neue Blüten. Während im Winter der **Weihnachtsstern** (Euphorbia pulcherrima) zu riesigen Büschen von bis zu 4 m Höhe heranwächst, hüllen sich im Frühjahr die **Palisanderbäume** (Jacaranda mimosifolia) in ein tiefblaues Blütenkleid. Zu allen Jahreszeiten erfreuen **Hibiskus** (Hibiscus rosasinensis), **Bougainvillea** und der prächtige **Afrikanische Tulpenbaum** (Spathodea campanulata) mit seinen feuerroten Blütenkelchen das Auge des Betrachters. Wegen seines majestätischen Wuchses pflanzt man als Parkbaum gern den **Indischen Lorbeer** (Ficus microcarpa).

Bougainvillea

Die Küstenzone (0–500 m)

Mit 2426 m ist La Palma nach Teneriffa die zweithöchste Kanareninsel. Durch die klimatischen Unterschiede zwischen den einzelnen Höhenlagen bildeten sich im Laufe der Zeit mehrere Vegetationsstockwerke heraus.

Im küstennahen Bereich fallen wenig Niederschläge, die Temperaturen sind ganzjährig mild. Ursprünglich wuchs hier ein lockeres Gebüsch aus trockenheitsliebenden

Äonium in Lava

Pflanzen (vorwiegend Sukkulenten). Auffälligste Vertreter dieses Vegetationstyps sind die **Kandelaber-Wolfsmilch** (Euphorbia canariensis), von den Einheimischen *cardón* genannt, sowie die **Süße Tabaiba** (Tabaiba dulce), ebenfalls eine Wolfsmilchart. Die Terrassierung der Küstenhänge für den Bananenanbau oder die Erschließung für den Tourismus, vor allem aber die intensive Weidennutzung führten dazu, daß das Gebüsch der unteren Vegetationszone in seiner natürlichen Ausprägung sich heute praktisch auf die fast unzugänglichen Steilwände der Barrancos beschränkt. Diese sind, vor allem an der Nordküste der Insel, botanisch äußerst interessant. Hier gedeihen auch zahlreiche seltene Arten, darunter einige endemische Dickblattgewächse der Gattung Aeonium. Der zu diesen Gewächsen zählende **Dachwurz** siedelt sich auch gern auf Mauern und vor allem auf Hausdächern an.

Selten sieht man in der Küstenzone Bäume. Neben der Kanarischen Palme gedeihen in den feuchten Talgründen der Barrancos noch **Tamarisken.** Erst oberhalb von 200 m – vor allem im Norden und Nordwesten – wächst der **Kanarische Drachenbaum** (Dracaena draco), der auf den anderen Kanareninseln fast völlig ausgerottet wurde (siehe S. 162f.). Den **Phönizischen Wacholder** (Juniperus phoenicea), der früher auf La Palma ausgedehnte Buschwälder bildete, findet man heute nur noch in kleineren Beständen, meist auf steilen Felsabhängen. Dort gedeihen auch **Wilder Ölbaum** (Olea europaea), **Kanarischer Johannisstrauch** (Hypericum grandifolium) und **Drüsiger Faulbaum** (Thamnus glandulosa).

Die Lorbeerwaldstufe (500–1500 m)

In den Höhen des feuchten Nordteils der Insel ist der Lorbeerwald beheimatet. Diese Pflanzenformation ist an die feuchtigkeitsgesättigte Passatwolkenstufe gebunden. Der dichte, immergrüne Vegetationstyp beherbergt in der oberen Baumschicht vor allem den namengebenden **Azoren-Lorbeer** (Laurus azorica). Einige ihm äußerlich recht ähnliche Arten, die bis in die jüngste Vergangenheit wegen ihres wertvollen Holzes sehr gesucht waren, sind rar geworden: Zu nennen sind hier insbesondere der **Kanarische Lorbeer** (Apollonias barbujana) und der mit dem Avocadobaum verwandte **Madeira-Mahagoni** (Persea indica), dessen relativ große Blätter sich im Frühsommer rötlich färben. Gerne nagen Ratten an seiner Baumrinde, denn der Saft wirkt leicht berauschend. Der **Stinklorbeer** (Ocotea foetens) ist an den eichelähnlichen Früchten zu erkennen. Diese stattliche Baumart bildet auf La Palma im Gegensatz zu den anderen Kanareninseln noch imposante Hochwaldbestände. Ein dichter Unterwuchs aus Büschen, Kräutern, Farnen und Moosen ist charakteristisch für den Lorbeerwald. Hier gedeiht auch der schönste und größte Farn der Kanaren, die **Woodwardia** (Woodwardia radicans), deren Wedel bis zu 3 m lang werden können. In höheren Lagen (ab etwa 1200 m) und am Übergang zur Südseite der Insel ist der Lorbeerwald häufig mit **Gagelbaum** (Myrica faya) und **Baumheide** (Erica arborea), von den Einheimischen *Brezo* genannt, durchsetzt. Beide vertragen mehr Trockenheit und größere Temperaturunterschiede als die Lorbeerarten. Vor allem an der Ostflanke des zentralen Gebirgszuges sind diese häufig die einzigen Bäume und bilden eine eigene Unterformation, die man Monteverde oder **Fayal-Brezal** nennt.

Ausgedehnte Lorbeerwälder stehen nur noch in schwer zugänglichen Schluchten und an steilen Hängen im Norden und Nordosten der Insel (siehe S. 184f.). In Siedlungsnähe fielen die Wälder in früheren Jahrhunderten dem hohen Brennholzbedarf der Zuckermühlen zum Opfer. Später forstete man diese Flächen oft mit Eßkastanien auf. An anderen Stellen verschwanden nach wiederholtem Holzeinschlag die höheren Baumarten und machten einem Gebüsch aus Gagelbaum und Baumheide Platz.

Die Kiefernwaldstufe (bis 2000 m)

Der **Fayal-Brezal** markiert den Übergang zur zweiten wichtigen Waldformation La Palmas, dem Kiefernwald, der an den Nordhängen oberhalb der Lorbeerwaldstufe zu finden ist und dort bis in Höhen von 2000 m reicht. An den trockeneren Südhängen ersetzt er den Lorbeerwald und steigt dort bis auf 500 m hinab. Praktisch einziger Baum ist hier die bis zu 30 m hohe **Kanarische Kiefer** (Pinus canariensis), die äußerst anspruchslos ist und sogar auf jungen Lavaböden Fuß fassen kann (z. B. im Krater des Vulkans San Antonio). Für den Wasserhaushalt der Insel hat sie große Bedeutung, da sie mit ihren langen Nadeln (bis 30 cm) feinste Tropfen aus den Wolken auskämmt. Sehr alte Exemplare der Kanarischen Kiefer besitzen außerdem ein wertvolles Kernholz, das von den Einheimischen *tea* genannt wird. Es ist besonders harzreich und aufgrund seiner Widerstandsfähigkeit gesucht. Ausgewachsene Kiefern, die mehrere hundert Jahre alt werden können, sind selten geworden. In den letzten Jahrzehnten wurden große Gebiete mit der Kanarischen Kiefer wieder aufgeforstet, so auch Areale, auf denen von Natur aus der Lorbeerwald gedeiht. Kiefern bedecken heute etwa drei Viertel der Waldfläche La Palmas (Waldanteil insgesamt: 41,4%).

Nahe der Baumgrenze mischt sich der **Zedern-Wacholder** (Juniperus cedrus) unter den Kiefernbestand, der früher wegen seines wertvollen Holzes sehr gesucht war. Während er auf den anderen Kanareninseln selten geworden ist, findet man ihn auf La Palma noch häufig, vor allem an den Steilhängen der Caldera-Umrandung. Immer wieder kommt es im Kiefernwald zu Bränden (s. S. 165f.). Die Bäume überstehen sie dank ihrer dicken Borke relativ unbeschadet, doch leidet der Unterwuchs, der oft nur aus drei Schmetterlingsblütlern, der **Drüsenfrucht** (Adenocarpus sp.) und **Blättchenreichen Drüsenfrucht** (Adenocarpus goliolosus) sowie dem **Sprossenden Zwergginster** (Chamaecytisus proliferus), besteht. Im Frühjahr sind die Hänge der höheren Lagen von einem rosaroten Blütenteppich der **Zistrose** (Cistus symphytifolius) bedeckt.

Die Höhensteppe (ab 2000 m)

Die Bedingungen für die Flora in der fast stets wolkenfreien Kammregion der Caldera sind besonders hart. Extreme Temperaturunterschiede und große Trockenheit lassen kaum mehr als ein Dutzend hochspezialisierte Arten gedeihen. Die Pflanzen zeichnen sich durch einen niedrigen, polsterförmigen Wuchs und kleine, meist behaarte Blätter aus. Im Sommer verwandelt sich die Caldera-Umrandung dank der sehr häufigen, ginsterähnlichen **Klebrigen Drüsenfrucht** (Adenocarpus viscosus) in ein gelbes Blütenmeer. Die anderen Arten der Höhensteppe findet man praktisch nur noch auf Rückzugsstandorten an den oberen Steilhängen der Caldera. In Felsspalten wächst noch das vom Aussterben bedrohte **La Palma-Veilchen** (Viola palmensis). Zuweilen findet man noch den **Teide-Natternkopf** (Echium wildpretii ssp. trichosiphon) mit seinen kerzenförmigen, bis 2 m hohen Blütenständen, der auf La Palma eine eigene Unterart bildet.

Tierwelt

Im Vergleich zur üppigen Flora präsentiert sich die Fauna unauffällig. Mit Ausnahme der **Madeira-Zwergfledermaus** (Pipistrellus maderensis), die bisher nur auf La Palma und Madeira gefunden wurde, gab es von Natur aus keine Landsäugetiere auf der Insel. Erst der Mensch brachte die Haustiere mit. Der **Mufflon**, ein aus Korsika und Sardinien stammendes Wildschaf, wurde erst 1954 von der Nationalparkverwaltung in der Caldera de Taburiente ausgesetzt. In den Inselgewässern leben **Delphine** und der rund 6 m lange, tiefschwarze **Grind-** oder **Pilotwal** (Globicephala melaena), von dem es zwischen La Palma, Teneriffa und Gomera schätzungsweise 300 Exemplare gibt. Die sehr geselligen Grindwale, die immer in Herden von mindestens zehn Tieren auftreten, werden oft auch in Küstennähe beobachtet.

Vielfältiger ist die Vogelwelt: Rund 40 Vogelarten brüten auf La Palma, viele weitere besuchen die

Insel regelmäßig. Zahlreiche Vögel, die nahe Verwandte in Mitteleuropa besitzen, sind hier heimisch, so die **Palma-Blaumeise**, der **Palma-Buchfink** u.a. In den Bergregionen hält sich die **Graja** (Pyrrhocorax pyrrhocorax barbarus), eine Unterart der Alpenkrähe, auf. Das laute Kreischen des Rabenvogels mit dem roten Schnabel ist im Westen der Insel recht häufig zu vernehmen. In offenem Gelände sieht man nicht selten den **Turmfalken** (Falco tinnunculus), der sich von Eidechsen ernährt. Im Baumheidegebüsch lebt das **Wintergoldhähnchen** (Regulus regulus). Die wärmeren Gebiete in der Küstennähe bevorzugt der **Kanariengirlitz** (Serinus canaria), die Stammform des beliebten Kanarienvogels. Die Zuchtrassen mit einer Vielzahl von Farbvarianten entstanden seit dem 17. Jh. in verschiedenen europäischen Ländern. Von den Früchten des Stinklorbeers und des Madeira-Mahagonis ernährt sich die scheue **Lorbeertaube** (Columba junoniae), die außer auf La Palma noch auf Teneriffa und Gomera zu Hause ist.

Bei Garafía

Aus dem Leben des Fischadlers

Roque del Guincho (›Fischadlerfelsen‹), *Punta de los Guinchos* (›Fischadlerspitze‹) oder einfach *El Guincho* (›Fischadler‹) sind Namen, die neugierig machen. Hoch über der Steilküste aufragende Felsen werden auf La Palma nicht selten so bezeichnet. An solchen Stellen baut der große, fischfressende Greifvogel gerne seinen Horst, um die Fanggründe beobachten zu können. Wird er der Beute ansichtig, stürzt er sich in steilem Flug abwärts, taucht tief ins Wasser und krallt seine Fänge in den Fisch. Der etwa 60 cm lange, schwarzbraune Fischadler (Pandion haliaëtus) ist an seinem weißen Oberkopf mit den dunklen Augenstreifen und dem ebenfalls weißen Bauch zu erkennen – falls man das seltene Glück hat, ihm zu begegnen. Früher scheint er überall an den Küsten La Palmas genistet zu haben. Hin und wieder wird er heute noch bei Garafía gesichtet. Die jüngste vogelkundliche Bestandsaufnahme verzeichnet ihn aber für La Palma nicht mehr als Brutvogel. Auf einigen anderen Inseln des Archipels nistet er noch vereinzelt, doch steht er auf der roten Liste der Tierschützer und zählt zu den am stärksten gefährdeten Tierarten der Kanaren.

In der Bevölkerung ist die Erinnerung an den beeindruckenden Greifvogel noch sehr lebendig. »El Guincho« ist ein Name, den viele Kneipen, Restaurants oder Supermärkte tragen. Auf Lanzarote hat der weltweit bekannte Künstler César Manrique (1919–1992) die von ihm

Die Seevögel kommen meist nur zum Überwintern nach La Palma. Typische Vertreter sind der **Gelbschnabelsturmtaucher** (Calonectris diomedea) und die **Flußseeschwalbe** (Sterna hirundo).

Schlangen gibt es auf La Palma nicht, was Wanderer beruhigen wird. Der mitteleuropäischen Zauneidechse ähnelt die recht häufige **Palma-Eidechse** (Gallotia galloti palmae), die an den hellblauen Seitenflecken zu erkennen ist. Nachts jagt der **Teneriffagecko** (Tarentola delalandii) nach Insekten, oft auch an Hauswänden, die er dank seiner Haftzehen mühelos erklimmen kann. Er ruht tagsüber in schattigen Felsspalten oder unter Steinen. **Laubfrösche** (Hyla meridionalis) und **Wasserfrösche** (Rana perezi) bevölkern Tümpel und Wasserbekken.

Unter den zahlreichen Insektenarten entdecken die Zoologen immer wieder neue Arten. Auffälligste Vertreter sind die Libellen und Schmetterlinge, unter denen be-

gegründete Umweltschutzgruppe nach ihm benannt. Was ist mit dem Fischadler und vielen anderen vom Aussterben bedrohten Vogelarten geschehen?

Die Antwort ist in der Jagdleidenschaft der Canarios zu suchen. In ländlichen Gebieten ist die Jagd für die Männer oft die einzige Abwechslung zum täglichen Einerlei. Geschossen wird um des Schießens willen, auch auf Tiere, die – wie der Fischadler – zum Verzehr kaum geeignet sind. Eine Jagdscheinprüfung ist nicht erforderlich, man braucht nur eine Lizenz zu kaufen. Jeder darf auf seinem Privatgrundstück jagen, aber auch dort, wo es nicht ausdrücklich verboten ist.

Noch haben die Jäger eine starke Lobby. Kein Politiker möchte es sich gerne mit ihnen verderben. Aber ein Prozeß des Umdenkens hat begonnen. Es gibt heute Naturschutzgruppen auf La Palma, die sich für die bedrohte Tierwelt einsetzen. Auf den Abschuß seltener Vogelarten stehen hohe Strafen. Sämtliche Greifvögel dürfen schon seit 1966 nicht mehr gejagt werden. Als Naturschutzgebiete wurden inzwischen 31% der Inselfläche ausgewiesen, darunter der Nationalpark »Caldera de Taburiente« und der Naturpark »Monte de los Sauces y Puntallana« mit dem Biosphärenreservat »El Canal y Los Tilos«. Die Einhaltung der strengen Schutzbestimmungen wird nicht immer hinreichend überwacht. Dennoch machen sich erste Erfolge bemerkbar. Vor ein paar Jahren noch waren Wälder und Gebüsche stumm. Heute hört man wieder Vogelstimmen auf La Palma, und vielleicht wird eines Tages auch der scheue Fischadler zurückkehren.

sonders der **Monarch** (Danaus plexippus), ein Wanderfalter aus Amerika mit einer Flügelspannweite von rund 10 cm, ins Auge fällt. Er ist meist in windgeschützten Tälern anzutreffen. Selten sind Stechmükken und andere lästige Insektenarten. Unangenehm kann dagegen die (allerdings recht unwahrscheinliche) Begegnung mit einem etwa 25 cm langen, giftigen **Hundertfüßler** (Scolopendra morsitans) sein. Er hält sich gern in trockenen Gebieten unter Steinen auf. Für Kinder kann sein Biß durchaus gefährlich werden.

Zahlreiche Fischarten beleben die Gewässer um La Palma. Die eßbaren Sorten kann man in den Markthallen und Fischläden oder direkt beim Anlanden im Hafen (meist am späten Nachmittag) bestaunen. Recht häufig sieht man Sardinen, Makrelen und verschiedene Thunfischarten. Auch einige Haiarten leben in den Gewässern um La Palma, doch wurden nie Begegnungen mit Badenden bekannt!

Gesellschaft, Wirtschaft und Geschichte

Über die Menschen auf La Palma

Traditionen im Wandel der Zeit

Von Bananen, Fischen, Tabak und Wein – oder wie sich eine Insel ernährt

Daten und Taten auf einen Blick

Im Hafen von Tazacorte

Die Ureinwohner

Die *Palmeros,* wie sich die Bewohner La Palmas nennen, sind zu einem nicht unerheblichen Teil Nachfahren der Altkanarier, die häufig verallgemeinernd als »Guanchen« bezeichnet werden. Ursprünglich traf dieser Ausdruck nur auf die Urbevölkerung Teneriffas zu. Die Ureinwohner La Palmas nannten sich *Auaritas.* Dank spärlicher Sprachreste im heutigen Inseldialekt und archäologischer Funde weiß man, daß die Altkanarier mit den Berbern Nordwestafrikas verwandt sind. Kulturvergleiche und Radiokarbondatierungen erlauben heute den Schluß, daß die Kanarischen Inseln erstmals von der afrikanischen Küste aus um 500 v. Chr. besiedelt wurden.

Unklar bleibt allerdings, wie die Altkanarier auf die Inseln gelangt sind. Aus spanischen Chroniken des 15. Jh. geht hervor, daß sie keine Boote besaßen. Möglicherweise waren es Ausgestoßene, die mit kaum atlantiktauglichen Flößen die Kanaren eher zufällig erreichten. Als die Europäer sich ab dem 13. Jh. für den Archipel zu interessieren begannen, bestand zwischen den einzelnen Inseln praktisch kein Kontakt. Jede hatte ihre eigenen politischen Strukturen und kulturellen Besonderheiten. La Palma war in zwölf Stammesgebiete unterteilt, die jeweils von einem Häuptling regiert wurden. Eine übergeordnete Herrschaftsstruktur gab es nicht. Nur von Zeit zu Zeit kam es zwischen den verschiedenen Stämmen der Auaritas zu kriegerischen Auseinandersetzungen. In Abstimmung mit den Adligen eines Stammes erließ der Häuptling Gesetze und sprach Recht. Der Adelstitel war nicht erblich, sondern wurde für persönliche Verdienste verliehen. Der größte Teil der auf 6000 bis 8000 Personen geschätzten vorspanischen Bevölkerung La Palmas gehörte dem Bauern- und Handwerkerstand an, Sklaven gab es nur wenige. Die Altkanarier lebten von Viehhaltung (Ziegen, Schafe, Schweine) und Ackerbau.

Lanzarote, Fuerteventura, Hierro und Teile Gomeras wurden von dem Normannen Jean de Béthencourt im Auftrag der kastilischen Krone zwischen 1402 und 1405 rasch und ohne größere Kampfhandlungen unterworfen. Die anderen Inseln des Archipels setzten jedoch zunächst jeglichen Eroberungsversuchen erfolgreich Widerstand entgegen. Die Sachlage änderte sich, als 1469 durch die Heirat der Katholischen Könige (Isabella von Kastilien und Ferdinand von Aragón) weite Teile der Iberischen Halbinsel vereint wurden und sich die Krone dazu entschloß, die Eroberung der Kanaren selbst energisch in die Hand zu nehmen. Auf Gran Canaria kapitulierten die einheimischen Stämme 1483. Alonso Fernández de Lugo wurde 1492 mit der Unterwerfung Teneriffas und La Palmas beauftragt. Ein Jahr später war die Eroberung La Palmas, die relativ unblutig verlief, beendet; 1496 fiel auch Teneriffa.

In den Jahren nach der Conquista wurden zahlreiche Ureinwohner als Sklaven auf das spanische Festland verkauft. Andere siedelte man innerhalb des Archipels in der Hoffnung um, mögliche Aufstände dadurch schon im Keim zu erstikken. Nach Schätzungen verblieben nur ein Drittel der ursprünglichen Bewohner La Palmas auf der Insel. Zumeist paßten sie sich an die Sitten und Gebräuche der Eroberer

Tanausú

Der letzte Fürst der Auaritas

Als die Conquistadores am 29. September 1492 am Strand von Tazacorte landeten, trafen sie auf wenig Widerstand. Alonso Fernández de Lugo versprach den Stammeshäuptlingen Frieden und rechtliche Gleichstellung mit den Spaniern, wenn sie sich taufen ließen und die Hoheit der spanischen Krone anerkannten. Einige unterwarfen sich sofort, der Widerstand der anderen war bald gebrochen.

Nur der gefürchtete Tanausú vom Stamm der Aceró wollte sich nicht fügen. Die Aceró lebten in der schwer zugänglichen Caldera de Taburiente und verschanzten sich dort wie in einer Burg. Steile Felswände umgeben den Kessel. Das enge Bett des Barranco de las Angustias, durch das damals ein reißender Gebirgsbach sprudelte, war kaum passierbar. Der zweite Zugang war ein halsbrecherischer Pfad über den Bergsattel der Cumbrecita. Hier wie dort scheiterte Lugo an der tapferen Gegenwehr der Aceró.

Schon monatelang zog sich die Belagerung hin, da griff Lugo schließlich zu einer List. Er schickte Ugranfir, einen getauften Verwandten des Tanausú, zu dem Stammesfürsten, um ihm Verhandlungen und freies Geleit anzubieten. Trotz der Warnung seines Verwandten vor einer List des schlauen Spaniers verließ er mit seinen Getreuen die Caldera. Nahe der Cumbrecita wurden sie im Frühjahr 1493 von den wortbrüchigen Spaniern überrumpelt und gefangengenommen. Lugo ließ Tanausú auf ein Schiff bringen, um ihn in Spanien der Königin Isabella vorzuführen. Doch sobald La Palma außer Sichtweite war, soll der tapfere Tanausú gerufen haben: »Vacaguaré« (›Ich will sterben‹). Daraufhin rührte er keinerlei Nahrung mehr an und starb noch während der Überfahrt.

an: Sie ließen sich taufen und erhielten spanische Namen. 1514 erfolgte die rechtliche Gleichstellung von Altkanarieren und Spaniern. In der Folgezeit kam es häufig zu Eheschließungen zwischen den meist ledigen Einwanderern aus Europa und einheimischen Frauen. Andere Ureinwohner zogen sich in die Berge zurück, wo sie noch für einige Jahrzehnte ein karges Dasein fristeten. Doch schon Ende des 16. Jh. waren vorspanische Sprache und Kultur bis auf geringfügige Reste verschwunden. Zuletzt noch in der Zeit der Franco-Diktatur, wurde von offizieller Seite geleugnet, daß die Ureinwohner der Kanarischen Inseln die Eroberungszeit überlebt hatten. Doch jüngere Forschungen haben aufgedeckt, daß bis zu 90% der Inselbevölkerung altkanarische Vorfahren haben. Als körperliche Merkmale der Ureinwohner gelten breite, kurze Gesichter, hervorstehende Wangenknochen, lange Schädel, tiefliegende Augen und breite Nasen. Besonders ausgeprägt sind diese Eigenschaften in ärmeren Bevölkerungsschichten und in ländlichen Gebieten – auf La Palma vor allem im Nordwesten bei Garafía und Puntagorda.

Bevölkerung und Siedlungsstruktur

Rund 80 000 Menschen leben heute auf La Palma, das sind ca. 6% der

Gesamtbevölkerung der Kanarischen Inseln. Mit 110 Einwohnern pro Quadratkilometer ist die Insel im Vergleich zum kanarischen Durchschnitt (215 Einw./km^2) eher dünn besiedelt. Die Bevölkerung konzentriert sich auf die klimatisch begünstigten Küstenregionen, während die Berglandschaft im Inselinneren praktisch unbesiedelt ist. Rund 18 000 Menschen wohnen in der Hauptstadt Santa Cruz an der Ostküste und fast dieselbe Zahl lebt in und um Los Llanos de Aridane im Westen der Insel. Dünner besiedelt sind dagegen der Süden und Norden La Palmas.

Charakteristisch sind die ausgedehnten Bananenplantagen im Westen (Aridane-Tal) und Nordosten (bei Los Sauces), die von der Küste bis in Höhenlagen von etwa 300 m reichen. Ganz im Gegensatz dazu stehen die unzähligen kleinen Felder im Nordwesten und Süden sowie in größeren Höhen (bis 700 m), auf denen früher Getreide, Hülsenfrüchte, Kartoffeln und Obst angebaut wurden, die aber heute vielfach brachliegen. Die Grundlagen für dieses Landschaftsbild wurden schon Ende des 15. und zu Beginn des 16. Jh. geschaffen. Fernández de Lugo begann sofort nach der Eroberung La Palmas mit der Verteilung der Ländereien und Wasserrechte. Sich selbst sprach er das quellenreiche Gebiet von Los Sauces zu; sein Neffe, Juan de Lugo, erhielt als von ihm eingesetzter Statthalter La Palmas große Ländereien im Aridane-Tal (um Tazacorte und Argual) und die Rechte auf das Wasser der Caldera de Taburiente. Lugos Soldaten und einige Ureinwohner, die mit den Spaniern gemeinsame Sache gemacht hatten, wurden ebenfalls bedacht. Die meisten Altkanarier mußten jedoch als Leibeigene auf den Plantagen der Eroberer arbeiten, die alsbald mit dem lukrativen Zuckerrohranbau begannen. Außerdem warb man qualifizierte Arbeitskräfte von der portugiesischen Insel Madeira an, wo schon seit einigen Jahrzehnten Zuckerrohr gepflanzt wurde.

Von Beginn an gab es neben den großen Plantagen auch kleinen Streubesitz. Allerdings eigneten sich diese Ländereien meist nicht für den Zuckerrohranbau. Da Arbeitskräfte und Kapital knapp waren, mußten die Eigentümer ihr Land oft für einige Jahre verpachten. Der Pächter machte den Boden urbar, als Bezahlung dafür erhielt er die Hälfte des Besitzes. Den Grundbesitzern erschien das Leben in der aufstrebenden Metropole Santa Cruz bald so attraktiv, daß sie die Bewirtschaftung ihrer Lände-

reien immer häufiger sogenannten Halbpächtern (*medianeros*) überließen. Diese mußten 50% des Ernteertrags an den Eigentümer abliefern. Einwandererfamilien aus den ärmeren Bevölkerungsschichten Kastiliens (einschließlich Andalusien und Galizien) und Portugals kamen, um als Medianeros ihr Glück zu machen. Der portugiesische Einfluß war auf La Palma recht groß.

Zahlenmäßig geringe, doch wirtschaftlich bedeutende Minderheiten stellten Italiener, Katalanen, Engländer, Franzosen, vor allem aber die Flamen (unter diese Bezeichnung fielen im 16. Jh. alle Niederländer und auch viele Deutsche). Sie ließen sich als Großhändler in Santa Cruz nieder oder kauften sich in die Zuckerrohrplantagen ein. Diese ausländischen Dynastien prägten über Jahrhunderte hinweg das Wirtschaftsleben auf La Palma.

Die Altkanarier wurden häufig in den Status von Halbpächtern gedrängt, ein Status, der sich von dem eines Leibeigenen kaum unterschied. Den freien Kleinbauern erging es nicht viel besser, denn meist mußten sie Land dazupachten oder sich während der Erntezeit als Tagelöhner verdingen, um überleben zu können. Es bildete sich ein Feudalsystem heraus, wobei die Großgrundbesitzer ihren Landbesitz auf viele Kleinstpächter verteilten und ihr eigenes finanzielles Risiko auf diese Weise verringerten.

Die Auswirkungen dieser Entwicklung sind noch heute deutlich spürbar. Zwar wurde 1837 im Verlauf der Säkularisierung unter Königin Isabella II. eine Landreform durchgeführt: Große Ländereien, die der Kirche, den Mönchsorden und den Gemeinden gehörten, wurden zwangsversteigert. Allerdings handelte es sich fast ausschließlich um Land, das nicht bewässert werden konnte. Das Geldbürgertum, aber auch ehemalige Auswanderer, die aus Amerika mit ihren Ersparnissen zurückgekehrt waren, griffen zu und legten Opuntien-Pflanzungen an, um die aus Mexiko importierte Cochenille-Laus zu züchten, die einen sehr begehrten Naturfarbstoff lieferte. Das Bewässerungsland blieb jedoch von den Zwangsversteigerungen unberührt. Es befand sich weiterhin ungeteilt in der Hand weniger Familien. Erst in den 60er und 70er Jahren des 20. Jh., als viele Emigranten aus Venezuela und Kuba zurückkehrten, um das in Übersee verdiente Geld in ihrer Heimat anzulegen, kam es zu einer weiteren Aufsplitterung des Grundbesitzes.

Die meisten bäuerlichen Betriebe auf La Palma bewirtschaften weniger als 0,5 ha Land (zum Vergleich: der EU-Durchschnitt liegt bei 20 ha). Maschineneinsatz ist unter diesen Bedingungen kaum möglich. Die Produktivität ist gering und so arbeiten außerhalb des profitbringenden Bananenanbaugebietes viele Bauern von der Hand in den Mund. Heimische Agrarerzeugnisse sind schlecht auf dem lokalen Markt abzusetzen, seit vieles billiger importiert werden kann.

In der Vergangenheit waren die ärmlichen Lebensverhältnisse auf dem Land immer wieder Grund für Auswanderungswellen. Vor allem Ende des 19. Jh., als die Cochenille-Zucht auf La Palma wegen der übermächtigen Konkurrenz künstlicher Farbstoffe aufgegeben werden mußte, und auch in der wirtschaftlich desolaten Zeit nach dem spanischen Bürgerkrieg gingen viele Inselbewohner nach Süd- oder Mittelamerika, wo sie sich ein besseres Leben erhofften. In Übersee sollen heute mehr Palmeros leben als auf La Palma selbst. Vor etwa drei Jahrzehnten trat dann an die Stelle der Emigration eine starke Landflucht. Der Ackerbau auf nicht bewässerungsfähigen Flächen wurde unrentabel. Immer mehr Bauern zogen es vor, als Pächter oder Tagelöhner in die Bananenanbaugebiete zu gehen oder sich im Tourismus und Baugewerbe, oft auf der größeren Nachbarinsel Teneriffa, neue Arbeit zu suchen. Die Orte im Norden und Süden La Palmas verloren einen Großteil ihrer jungen, aktiven Bevölkerung zugunsten der wirtschaftlich aufstrebenden Regionen um Santa Cruz und Los Llanos de Aridane. Viele Felder außerhalb der Bewässerungszone liegen heute brach.

Ein Phänomen der 80er und beginnenden 90er Jahre war der Zugang von Ausländern, insbesondere von Deutschen, aber auch Engländern, Schweizern und Niederländern, die sich entweder dauerhaft auf der Insel niederließen oder hier einen Zweitwohnsitz einrichteten. Der Ausländeranteil auf La Palma dürfte heute bei 5–10 % der Gesamtbevölkerung liegen, wobei viele offiziell gar nicht erfaßt sind. Die ›Aussteiger auf Dauer‹ verdienen ihren Lebensunterhalt vorwiegend mit den Touristen. Sie haben Restaurants und Geschäfte eröffnet oder vermieten Gästezimmer. Aber auch zahlreiche Künstler leben zumindest zeitweise auf La Palma. Ländliche Anwesen, die Anfang der 80er Jahre in großer Zahl leerstanden und dem Verfall preisgegeben waren, wurden von Deutschen aufgekauft und restauriert. Mittlerweile ist der Zuzug von Ausländern spürbar gebremst.

Familie und Gesellschaft

Während der Franco-Zeit verlief das Familienleben auf La Palma, wie in ganz Spanien, noch in sehr traditionellen Bahnen. Mit der Demokratisierung lockerte sich das feste Sozialgefüge innerhalb weniger Jahre spürbar. Die Großfamilie ist längst nicht mehr intakt: Früher galt sie als Institution, die Sicherheit bot, wobei das Ausscheren des Einzelnen aus dem engen Normenbereich durch stete soziale Kon-

Eine Venezuela-Witwe berichtet

Teresa Rodríguez, 62 Jahre alt, ist eine der sogenannten Venezuela-Witwen, von denen es auf La Palma Hunderte, wenn nicht gar Tausende gibt. Genau gezählt hat sie niemand. Teresa gab uns folgendes Interview:

Doña Teresa, wieso bezeichnen Sie sich als Venezuela-Witwe?

»Mein Mann ist 1959 nach Venezuela ausgewandert, seither lebe ich hier mit meinen Kindern allein. Wenn der Mann fort ist, dann ist das so gut als wäre man Witwe.«

Wieso ist Ihr Mann denn fortgegangen?

»Es war eine schlechte Zeit damals. Viele vor ihm waren schon gegangen. Wir hatten eine kleine Landwirtschaft, die warf nicht viel ab. Das bißchen Kartoffeln und Getreide, das wir hatten, reichte kaum zum Sattwerden. Verkaufen konnten wir nur ein paar Mandeln und Äpfel; davon haben wir das Nötigste, was wir sonst brauchten, bezahlt.«

Wie kam es, daß er nach Venezuela ging, und wieso ging er eigentlich allein?

»Venezuela war damals in aller Munde. Es war das gelobte Land für uns. Schauen Sie, die Palmeros sind schon immer gerne nach Amerika gegangen. Aus meiner Familie sollen einige vor 100 Jahren nach Kuba gegangen sein, dort brauchte man Arbeiter in den Zuckerplantagen. Man hat nie wieder von ihnen gehört. Nach dem Bürgerkrieg nahm Venezuela unsere Leute auf. Die hatten dort soviel Land, das wurde oft sogar kostenlos verteilt, wenn sich nur jemand fand, um es zu bewirtschaften. Mein Mann war einer der letzten aus Garafía, die rübergingen. Nach 1962 haben sie keine Einwanderer mehr reingelassen. Er wollte erst einmal sehen, wie es läuft, die Kinder und mich dann nachholen. Schauen Sie, die Kinder waren noch klein. Am Anfang war es für einen Mann eben leichter, wenn die Familie nicht dabei war.«

Wann haben Sie Ihren Mann zuletzt gesehen?

»Er kam nach fünf Jahren noch einmal zu Besuch. Bis dahin hatte er regelmäßig Geld geschickt. Doch als er hier war, merkte ich schon,

trolle oft verhindert wurde. Aber auch die Landflucht und der Kontakt mit Ausländern tragen zur Aufgabe der familiären Bindungen bei. Die Großeltern auf dem Land besucht man meist nur noch an Festtagen. Wenn erwachsene junge Leute noch mit ihren Eltern unter einem Dach leben, dann geschieht dies oft unfreiwillig, da Mietwoh-

Frauen beim Kartoffelschälen

daß etwas nicht stimmt. Er sagte, er könne mich noch nicht mitnehmen. Es sei zu früh. Womit er sein Geld in Venezuela verdiente, hat er nicht gesagt. Wir haben nie viel miteinander gesprochen. Als er noch hier lebte, verbrachte er viel Zeit mit seinen Freunden beim Kartenspiel. Viel getrunken hat er auch immer. Ich habe ihn nicht sehr vermißt. Noch ein paar Jahre hat er Geld überwiesen, irgendwann hörte ich dann nichts mehr von ihm.«

Wie sind Sie denn all die Jahre mit den drei Kindern über die Runden gekommen?

»Als kein Geld mehr kam, waren die Kinder aus dem Gröbsten raus. Mit dem Geld hatte ich ein paar Ziegen gekauft, die hat mein ältester Sohn gehütet. Die Milch und das Fleisch konnten wir verkaufen. Irgendwie sind wir über die Runden gekommen. Meine Söhne sind später nach Los Llanos gegangen. Der eine arbeitet in der Molkerei, der andere auf einer Bananenplantage. Ab und zu kommen sie mich mit ihren Familien besuchen. Die Tochter hat nach Puntagorda geheiratet. Nur ärgert mich doch ein bißchen, daß der Mann meiner Schwester vor ein paar Jahren aus Venezuela zurückgekommen ist. Mit dem Geld, das er dort gespart hat, haben sie eine Kneipe eröffnet. Denen geht es jetzt gut.«

nungen knapp und teuer sind. Am Sonntag traf sich traditionell die ganze Familie zum gemeinsamen Kirchgang und anschließenden Mittagessen, das bis in die späten Nachmittagsstunden hinein zelebriert wurde. Heute hat, obwohl die Bevölkerung La Palmas zu beinahe 100% katholisch ist, die Kirche keine große Bedeutung mehr.

Immer häufiger bleiben Jugendliche und junge Paare dem sonntäglichen Familientreffen fern.

Vor allem für die Frau hat sich nach der Demokratisierung vieles geändert. In der Franco-Zeit hatten Frauen kaum eine Chance auf Bildung und Ausbildung. Sie durften nicht ohne Erlaubnis ihres Ehemannes arbeiten, ja nicht einmal ein eigenes Bankkonto eröffnen. Unverheirateten Frauen blieb kaum eine andere Möglichkeit, als bei ihren Eltern zu bleiben und deren Haushalt zu versorgen. Obwohl der Mann in der Öffentlichkeit die beherrschende Position einnahm, war es dennoch die Frau, die in der Familie das Sagen hatte – vor allem was die Kindererziehung betraf. Wenn der Mann, wie es häufig vorkam, allein nach Amerika auswanderte, war sie das Familienoberhaupt, das oft für die Ernährung der Kinder sorgen mußte.

Jüngere Frauen wollen sich mit den überholten Normen nicht mehr abfinden. Sie haben meist eine Ausbildung erhalten und arbeiten auch dann weiter, wenn sie Kinder haben. Viele Frauen lehnen aus Angst, nach der Hochzeit von ihrem Mann als ›persönlicher Besitz‹ betrachtet zu werden, eine Heirat ab. Immer häufiger leben junge Paare in ›wilder Ehe‹ zusammen, was bei den Eltern auch heute noch auf heftigen Widerstand stößt. Scheidungen, die vor 1987 nicht möglich waren, kommen jetzt gar nicht selten vor. Geschiedene Frauen müssen aber mit sozialer Ausgrenzung rechnen. Die Männer, denen von ihren Müttern vielfach noch das typische Imponiergehabe des Machos anerzogen worden ist, finden sich nur zögernd mit dem neuen Frauenbild ab. Sie haben Probleme, eine partnerschaftliche Beziehung zwischen Mann und Frau zu akzeptieren.

Innerhalb weniger Jahrzehnte spielte sich auf La Palma der Übergang vom traditionellen, bäuerlichen Leben zur modernen Dienstleistungsgesellschaft ab. Als Relikt der ›guten alten Zeit‹ ist die südländische Gelassenheit anzusehen, die sich in der Einhaltung einer mehrstündigen Mittagspause (*siesta*), in Beschaulichkeit und einem wenig ausgeprägten Zeitgefühl äußert. Dem schnellen Wechsel zu einem modernen Lebensstil sind viele junge Leute nicht gewachsen. Sie haben Probleme, angesichts der von ihren Müttern vermittelten Werte eine eigene Identität zu finden. Da die Palmeros sich gern großzügig zeigen, wird heute vieles auf Kredit gekauft, wie es in Spanien allgemein seit den 80er Jahren üblich geworden ist. Viele junge Haushalte sind überschuldet. Wenn dann noch Arbeitslosigkeit hinzukommt, ist der soziale Abstieg vorprogrammiert: Denn niemand kann heute mehr uneingeschränkt mit der Unterstützung der Großfamilie rechnen. Auch Drogenprobleme, Alkoholismus und Spielsucht, die unter Jugendlichen immer häufiger auftreten, überfordern meist den Familienverband.

Staat und Verwaltung

Seit 1982 besitzen die Kanarischen Inseln einen Sonderstatus innerhalb des spanischen Staates. Die »Comunidad Autónoma de Canarias« erhielt Selbstverwaltungsrechte, die mit denen der Bundesländer in Deutschland vergleichbar sind. Gewählt wird ein Parlament mit 60 Abgeordneten. Die Regierung wechselt ihren Sitz alle vier Jahre zwischen den beiden Hauptstädten Las Palmas (Gran Canaria) und Santa Cruz de Tenerife. Anfänglich machte sich eine Unabhängigkeitsbewegung stark für eine völlige Autonomie, doch sind die Separatisten heute bedeutungslos.

Auf La Palma ist der Inselrat (*Cabildo Insular*) für die innere Verwaltung zuständig, dem die Bereiche Kultur, Gesundheitswesen und Straßenbau unterstehen. Im Inselrat ebenso wie in den Vertretungen der Gemeinden wechseln oft die Koalitionen. Bei den Kommunalwahlen von 1995 lagen die Sozialisten (PSOE) knapp vor der Coalición Canaria (CC), einem noch recht neuen Zusammenschluß mehrerer links- wie rechtsgerichteter Regionalparteien. Die Konservativen der Partido Popular (PP) hatten in Santa Cruz einen überwältigenden Erfolg, während in den ärmeren Gemeinden des Inselnordens die PSOE stark verteten ist. In den wohlhabenden Orten Los Llanos, Breña Alta und El Paso dominiert die nationalistische CC.

Wirtschaft

Landwirtschaft und Fischerei

Für den Export produziert die Landwirtschaft La Palmas, in der noch rund 30% der Beschäftigten tätig sind, heute fast ausschließlich Bananen. Da die empfindlichen, tropischen Pflanzen gleichmäßige, milde Temperaturen benötigen, gedeihen sie nur bis zu Höhen von 300 m. Im Sommer muß regelmäßig bewässert werden, denn die Niederschläge reichen nicht aus. Zu diesem Zweck leitet man das Wasser aus der regenreicheren Gebirgsregion im Inselinneren durch schmale Kanäle zu den Bananenfeldern, wo es bis zu seiner Verwendung in offenen Tanks gespeichert wird.

1896 wurden die ersten Bananenplantagen auf La Palma angelegt, nachdem englische Firmen schon einige Jahre zuvor den exportorientierten Bananenanbau auf Teneriffa und Gran Canaria eingeführt hatten. Gegenüber den tropischen Anbauländern konnten die Kanaren den Vorteil kurzer Transportwege nach Europa für sich verbuchen. Bis Mitte der 80er Jahre nahm die Anbaufläche gewaltig zu (auf rund 13 000 ha). Verschlechterte Absatzchancen führten in den vergangenen Jahren zu einem Rückgang auf 9300 ha (s. S. 180f.).

Das Zuckerrohr wurde schon Ende des 15. Jh. auf die Insel gebracht. Bis um die Mitte des 16. Jh.

Seide von La Palma

Zur Seidenwerkstatt von Bertila Pérez Gonzáles in El Pasos Ortsteil El Barrial muß man sich durchfragen (siehe S. 148f.). Keine Reklametafel weist den Weg. Nichts deutet auf großen Besucherandrang hin, wie er einer solchen Attraktion wohl angemessen wäre. Nicht einmal eine Klingel gibt es. Die Haustür steht offen; der Klang aufgeregt zwitschernder Kanarienvögel und Wellensittiche dringt nach außen.

Doña Bertila erscheint persönlich, um ihre Gäste in die Werkstatt zu führen. Drei hölzerne Webstühle stehen dort. Für die Familie ist die Seidenherstellung ein Nebenerwerb, dem man in der Freizeit nachgeht. Nur wenige Menschen verstehen sich heute auf La Palma noch auf diese traditionsreiche Handwerkskunst. Schon wenige Jahre nach der Conquista wurden die ersten Maulbeerbäume gepflanzt, deren Blätter den Seidenraupen als Nahrung dienen. König Karl V. förderte die Seidenindustrie auf La Palma und legte 1538 fest, daß die Kirche auf Seide keinen Zehnten erheben durfte. Der Höhepunkt war Ende des 18. Jh. erreicht, als in El Paso mindestens 500 Familien an den Webstühlen saßen. Seide von La Palma trug man an den europäischen Höfen; sie galt als besonders fein und sorgfältig gearbeitet.

Im 19. Jh. verschlechterten sich die Absatzchancen der palmerischen Seide zunehmend und die Produktion ging demzufolge drastisch zurück. Heute leben in El Paso die letzten Seidenweber Europas. Das Handwerk wäre wohl zum Aussterben verurteilt, gäbe es nicht neuerdings Hilfe durch die kanarische Regierung. Sie läßt jedes Jahr im Frühjahr schlupfreife Eier des Seidenspinners aus Japan kommen.

war es bestimmender Wirtschaftsfaktor auf La Palma, büßte dann aber rasch an Bedeutung ein. Doch durch die hohen Produktionskosten (aufwendige Bewässerung, Brennstoffknappheit durch rücksichtslose Abholzung) war der Kanarenzucker der lateinamerikanischen Konkurrenz bald nicht mehr gewachsen. Aber der Zuckerrohranbau auf La Palma ist nie ganz aufgegeben worden. Zwar wurde die Zuckerproduktion Ende des 19. Jh. endgültig eingestellt, doch werden auch heute noch etwa 7 ha Land im Nordosten der Insel mit dem süßen Rohr bestellt. Zwei Betriebe in San Andrés produzieren Rum und Sirup.

Der Weinanbau löste zunächst das Zuckerrohr als wichtigstes Exportprodukt ab. Seit dem 19. Jh.

Dort ist der hochgezüchtete Schmetterling längst zum Haustier geworden. In der Natur könnte er nicht mehr überleben, und die Mühe der Aufzucht mag man sich auf La Palma nicht machen.

Einige Familien in El Paso besitzen noch Maulbeerbäume. Sie halten die Raupen in Pappkartons und füttern sie mit den Blättern. Im Sommer spinnen die Raupen einen großen, weißen Kokon. Da der Schmetterling nicht schlüpfen darf – die Kokons wären sonst unbrauchbar –, werden die Puppen in siedendem Wasser getötet. Dann spult man den ca. 400 m langen Faden ab.

Von jetzt an sind noch 12 bis 14 Arbeitsschritte zu bewältigen. Doña Bertila demonstriert sie den Besuchern gern anhand einiger Arbeitsproben. Die Rohseide ist bräunlich und hart wie Stroh. Erst durch Kochen in Seifenwasser wird sie weiß und weich. Nach dem Spinnen beginnt das Einfärben. Das Fixieren der Naturfarben ist eine schwierige Kunst, auf die Doña Bertila besonderen Wert legt. Die verschiedenen Rottöne gewinnt sie aus Cochenille-Farbe, die noch in geringen Mengen auf La Palma erzeugt wird. Gelb stammt vom Safran, bräunliche Töne liefern Zwiebelschalen und Mandeln. Gesteinsmehl aus Lavabrocken ergibt Schwarz, mit Safran gemischt auch Grün. Letzter Arbeitsschritt ist dann das Weben.

Doña Bertila stellt Fliegen und Krawatten, Taschentücher und Schals aus Seide her und verkauft sie an Touristen, die hin und wieder den Weg in ihre Werkstatt finden. Hemden, Kleider und Maßanzüge gibt es nur auf Bestellung. Das kann teuer werden. Denn allein für das Spinnen des Seidenfadens für einen Herrenanzug sind rund 50 Arbeitsstunden anzusetzen. Aber dafür ist auch alles garantiert von Hand gefertigt.

dient er aber nur noch der Selbstversorgung. Weinreben nehmen auf La Palma eine Fläche von rund 1600 ha ein, womit nicht einmal der Eigenbedarf der Insel gedeckt werden kann. Die wichtigsten Anbaugebiete liegen im Südosten bei Villa de Mazo und im Süden bei Fuencaliente (siehe S. 122f.).

Eine gewisse Bedeutung für den Export haben Avocados, deren Anbau seit den 70er Jahren von staatlicher Seite als Alternative zur Bananenproduktion gefördert wurde. Doch konnte die Anbaufläche bisher nur auf rund 400 ha ausgedehnt werden. Mandeln, die früher das wichtigste Anbauprodukt im Nordwesten La Palmas waren, bleiben heute am Baum hängen. Ähnlich sieht es bei verschiedenen Obstarten aus. Die Ernte lohnt

Beim Brotverkauf auf dem Bauernmarkt

nicht mehr, da die Früchte billiger vom spanischen Festland importiert werden können.

Der Tabakanbau wurde fast ganz aufgegeben. Die Anbaufläche schrumpfte auf weniger als 3 ha zusammen. In äußerst geringem Ausmaß werden noch Opuntien (Feigenkakteen) angebaut, um auf ihnen die Cochenille-Laus zu züchten, die einen roten Farbstoff liefert. Zahlreiche aufgelassene Opuntien-Felder zeugen von der einstigen Bedeutung der Cochenille-Zucht.

Vergleichsweise unerheblich ist die Viehzucht: Fleisch- und Milchbedarf können nur zu rund 20% durch Inselprodukte gedeckt werden. Nur im Nordwesten, bei Garafía, leben viele Landwirte von der Ziegenhaltung. Es gibt etwa 20 000 Ziegen auf La Palma, die Milch, Käse und Fleisch liefern. Von einiger Bedeutung sind mit einem Bestand von ca. 7000 Tieren auch die Schweine, deren Fleisch traditionell gerne gegessen wird. Weniger wichtig ist die Haltung von Rindern und Schafen. Auch die Fischerei spielt keine große wirtschaftliche Rolle. Die kleine Fangflotte landet alljährlich etwa 600 t Fisch an (siehe S. 139). Häufigste Speisefische sind Thunfisch, Sardine und Makrele. Außerdem werden verschiedene seltenere Arten wie Zackenbarsch, Papageifisch, Wolfsbarsch, Seebrassen und Goldmakrele gefischt.

Handwerk und Industrie

Neben der Landwirtschaft spielen Handwerk und Industrie auf La Palma nur eine untergeordnete Rolle. Einziger nennenswerter Industriebetrieb ist die Zigarettenfabrik in El Paso, in der rund 300 Arbeitskräfte beschäftigt sind. Etwa 5,5 Milliarden Zigaretten stellt die Firma Reynolds hier pro Jahr her, wobei ausschließlich Importtabak Verwendung findet, denn die einheimischen Tabaksorten sind nur für Zigarren geeignet. Die Tabakverarbeitung begann auf La Palma im 19. Jh., denn seit der Erklärung der Kanarischen Inseln zur Freihandelszone 1852 waren die fiskalischen Bedingungen günstig. Noch heute werden in kleinen Betrieben wie vor hundert Jahren Zigarren von Hand gedreht (siehe S. 100f.).

Auf eine lange Tradition kann die Seidenherstellung zurückblicken. Schon die ersten europäischen Siedler brachten Anfang des 16. Jh. dieses schwierig zu erlernende Handwerk nach La Palma; El Paso entwickelte sich zum Zentrum der Seidenproduktion. Vereinzelt findet man weitere Formen des Kunsthandwerks. Eine Keramikwerkstatt in Hoya de Mazo hat sich auf die Reproduktion altkanarischer Tonwaren spezialisiert (siehe S. 57 f.). In Heimarbeit widmen sich

Kunsthandwerk auf dem Trödelmarkt

Zauberwort Agrotourismus

»Sexo, Naturaleza y Drogas« (›Sex, Natur, Drogen‹): Dieser Spruch prangte, mit bunter Farbe aufgesprüht, bis 1993 an der Mole des Fischerhafens von Santa Cruz. Dann fiel er Bauarbeiten zum Opfer. An Mauern gepinselte Parolen wie »Alemanos Fascistas« (›Deutsche Faschisten‹), »Europas fuera« (›Europäer raus‹) oder »Deutsch = Aids« sind mittlerweile verblaßt oder wurden von den Behörden in aller Stille beseitigt. Ausländerfeindlichkeit auf La Palma? Und gegen die reichen Touristen gerichtet, die andernorts hofierten ›Devisenbringer‹?

In der Tat war die Angst vor Identitätsverlust bei den Palmeros groß, als in den 80er Jahren, speziell nach dem Reaktorunfall von Tschernobyl, viele junge Deutsche auf die Insel kamen auf der Suche nach dem einfachen, unverdorbenen Leben. Manche quartierten sich in Höhlen ein, versuchten mehr schlecht als recht mit einem Minimum an Geld auszukommen, und ihr Lebenswandel entsprach so ganz und gar nicht den Moralvorstellungen der Einheimischen. Gesellschaftliche Probleme wie Aids, Drogen und Sittenverfall wurden pauschal den Ausländern angelastet. Viele dieser Aussteiger haben La Palma inzwischen enttäuscht verlassen, andere haben Fuß gefaßt, betreiben alternative Landwirtschaft oder arbeiten in der Tourismusbranche.

Ärger verursachte bei vielen Einheimischen auch die Tatsache, daß immer mehr wohlhabende Deutsche Grundbesitz auf La Palma erwarben und dadurch die Preise verdarben. Mindestens 2000 Immobilien befinden sich inzwischen in deutschen Händen. Viele vermieten ihre Zweitwohnsitze privat oder errichten gar ganze Bungalowzeilen, die

zahlreiche Frauen der Stickerei und Weberei. Einige Werkstätten stellen Palmflechtarbeiten her.

Tourismus

Im Gegensatz zu den meisten Inseln des Kanaren-Archipels ist der Tourismus auf La Palma bislang recht unbedeutend. Die wirtschaftlichen Hoffnungen der Inselbewohner ruhen nach wie vor auf einer exportorientierten Landwirtschaft. Zwar kamen schon Ende des 19. und Anfang des 20. Jh. erholungssuchende Europäer, meist Engländer, nach La Palma. Doch nach dem Zweiten Weltkrieg konnte der Tourismus nicht mehr recht als gute Investition gelten. So bleibt nach Meinung der Palmeros kaum Geld auf der Insel. Dank des Agrotourismus soll nun alles anders werden. Mit Hilfe der Europäischen Union brachte die Inselregierung das Modellprojekt »Turismo Rural« (s. a. Seite 208) auf den Weg. Leerstehende Bauernhäuser, deren Bewohner längst in die nächste Stadt abgewandert sind, werden restauriert, um sie an Feriengäste zu vermieten. Zur Zeit sind bereits etwa 65 Häuser im Angebot. Den durchweg einheimischen Eigentümern wird dadurch ein hochwillkommenes Nebeneinkommen gesichert, und zugleich entstehen Arbeitsplätze im Handwerk, in der Hausverwaltung und Gästebetreuung.

Jácomo repräsentiert die junge Generation. Seit Beendigung seines Militärdienstes arbeitet er als Busfahrer. Seinen Führerschein machte er während seiner Militärzeit auf dem spanischen Festland. Die Uniform trägt er immer noch gern, wenn er seinem Freizeitvergnügen, dem Wandern in den Bergen, nachgeht. Für Jácomo ist die Ausländerfeindlichkeit kein Thema. Vor ein paar Jahren noch hätten ökologische Gruppen gemeinsam mit der Separatistenorganisation »Frepik Awanak« offen gegen die Ausweitung des Tourismus und den Ausverkauf der Insel gekämpft. Längst hätten sich aber die Gemüter beruhigt. Heute, meint Jácomo, sei beschlossene Sache, La Palma nicht den Ausländern preiszugeben. Andererseits wisse man aber sehr wohl, daß der Tourismus auf lange Sicht eine wichtige Säule der Inselwirtschaft sein wird. Die Inselregierung hat sich für eine von den meisten akzeptierte, maßvolle Baupolitik entschieden. Jácomo profitiert davon. Gern kutschiert er Urlaubergruppen durch die Gegend, denn die Arbeit ist leichter als im Linienbusdienst, und mit Hilfe des Trinkgelds bessert er auch noch seinen Verdienst auf.

Fuß fassen und kam in den 60er Jahren fast ganz zum Erliegen.

Erst nach der Erweiterung des Flughafens Mitte der 80er Jahre wurden die Touristenzahlen nennenswert gesteigert. Heute gibt es auf La Palma rund 9000 Gästebetten, mehr als 150 000 Touristen besuchen die Insel pro Jahr. Neben wenigen Hotels und größeren Appartementhäusern sind es viele kleinere Anbieter, die Bungalows und freistehende Häuser vermieten. La Palma, das gerne mit dem Prädikat »Isla Verde« (›grüne Insel‹) wirbt, hat sich zum bevorzugten Ziel für ruhesuchende Individualisten entwickelt. Wandern und Naturerlebnis stehen im Vordergrund der Urlaubsaktivitäten.

Daten zur Geschichte

Altertum

um 1100 v. Chr.	Vermutlich sind den Phöniziern die Kanarischen Inseln bereits durch ihre Entdeckungsfahrten entlang der westafrikanischen Küste bekannt.
8. Jh. v. Chr.	Homer beschreibt in seiner Odyssee die »Elysischen Gefilde«, bei denen es sich möglicherweise um die Kanarischen Inseln handelt.
um 500 v. Chr.	Die ersten Einwanderer kommen aus Nordwestafrika auf die Kanaren. Der karthagische Seefahrer Hanno liefert einen ersten Augenzeugenbericht.
um 25 v. Chr.	König Juba II. von Mauretanien entsendet eine Expedition, über die der römische Schriftsteller Plinius der Ältere im 1. Jh. berichtet. Er bezeichnet die Kanaren als »insulae fortunatae« (›glückliche Inseln‹).
2. Jh.	Der alexandrinische Geograph und Astronom Ptolemäus verzeichnet die Kanarischen Inseln auf seiner Weltkarte.

Eroberungszeit

13. Jh.	Genuesen, Mallorquiner, Portugiesen und Katalanen zeigen Interesse an den Inseln. Sie kommen als Händler, Sklavenfänger und Goldsucher.
1344	Papst Clemens VI. verleiht in Avignon dem Sohn des enterbten Königs Alfons von Kastilien, Luis de la Cerda, den Titel »König der Kanarischen Inseln«.
1402	Der Normanne Jean de Béthencourt erobert Lanzarote. Ein Jahr später unterstellt er sich König Heinrich III. von Kastilien, Erbe des Titels »König der Kanarischen Inseln«. Heinrich III. überträgt ihm die Lehnsherrschaft über den Archipel.
1405	De Béthencourt nimmt mit finanzieller Unterstützung Heinrichs III. Fuerteventura, später auch Hierro ein, scheitert aber auf La Palma am Widerstand der Urbevölkerung.
1430	Guillén de las Casas erwirbt die Lehnsherrschaft über die Inseln durch Kauf und vererbt sie 1445 an seinen Schwiegersohn Hernán Peraza. Dieser läßt sich auf Gomera nieder.
1447	Peraza entsendet Eroberungstruppen nach La Palma, die sich nach erbittertem Widerstand der Urbevölkerung ergeb-

Skulpturen in Argual-Abajo

nislos zurückziehen müssen. Sein Sohn Guillén kommt bei den Kampfhandlungen durch einen Steinwurf ums Leben.

1492 Alonso Fernández de Lugo landet im Auftrag der Katholischen Könige, Isabella von Kastilien und Ferdinand von Aragón, auf La Palma. Nennenswerten Widerstand setzt ihm nur der Stammesfürst Tanausú im Gebiet der Caldera de Taburiente entgegen. Im Frühjahr 1493 werden die Ureinwohner durch eine List besiegt und La Palma damit endgültig erobert.

1496 Als letzte der Kanarischen Inseln fällt Teneriffa. Lugo wird Gouverneur der beiden von ihm eroberten Inseln. Er läßt sich auf Teneriffa nieder und setzt auf La Palma seinen Neffen Juan als Statthalter ein.

Zuckerboom und Amerikahandel

ab 1508 Santa Cruz darf praktisch ohne Einschränkungen am Amerikahandel teilnehmen und entwickelt sich rasch zu einer der größten Handelsmetropolen Spaniens (siehe S. 79f.).

1513 Jakob Grünenberg aus Köln erwirbt große Ländereien im Aridane-Tal und verdient mit dem Anbau von Zuckerrohr ein Vermögen (siehe S. 153f.). Um diese Zeit lassen sich zahlreiche ausländische Kaufleute auf La Palma nieder, die Zucker nach Europa exportieren.

1514 Durch ein Gesetz werden die Altkanarier den Spaniern gleichgestellt. Dadurch beschleunigt sich die Vermischung der beiden Bevölkerungsgruppen.

1553 Die spanische Krone legt Im- und Exportkontingente für den Amerikahandel fest. Im selben Jahr wird La Palma Ziel eines verheerenden Piratenangriffs. Der französische Freibeuter Le Clerc plündert und brandschatzt Santa Cruz, das allerdings rasch wieder aufgebaut wird (siehe S. 90f.).

ab 1554 Der Zuckerrohranbau auf La Palma lohnt immer weniger, da die Konkurrenz in Mittel- und Südamerika kostengünstiger produzieren kann. Viele Plantagen werden in Weinfelder umgewandelt.

1566 La Palma wird Sitz eines königlichen Registergerichts, das die Einhaltung der Handelskontingente und die Abfuhr von Zöllen überwachen soll.

1585 Eine Attacke des englischen Korsaren Francis Drake kann vor Santa Cruz dank verbesserter Befestigungsanlagen erfolgreich abgewehrt werden.

Wirtschaftliche Stagnation

1610 Sevilla kann sein Monopol im Amerikahandel weiter festigen. Die Im- und Exportkontingente der Kanarischen Inseln werden streng limitiert.

1655 Englische Händler gründen eine Gesellschaft mit dem Ziel, den Weinexport der Kanaren nach England und in die englischen Kolonien zu monopolisieren. Auf Druck der kanarischen Weinbauern muß die Kompanie 1667 wieder aufgelöst werden.

1657 Das Registergericht in Santa Cruz wird geschlossen. Schiffe auf dem Weg von und nach La Palma müssen von nun an

Nachbau der Santa María, dem Flaggschiff des Kolumbus, in Santa Cruz

stets Teneriffa anlaufen. La Palma gerät dadurch ins wirtschaftliche Abseits.

ab 1715 Der Weinexport von den Kanaren nach England nimmt drastisch ab. England, dessen Beziehungen zu Spanien denkbar schlecht sind, bezieht seinen Wein nun vorwiegend aus Portugal.

1760 Unter König Carlos III. beginnt eine Phase der politischen Liberalisierung und wirtschaftlichen Erneuerung in Spanien.

1778 Carlos III. gibt den Amerikahandel für alle spanischen Häfen frei. Kanarische Schiffe exportieren Wein und Schnaps nach Übersee und kehren mit Kakao, Zucker und Tabak zurück. Allmählich erholt sich La Palma von den Rückschlägen der Wirtschaftskrise.

Erneuter Aufschwung durch Cochenille und Bananen

um 1830 Die Zucht von Cochenille-Läusen, die einen begehrten Farbstoff liefern, wird zur Haupteinnahmequelle der Kanarischen

Inseln, nachdem zu Beginn des 19. Jh. der Weinexport praktisch ganz aufgegeben wurde.

1836 Wiederum setzt in Spanien eine politische und wirtschaftliche Liberalisierung ein, die bis etwa 1870 anhält. Die mächtigen Mönchsorden werden aufgelöst, ihre Ländereien an Privatleute verkauft.

1852 Um die kanarische Wirtschaft zu beleben, erklärt die spanische Königin Isabella II. die Inseln zur Freihandelszone.

um 1880 Der Farbstoff der Cochenille-Laus wird auf dem Weltmarkt durch künstliche Anilinfarben abgelöst. Als gegen Ende des 19. Jh. auch der Amerikahandel zum Erliegen kommt – die letzten spanischen Kolonien haben ihre Unabhängigkeit erklärt – müssen sich die Kanarischen Inseln wirtschaftlich neu orientieren.

1896 Englische Handelshäuser führen den Bananenanbau auf La Palma ein, der bis heute wichtigster Wirtschaftszweig der Insel ist.

1912 La Palma erhält gewisse Selbstverwaltungsrechte. Die Vorherrschaft Teneriffas ist gebrochen.

1927 Aufteilung der Kanaren in eine Ost- und eine Westprovinz. La Palma gehört zusammen mit Gomera und Hierro zur Provinz Teneriffa.

Bürgerkrieg und Diktatur

1936 Der faschistische Putsch gegen die demokratisch gewählte republikanische Regierung beginnt auf Teneriffa, wo sich General Franco in der Verbannung befindet. Auf La Palma können sich Vertreter der Madrider Regierung noch eine Woche halten, bevor Franco-Anhänger die Kontrolle übernehmen. Auf dem Festland dauert der Bürgerkrieg bis 1939.

ab 1950 Allmählich erhohlt sich die spanische Wirtschaft von den Folgen des Bürgerkriegs. Auf La Palma kommt es vor allem in den 60er und 70er Jahren zu Investitionen durch ehemalige Emigranten, die in ihre Heimat zurückkehren.

Moderne Entwicklung

1975 Nach dem Tod Francos leitet sein Nachfolger König Juan Carlos in Spanien die Demokratisierung ein.

1982 Die Kanarischen Inseln erhalten ein Autonomiestatut mit weitgehenden Selbstverwaltungsrechten. Der Regierungssitz befindet sich abwechselnd in Las Palmas (Gran Canaria) und Santa Cruz de Tenerife.

1986 Spanien tritt der Europäischen Gemeinschaft bei. Die Kanarischen Inseln bleiben auf eigenen Wunsch Freihandelszone und damit außerhalb des gemeinsamen Binnenmarktes.

1998 Das 1983 gegründete UNESCO-Biosphärenreservat von Los Tilos wird auf den gesamten Nordosten La Palmas ausgedehnt.

Architektur, Kunst und Kultur

Vor und nach der Conquista

Der Einfluß der Flamen

Bürgerhäuser und Paläste

Weizentanz und Mysterienspiele

Portal in Santa Cruz de la Palma

Zeugnisse der Ureinwohner

Die Altkanarier lebten in Höhlen, die sich von Natur aus in großer Zahl in den Steilhängen der Barrancos rund um die Insel befanden. Man bevorzugte Höhenlagen unter 600 m und Südhänge, die günstige klimatische Bedingungen boten. Nur diejenigen Höhlen wurden bewohnt, die weit genug vom Flußbett entfernt im mittleren oder oberen Teil der Talwände lagen und somit nicht der Gefahr von Überschwemmungen ausgesetzt waren. Im jungvulkanischen Süden La Palmas, wo die Höhlen kleiner und seltener sind, war auch die Bevölkerungsdichte sehr gering. Dort lebten die Ureinwohner in einfachen Steinhütten mit strohgedeckten Dächern.

Als die spanischen Eroberer im 15. Jh. nach La Palma kamen, befanden sich die Altkanarier auf der Kulturstufe der Jungsteinzeit. Sie besaßen nur recht einfache Werkzeuge aus kaum bearbeitetem Naturgestein oder Holz, wohl nicht zuletzt deshalb, weil es auf den Inseln keine Metallvorkommen gab. Nähnadeln und Speerspitzen fertigte man aus Knochen oder Fischgräten. Töpferwaren wurden recht kunstvoll mit ornamentalen Mustern geschmückt. Archäologen unterscheiden vier Zeitphasen der Keramikherstellung, in denen Technik, Formgebung und Verzierung jeweils deutlich verbessert wurden. Auch Schmuck wurde gefunden. Meist handelt es sich um einfache, auf Lederschnüre aufgezogene Ketten aus Tonperlen, Muscheln und Knochen. Ein umfassendes Bild über die prähispanischen Funde auf La Palma vermittelt das Inselmuseum in Santa Cruz (siehe S. 92/93).

Kirchen, Kapellen, Klausen

Nach der Conquista entstanden die ersten Gotteshäuser. Zu jedem herrschaftlichen Landsitz gehörte damals eine kleine Privatkapelle. In schlichten *ermitas* (›Klausen‹) hielten die zu Beginn nur wenige Köpfe zählenden Gemeinden ihre Gottesdienste ab. Manchmal wurden Ermitas zum Zweck der Heiligenverehrung auch fernab von Siedlungen errichtet – wie beispielsweise die Ermita de las Nieves bei Santa Cruz oder die Ermita de la Virgen del Pino bei El Paso. Sofern die Ermita Mittelpunkt einer Gemeinde war, wurde sie später, dem Zuwachs der Bevölkerung und den vorhandenen Geldmitteln entsprechend, in eine größere Kirche umgewandelt. Nur selten wurde dafür ein Baumeister engagiert. In der Regel schufen Maurer, Steinmetze und Zimmerleute die Kirchenbauten als echte Volksarchitektur in gemeinschaftlicher Arbeit. Nur die Portale zeigen – sofern es

Wiedererweckte Töpferkunst

Ramón und Vina in ihrer Werkstatt nahe Villa de Mazo

Ramón Barreto wirkt ein wenig verloren, wenn er allein – über ein dunkles Tongefäß gebeugt – in seiner Werkstatt sitzt. Mit unendlicher Geduld ritzt er Spiralen, Halbkreise und Mäander in den Ton, so als hätte er sein Leben lang nichts anderes getan. Anfang der 70er Jahre ließen sich Ramón und seine Frau Vina in »El Molino« nieder, einer alten Gofiomühle aus dem 19. Jh. In den ehemaligen Wohnräumen des Müllers richteten sie ihre Werkstatt ein. Das Geld, um ihren Traum – die altkanarische Töpferkunst zu neuem Leben zu erwecken – zu verwirklichen, hatten sie in langen Jahren in Venezuela verdient.

Vor der Conquista hatte jede der Kanarischen Inseln ihre eigenen, sehr verschiedenen Keramikformen hervorgebracht. Eines aber war allen gemeinsam: Die Töpferscheibe war nie auf den Archipel gelangt. Die Altkanarier kannten nur die recht mühselige Aufbautechnik, bei der Tonwulst auf Tonwulst gelegt wird. Anschließend streicht man die Gefäßwand glatt. Auf La Palma wurden dunkle, halbkugelige Schalen und Schüsseln hergestellt – mit Ritzmustern versehen, die den auf der ganzen Insel zu findenden Felsbildern ähnelten. Vergleichbare Tonwaren gab es gleichzeitig auch in Westafrika.

Niemand weiß genau, wann die Töpferkunst der Ureinwohner auf La Palma ausgestorben ist. Ramón meint, dies müsse schon kurz nach der Eroberung der Fall gewesen sein. Archäologen haben rund 200 komplette Keramikgefäße zusammengetragen. Einige davon befinden sich im Besitz von Ramón und Vina, die übrigen haben sie in Fotografien festgehalten. Von 164 Originalen hat Ramón die Verzierungen abgepaust, um sie detailgetreu kopieren zu können. Stolz führt er die Muster jedem Besucher vor. Die altkanarischen Vorbilder werden nicht nur in Farbe und Form, Größe und Dekor nachgeahmt, sondern auch mit ihren kleinen Fehlern. Selbst Experten können die Repliken nicht vom Original unterscheiden. So reicht heute der Ruf von Ramón und Vina weit über die Insel hinaus. Museen in aller Welt stellen Reproduktionen aus ihrer Werkstatt aus.

Um diesem Perfektionsgrad zu erreichen, waren unzählige Experimente erforderlich. Den richtigen Ton fanden Ramón und Vina nach langer Suche bei Puntagorda – die genaue Stelle wollen sie nicht verraten. Auch die Zusammensetzung des Öls, mit dem die Gefäße bestrichen werden, um die typische dunkle Färbung zu erzielen, bleibt ihr Geheimnis. Beim Brennen verfahren sie ausnahmsweise nicht nach altkanarischem Vorbild. Da keine Öfen gefunden wurden, ist zu vermuten, daß die Ureinwohner ihre Tonwaren im offenen Feuer brannten. Ramón und Vina verwenden einen holzgefeuerten Ofen, in dem die Gefäße bei 600 bis 700 Grad etwa 12 Stunden gebrannt werden.

Die beiden verbinden künstlerische Arbeit mit einem gesunden und durchaus sympathischen Sinn fürs Geschäft. Zwar geben sie ihre Kenntnisse heute an Schüler weiter, doch einige kleine Tricks behalten sie für sich. Ihre Existenz, die sie mit Köpfchen und viel Fleiß aufgebaut haben, wollen sie verständlicherweise nicht durch hausgemachte Konkurrenz aufs Spiel setzten. »El Molino« hat sich zu einem beliebten Ausflugsziel entwickelt, und im Andenkenladen erhält man außer den (nicht ganz billigen) Keramikprodukten auch Ansichtskarten, Bücher und Souvenirs aller Art. Und sogar die Ausstellungsstücke im (z. Zt. geschlossenen) ›Museum‹ – bunte Decken, bemalte Kalebassen und Vogelfiguren aus Südamerika – stehen zum Verkauf (s. a. S. 108).

sich nicht um schlichte Rundbögen aus unbearbeitetem Naturstein handelt – die europäischen Stilrichtungen von der Gotik über Renaissance und Barock bis hin zum Klassizismus. Das wohl schönste Portal La Palmas, eine Steinmetzarbeit der Renaissance, besitzt die Kirche El Salvador in Santa Cruz.

Ermitas sind in der Regel auch heute noch sehr schlicht gehalten. Die ursprünglich rechteckigen Bauten wurden nachträglich oft noch um einen Altarraum erweitert, dessen hölzerne Decke sich ein wenig über das Schiff erhebt. Nur die naturbelassenen Steine an Türen und Fenstern und das Rot der Dachziegel lockern die weißgekalkten Außenwände auf. An der Frontfassade mit dem winzigen Glockenturm ist oft ein kleiner holzgeschnitzter Balkon angebracht.

Entwickelte sich die Ermita zur Kirche, so erhielt sie zunächst Kapellen zu beiden Seiten des Altarraums. Letzterer wurde oft ein wenig verlängert, so daß das Gotteshaus die Form eines lateinischen Kreuzes annahm. Wuchs die Gemeinde sehr stark, so wurden die Kapellen zu einem oder zwei Seitenschiffen ausgebaut, vom Hauptschiff durch Rundbögen getrennt. In großen Kirchengemeinden und wichtigen Klöstern traten angebaute Glockentürme hinzu, deren unteres Geschoß oft als Taufkapelle diente.

Auch Klöster folgten diesem schlichten Baustil. Im Gegensatz

Marienfigur

zum spanischen Festland entwikkelten die religiösen Orden auf den Kanarischen Inseln keine eigenen Architekturrichtungen. Es fehlte an Geld, an Baumeistern und vor allem an Förderern der Kunst und Architektur innerhalb der Klöster. Die Klostergebäude wurden rund um einen quadratischen Innenhof errichtet. Heute ist in diesen Fällen meist nur noch die Kirche erhalten, alle anderen klösterlichen Bauten fielen der Säkularisierung im 19. Jh. zum Opfer. Recht gut erhalten blieb das Franziskanerkloster in Santa Cruz.

Ende des 18. Jh. erfolgte eine zögernde Öffnung der Kanaren für

Die Kunst der ›Unterworfenen‹

Mudaijan (›Unterworfene‹), so nannten sich die Mauren, die nach der Reconquista auf der Iberischen Halbinsel verblieben waren. Sie galten als geschickte Künstler und wurden daher von den Spaniern zunächst geduldet, ja sie durften sogar ihre Religion unbehelligt ausüben. Ihr Baustil wurde als *mudéjar* bekannt und erfreute sich insbesondere in Andalusien, das die Christen im 13. Jh. fast ganz zurückerobert hatten, großer Beliebtheit. Die Mudéjar-Künstler verzichteten auf teuren Bruchstein, verwendeten stattdessen dekorative, wenn auch preiswertere Materialien wie Lehmmauerwerk und Holz. Sie schufen eine Volksarchitektur, die bald auch von christlichen Handwerkern aufgegriffen wurde.

Mit den Einwanderern aus Andalusien gelangte der Mudéjar-Stil auf die Kanarischen Inseln. Ziegelbauweise, Stuckdecken und Fliesenverkleidungen, wie man sie vom Festland kennt, fehlen allerdings auf den Kanaren. Einzige dekorative Elemente sind die aufwendigen Holzkonstruktionen. Kunstvoll geschnitzte Balkone aus dem widerstandsfähigen Kernholz der Kanarischen Kiefer (*tea*) zieren die Bürgerhäuser, deren Innenhöfe von hölzernen Treppenaufgängen und Galerien umgeben sind. In den Kirchen findet man prächtige, mit geometrischen Formen versehene Holzdecken, unterbrochen nur von verflochtenen Bändermustern.

Bald verselbständigte sich die Mudéjar-Bauweise auf den Inseln und bildete sich zum »Kanarischen Stil« aus. Insbesondere auf La Palma, das im 17. Jh. in wirtschaftlicher Bedeutungslosigkeit versank, ließ der festländische Einfluß nach. Einheimische Handwerker hielten an der Tradition fest und bauten bis ins 19. Jh. in nahezu unveränderter Weise. Genau betrachtet starb die Kunst der ›Unterworfenen‹ nie ganz aus. Heute wird der kanarische Stil beim Bau von Ferienanlagen, Hotels und Privathäusern mehr oder weniger phantasievoll wieder aufgegriffen.

die zeitgenössischen europäischen Kunstströmungen. Vom spanischen Festland kamen Architekten mit neuen Ideen auf die Inseln. Gebaut wurde damals jedoch fast nur noch auf Gran Canaria und Teneriffa, auf La Palma dagegen blieb die alte Bausubstanz aus der Zeit vor 1800 vielfach bewahrt. Eine Ausnahme stellt der Kirchenneubau von El

Paso dar, der Ende des 19. Jh. im Stil des Eklektizismus errichtet wurde, einer historisierenden Architekturrichtung, die auf den Kanarischen Inseln große Verbreitung fand und Elemente aller bekannten Baustile aufgriff.

Flämische Skulptur und Malerei

Die Gotteshäuser La Palmas wurden von Beginn an mit Heiligenstatuen, Tafelbildern und Altaraufsätzen geschmückt. Zumeist handelte es sich um importierte Stücke, da es an einheimischen Künstlern mangelte. So sind die erhaltenen Kunstwerke der Spätgotik und Renaissance durchweg ausländischer Herkunft. Wichtigstes Ursprungsland war Flandern, das seit der Angliederung an die kastilische Krone Ende des 15. Jh. enge Verbindungen zu den Kanarischen Inseln unterhielt. Mit Zucker oder Wein beladene Schiffe fuhren von La Palma nach Flandern, von wo sie mit Teppichen, Gewändern, Silberschmiedearbeiten, Büchern und Uhren zurückkehrten. Oft waren auch Holzfiguren oder Gemälde aus Werkstätten in Brüssel, Antwerpen, Brügge oder Gent an Bord, die von den flämischen Händlern, die sich auf La Palma niedergelassen hatten, bestellt worden waren.

In den Gotteshäusern La Palmas findet man die meisten flämischen Kunstwerke der Kanarischen Inseln. Als ältestes Stück gilt die spätgotische Figur der *Virgen de la Encarnación* in der gleichnamigen Kirche in Santa Cruz, die schon vor 1525 durch den Plantagenbesitzer Jácomo de Monteverde nach La Palma gebracht wurde. Aus dieser Zeit stammen auch die *Santa Catalina de Alejandría* in der Ermita de San Sebastián (Santa Cruz) und die *Santa Lucía* in der gleichnamigen Ermita in Puntallana. Unter den Werken der Renaissance ist die *Virgen de los Remedios* in Los Llanos de Aridane (Mitte 16. Jh.) hervorzuheben. Eine der bedeutendsten Kreuzigungsgruppen ganz Spaniens (ebenfalls Mitte 16. Jh.) befindet sich in der Ermita de las Nieves bei Santa Cruz. Eine Serie von Tafelbildern des Malers Pieter Pourbus (1523–1584) aus Brügge ist heute in der Kirche des ehemaligen Dominikanerklosters in Santa Cruz zu besichtigen. Die Pfarrkirche von Los Sauces birgt ein Bild der *Jungfrau von Montserrat,* das ebenfalls Pieter Pourbus zugeschrieben wird.

Auf das beginnende 17. Jh. wird die Figur der *Virgen de la Victoria* in San Andrés datiert. Die *Virgen del Carmen* in Villa de Mazo (El Pueblo) wurde schon im Barockstil gefertigt. Kunstwerke aus dem Ausland kamen nun vermindert auf die Kanarischen Inseln, da es in-zwischen genügend einheimische Künstler gab. Auf La Palma ist Marcos Guillén hervorzuheben, der die Tradition der flämischen Bild-

hauerschulen fortführte. Anfang des 18. Jh. schuf er für die Pfarrkirche San Pedro Apóstol in Breña Alta eine Statue des *hl. Josef mit dem Jesuskind* und für die Pfarrkirche San José de Breña Baja den *San Juan Bautista*.

Balkon in El Paso

Bürgerhäuser und Paläste

Die Wohnsitze des Adels und des Geldbürgertums wurden, ähnlich wie die Sakralbauten, bis weit ins 18. Jh. hinein im volkstümlichen kanarischen Baustil errichtet. Nur bei schmückenden Details wurden manchmal Elemente der europäischen Stilrichtungen aufgegriffen, anhand derer man den Bau der Häuser ungefähr datieren kann. Stadtpalästen und ländlichen Anwesen war die Anordnung der Räumlichkeiten um einen schattigen Innenhof gemeinsam, der oft prächtig bepflanzt war und der Familie als bevorzugter Aufenthaltsort diente. Im Parterre befanden sich Weinkeller, Lagerräume und bei sehr reichen Leuten auch Pferdeställe und der Abstellraum für die Kutsche. Man wohnte im Obergeschoß, das vom Innenhof über eine hölzerne Treppe und eine Galerie zugänglich war. Der Salon wurde prächtig mit Gemälden dekoriert, die meist aus Flandern stammten. Auch das Mobiliar kam aus dem Ausland, oder man ließ importierte Möbel von einheimischen Handwerkern kopieren.

In Santa Cruz de la Palma stehen viele dieser alten Herrenhäuser. Nach der Brandschatzung durch französische Piraten im Jahre 1553 waren die Paläste in großem Stil wiederaufgebaut worden und galten damals im Vergleich zu anderen kanarischen Städten als besonders groß und prächtig. Aber auch in den inmitten fruchtbarer landwirtschaftlicher Gebiete gelegenen

Eingang in Santa Cruz

Das alte Gran Hotel

Die Zeiten des Gran Hotels Florida sind schon lange vorüber. Eingezwängt zwischen Felswand und neuer Schnellstraße, die Erdöllagertanks der staatlichen Raffinerie nicht weit, ist es von weitem einem altmodischen Gewächshaus nicht unähnlich – sofern der ehrwürdige Palast am Südrand von Santa Cruz aus einem vorbeieilenden Fahrzeug überhaupt wahrgenommen wird. Denn die üppige Pflanzenwelt des einstigen Hotelgartens überwuchert allmählich die verlassenen Gemäuer.

Auf altem Großgrundbesitz – die Finca an der Playa de Bajamar war durch die Hände so illustrer Namen wie Sotomayor, Massieu und Abreu gegangen – ließ ein gewisser Felipe de Paz Pérez Ende des 19. Jh. ein Herrenhaus im für La Palma recht ungewöhnlichen Kolonialstil errichten. Viel Glas, Ziegel und filigranes Mauerwerk fanden Verwendung. 1934 wurde das private Anwesen von seinem neuen Besitzer Manuel Rodríguez Acosta auf Drängen einheimischer Geschäftsleute in ein Hotel umgewandelt. Bis dahin hatte es auf La Palma nur schlichte Pensionen gegeben. In den 30er Jahren, als die Inselwirtschaft dank des Bananenexports florierte, begann man das Fehlen eines Hotels erster Kategorie schmerzlich zu spüren. Zu einem solchen entwickelte sich das Gran Hotel Florida nun rasch.

Bedeutende Persönlichkeiten stiegen im »Florida« ab. Hinter vorgehaltener Hand erzählt man sich, auch Admiral Dönitz, der in den letzten Kriegstagen die Nachfolge Hitlers antrat, habe sich in das Gästebuch eingetragen, als sein Kriegsschiff kurz nach der Eröffnung des Hotels im Hafen von Santa Cruz Station machte. Vor allem aber waren

Städten Los Llanos, Argual, Tazacorte, Los Sauces und San Andrés wurden herrschaftliche Häuser gebaut, die zum Teil bis heute erhalten blieben. Ländliche Anwesen dagegen, die von den Großgrundbesitzern in der Zeit nach der Eroberung inmitten ihrer Landgüter errichtet wurden, sind mittlerweile meist völlig verfallen.

Die Zimmermannskunst erreichte auf La Palma ein hohes Niveau. Balkone verschiedener Form und Größe zieren die Außenwände der alten Paläste. Schöne Beispiele dafür finden sich in Santa Cruz an der Avenida Marítima. Aus Holz gefertigt wurden auch die Treppen und Galerien der Innenhöfe, Türen und Fensterläden. Steinmetzarbeiten sieht es die Passagiere britischer Kreuzfahrtschiffe, die die Hallen des Gran Hotels belebten. Alle 14 Tage legten die Dampfer der berühmten Cunard-Line in Santa Cruz an: Den Landgang verbrachten die Gäste auf den Tennisplätzen und an den Swimmingpools des »Florida«, wo sie auch pünktlich um 5 Uhr ihren Tee nahmen. Noch heute soll es auf La Palma Leute geben, die sich an die rauschenden Ballnächte im Park des Gran Hotels erinnern. Dazu fanden sich nicht nur die Hotelgäste ein, sondern jeder in Santa Cruz, der etwas auf sich hielt.

Abrupt beendete der Ausbruch des Bürgerkriegs 1936 den kometenhaften Aufstieg des »Florida«. Die Besitzerfamilie wurde wegen ihrer republikanischen Gesinnung von den Anhängern Francos verfolgt; das Hotel mußte seine Pforten schließen. Halbherzige Versuche, es nach Beendigung der Kriegswirren wiederzueröffnen, waren zum Scheitern verurteilt. 1965 erfolgte das endgültige Aus.

Wenn es auch am Geld fehlt, um das Haus zu renovieren, so wird doch zumindest dafür gesorgt, daß es nicht völlig verkommt. Es ist als Glücksfall zu betrachten, daß die heutigen Besitzer sich über die kulturhistorische Bedeutung des Palastes im klaren sind. So setzten sie sich Anfang der 80er Jahre erfolgreich gegen Pläne der Inselregierung zur Wehr, die Schnellstraße von Santa Cruz gen Süden quer durch das Anwesen zu legen. Das Gebäude blieb erhalten, 20 000 m² Land mußten allerdings geopfert werden. Zukunftsmusik bleibt vorerst, das Haus einer neuen Nutzung zuzuführen und vor allem den Park der Öffentlichkeit zugänglich zu machen, der zu den schönsten und vielfältigsten der Insel zählt. Die zwei Araukarien gelten als die höchsten ihrer Art auf den Kanarischen Inseln. Außerdem wachsen hier Lorbeerbäume und Magnolien, Myrthen und Eugenien, Maulbeerbäume, Jambus und uralte Palmen . . .

man dagegen selten. Meist wurden nur Portal und Fenster mit Bruchsteinrahmen umgeben. Das übrige Mauerwerk wurde mit weißer Farbe getüncht. Ganze Fassaden aus Naturstein an Privathäusern sind sehr selten. Eines der bekanntesten Beispiele ist die Casa Salazar in Santa Cruz aus dem 17. Jh. Türen und Fenster wurden in der Anfangszeit unregelmäßig über die Fassaden verteilt. Erst in der Barockzeit gingen die Baumeister allmählich zu symmetrisch aufgebauten Fassaden über. Ein Feuer hatte 1770 große Teile der Innenstadt von Santa Cruz vernichtet, so daß der Neubau vieler Paläste notwendig wurde. Zahlreiche Herrenhäuser der Hauptstadt stammen aus dieser Zeit. Meist zeigt sich der Barockstil nur im Detail, während der Grundaufbau der Gebäude unverändert blieb.

Nach 1800 wurde auf La Palma kaum noch gebaut. Erst um die Jahrhundertwende, in der Zeit des Jugendstils, ließen einige wohlhabende Familien an ihren Häusern Verschönerungsarbeiten durchführen. Beispiele dafür finden sich in Argual Abajo und Tazacorte. In den 20er Jahren griff man im Rahmen des Regionalismus dann wieder auf traditionelle Elemente des kanarischen Baustils zurück. In dieser Zeit restaurierte der einheimische Architekt Pelayo López die Casa Kábana in Santa Cruz, die als besonders gelungenes Beispiel für diese Stilrichtung erwähnt werden sollte.

Ländliche Architektur

Die einfache Stadtbevölkerung und vor allem die Bauern, die sich auf zahlreiche kleine Streusiedlungen rund um die Insel verteilten, lebten in weitaus schlichteren Verhältnissen als die Grundherren und Handelsbürger. In den ärmeren Gebieten im Norden der Insel kannte man bis um die Jahrhundertwende praktisch nur ganz schmucklose Bruchsteinhäuser, mit einem Dach aus Holzlatten versehen und kaum mehr als vier Meter breit und sechs Meter lang. Das Mobiliar bestand aus ein paar Schemeln, einem Tisch und ein oder zwei Truhen, die Kleidung und Lebensmittel aufnahmen. Solche Häuser kann man heute noch vereinzelt rund um Garafía und in Franceses sehen.

In den wohlhabenderen Gebieten der Insel waren einstöckige Häuser mit dicken, weißgetünchten Lehmwänden üblich, die mit Stroh oder Ziegeln gedeckt wurden. Sie hatten meist drei Zimmer. In der Mitte befand sich der Wohn- und Eßraum, zu beiden Seiten grenzten die Schlafzimmer an. Die Küche war wegen der Feuergefahr

Bananenplantage bei Tazacorte

stets einige Meter entfernt vom Haus in einem einfachen Nebengebäude untergebracht. Wenn der Platz nicht für einen Innenhof (*patio*) reichte, so verfügte man zumindest über ein schattenspendendes, mit Weinreben beranktes Vordach. Es befand sich an der von den vorherrschenden nördlichen Winden abgewandten Sonnenseite des Hauses. Wer es sich leisten konnte, baute zweistöckig. Die obere Etage diente zum Trocknen und Lagern von Getreide. Solche Häuser sieht man im ländlichen La Palma noch recht häufig.

Theater, Konzert, Malerei

Das Theater hat auf La Palma eine besondere Tradition. Im 16. Jh. brachten die ersten europäischen Siedler zunächst die damals in Spanien übliche religiöse Form des Schauspiels auf die Insel (siehe S. 68f.). Im 19. Jh. wurden auf den Kanarischen Inseln die ersten Theater gegründet, so auch das Teatro Chico und das Teatro Circo de Marte in Santa Cruz. Freie Theatergruppen, die auf dem Seeweg von Spanien nach Lateinamerika unterwegs waren, gastierten auf La Palma, wo sie ein interessiertes Publikum fanden. Das Ende der 80er Jahre renovierte Teatro Chico (Calle Díaz Pimienta 1) beschäftigt auch heute kein eigenes Ensemble, statt dessen treten neben durchreisenden Schauspiel- und Ballettgruppen regelmäßig Gruppen der städtischen Theaterschule von Santa Cruz auf. Das Teatro Circo de Marte ist bis auf weiteres geschlossen.

Die Bevölkerung von La Palma ist dem Theaterspielen gegenüber sehr aufgeschlossen. In mehreren Schulen stehen Schauspiel und Theaterkunst auf dem Lehrplan, dazu gibt es private Tanz- und Ballettschulen. Viele Gemeinden besitzen eigene Laien-Theatergruppen,

Heidnische Wurzeln in christlichen Bräuchen

Was hat Barlovento mit Oberammergau gemeinsam? Mehr, als auf den ersten Blick zu vermuten ist. Alle zwei Jahre verwandelt sich der Ort am zweiten Sonntag im August in eine riesige Freilichtbühne. Laien spielen geistliches Theater – nicht kommerzialisiert, wie in Oberammergau, und auch weitaus weniger bekannt, dafür aber um so eindrucksvoller!

Das weiße Segel eines christlichen Schiffes hält quer durch die Felder auf eine türkische Festung aus Pappe zu, vor der Soldaten Wache halten. Ein osmanisches Schiff eilt zu Hilfe, und es kommt zur Seeschlacht mit Kanonenschüssen und Rauchwolken. Natürlich gewinnen die Christen, zerstören die Burg und nehmen die feindlichen Krieger gefangen. In der Kirche werden die ›Heiden‹ getauft.

Kaum jemand im Ort kennt den Ursprung des Schauspiels. Seit vielen Generationen wird es in unveränderter Form aufgeführt. Seine Wurzeln gehen bis ins 16. Jh. zurück, als Papst Pius V. das Fest *Unserer Lieben Frau vom Sieg* einführte, das später als Rosenkranzfest gefeiert wurde. Es soll an den Sieg der »Heiligen Liga« in der Seeschlacht von Lepanto am 7. Oktober 1571 gegen die Türken erinnern, an der wahrscheinlich auch zwei Schiffe aus La Palma teilgenommen haben. Allegorische Spiele dieser Art waren in Europa einst sehr verbreitet. Aus dem kultischen Theater der Antike entwickelte das frühe Christentum liturgische Andachtsformen. Im Hochmittelalter wurden die Aufführungen populärer, und das Geschehen verlagerte sich von der Kirche auf die Straßen.

Unter dem Einfluß von Renaissance und Reformation flaute die Welle geistlicher Spiele in vielen Ländern ab, in Spanien aber erreichte sie als Propagandainstrument der Gegenreformation erst im

die im Beiprogramm der Fiestas oder in den örtlichen Kulturzentren auftreten, z. B. im »Palacio de Cultura« in Los Llanos.

Regelmäßig geben Ensembles von den Kanaren oder vom Festland in Kneipen, Kulturzentren oder im Teatro Chico in Santa Cruz, Calle Díaz Pimienta 1, Klassische Konzerte. Live-Pop und Salsa-Rhythmen, z.B. von den einheimischen Gruppen »Taburiente« und

16./17. Jh. ihren Höhepunkt (siehe S. 105f.). Im Zeitalter der Aufklärung galten Mysterienspiele nicht mehr als zeitgemäß, als zu weltlich und der Würde des christlichen Glaubens nicht angemessen. So wurden sie in Bayern im 18. Jh. untersagt – allerdings hielten sich die eigensinnigen Bürger von Oberammergau nicht an die Anweisungen der Obrigkeit und retteten dadurch die andernorts verschwundenen Passionsspiele bis in die Gegenwart. (Passionsspiele, die das Leiden Christi versinnbildlichen, waren im deutschen Sprachraum die beliebteste Form geistlichen Theaters.) Ähnlich verhielt es sich auf La Palma, wo man 1765 das Verbot der Spiele durch König Carlos III. einfach umging, indem man ihnen neue, unverfängliche Namen gab.

Mysterienspiele sind noch heute feste Bestandteile der *Bajada de la Virgen*. Eine ganze Nacht ist dem *Carro Alegórico Triunfal* (›Allegorischer Triumphwagen‹) gewidmet, der an verschiedenen Plätzen in Santa Cruz gespielt wird. Bühne ist ein Karren, den man durch die Straßen zieht. Früher führte man auf jeder Bajada einen anderen Tanz auf. Einer davon, die *Danza de Enanos* (›Tanz der Zwerge‹), überlebte. Die ›Zwerge‹ mit ihren riesigen Pappmachéköpfen, unter denen die Darsteller mit ihrem ganzen Oberkörper verschwinden, sind heute so etwas wie das Wahrzeichen von La Palma. In die Gruppe der allegorischen Spiele gehört auch der »Dialog zwischen Schiff und Festung« (siehe S. 174f.).

Ein Weihnachtsspiel wird am Heiligabend im entlegenen Garafía unter Verwendung des ursprünglichen Textes aufgeführt, der als der älteste seiner Art auf den Kanarischen Inseln gilt. In Tijarafe schließlich feiert man an Mariä Geburt (8. September) die sogenannte *Fiesta del Diablo* (›Teufelsfest‹), eine symbolische Teufelsverbrennung, deren Wurzeln in vorchristlicher Zeit zu suchen sind. Bei diesem Spiel erscheint der ›Dämon‹ plötzlich in der Menge und erschrickt die Zuschauer mit explodierenden Feuerwerkskörpern, die an seinem Kostüm angebracht sind – eine nicht ungefährliche Sache.

»Eso Es«, erlebt man an Sommerabenden auf der Plaza de Santo Domingo in Santa Cruz.

Ausstellungen moderner Kunst sind häufig in Santa Cruz in der »Sala de Exposiciones« des Cabildo Insular sowie in Räumen der »Caja Canarias«, Av. del Puente 25, 2.St., zu sehen, außerdem in Los Llanos, ebenfalls in der »Caja Canarias«, Plaza de España, in anderen Orten in Kulturzentren oder Kneipen und auch im Flughafengebäude. Kanarische Künstler oder Ausländer, die auf den Inseln leben, stellen ihre Werke zur Ansicht und zum Verkauf aus. Nur wenige widmen sich allerdings inseltypischen Motiven, darunter Pedro Fausto, der in seinen Ölgemälden versucht, Szenen aus einem noch weitgehend unberührten Inselleben festzuhalten.

Folklore

Einwanderer aus allen Teilen der Iberischen Halbinsel brachten ihre Tänze und Gesänge auf die Insel, wo sie im 16. und 17. Jh. zur typisch palmerischen Folklore verschmolzen. Die Texte dieser alten Lieder sind bildhaft und auf die ländliche Umgebung bezogen. Sie beschreiben die Lebensumstände der Menschen, ihr Vergnügen und ihre Trauer, Arbeit, Religion und Aberglauben. Einer der schönsten Bauerntänze La Palmas ist der *Baile de trigo* (›Weizentanz‹), der den jungen Leuten früher auf spielerische Weise alle Arbeitsabläufe verdeutlichen sollte, die mit Anbau, Ernte und Verarbeitung des Getreides verbunden waren. Portugiesisch beeinflußt sind die »Aires de Lima« (›Lieder aus Lima‹), die man sang, während man in Gemeinschaftsarbeit die Maiskolben von ihren Hüllblättern befreite.

Im 18. Jh. drangen in Spanien die höfischen Tänze des Mittelal-

Día de los Indios in Santa Cruz

Ausgelassenes Feiern

ters und der Renaissance in breitere Bevölkerungsschichten ein. Eine neue Gattung von Volkstänzen entstand, die bald auch auf den Kanaren heimisch wurde. Die heutige kanarische Folklore geht zum größten Teil auf diese Mode zurück. Geradezu pompös zelebriert werden die *Folías*, Gruppentänze mittelalterlicher Herkunft, bei denen die Herren den Damen ihren Respekt erweisen, ohne sie zu berühren. Eine populäre und weniger sittsame, doch sentimentale Variante der Folías ist die *Malagueña*, bei der ein Mann und zwei Frauen der Tanzgruppe als Solisten gegenüberstehen und sich teils improvisierte Verse zuwerfen. Ein fröhlicher, ausgelassener Tanz ist die von humorvollen bis anzüglichen Gesängen begleitete *Isa*, die bei allen Folkloreaufführungen auf dem Programm steht. Charakteristisch für La Palma ist der *Sirinoque*, dem altkanarische Ursprünge nachgesagt werden. Die Conquistadoren brachten ihn nach Europa, wo er als *Canario* bald weit über die Grenzen Spaniens hinaus Verbreitung fand. Vermutlich kam er, zum Hoftanz verändert, im 18. Jh. auf die Kanarischen Inseln zurück.

Ende des 19. Jh. hielten noch einmal neue Elemente in die kanarische Folklore Einzug, diesmal waren sie mittel- und osteuropäischen Ursprungs. Die Modetänze *Polka, Mazurka* und *Berlina* wurden übernommen. Zu diesen heiteren Melodien tanzte man bis weit ins 20. Jh.

Sehenswürdigkeiten im Überblick

Argual	Herrenhäuser von Argual Abajo
Barlovento	Pfarrkirche; Laguna de Barlovento; Felsbadeanlage La Fajana; Drachenbaumwald von La Tosca
Breña Alta	Pfarrkirche San Pedro; Zigarrenmanufakturen
Caldera de Taburiente	schöne Wandermöglichkeiten im Nationalpark; Playa de Taburiente; Roque de Idafe
Cueva de Belmaco	altkanarische Wohn- und Sterbehöhlen
El Paso	Seidenherstellung; altkanarische Ritzzeichnungen von La Fajana; Ermita de la Virgen del Pino
Fuencaliente	Weingüter; Vulkan San Antonio; Vulkan Teneguía; altkanarische Kultstätte am Roque Teneguía; schöne Strände für Individualisten
Fuente de la Zarza	prähistorische Felsbilder
La Cumbrecita	Blick in die Caldera de Taburiente
Las Manchas	Lavastrom der San-Juan-Eruption
Las Nieves	Wallfahrtskirche Nuestra Señora de Las Nieves
Los Llanos de Aridane	lebendige Stadt; Kirche Nuestra Señora de los Remedios; Pueblo Parque
Los Sauces	Kirche Nuestra Señora de Montserrat
Los Tilos	schöne Wandermöglichkeiten im Lorbeerwald
Mirador El Time	Blick über das Aridane-Tal
Puerto de Espíndola	Charco Azul; Fischerhafen; Rumdestillerie

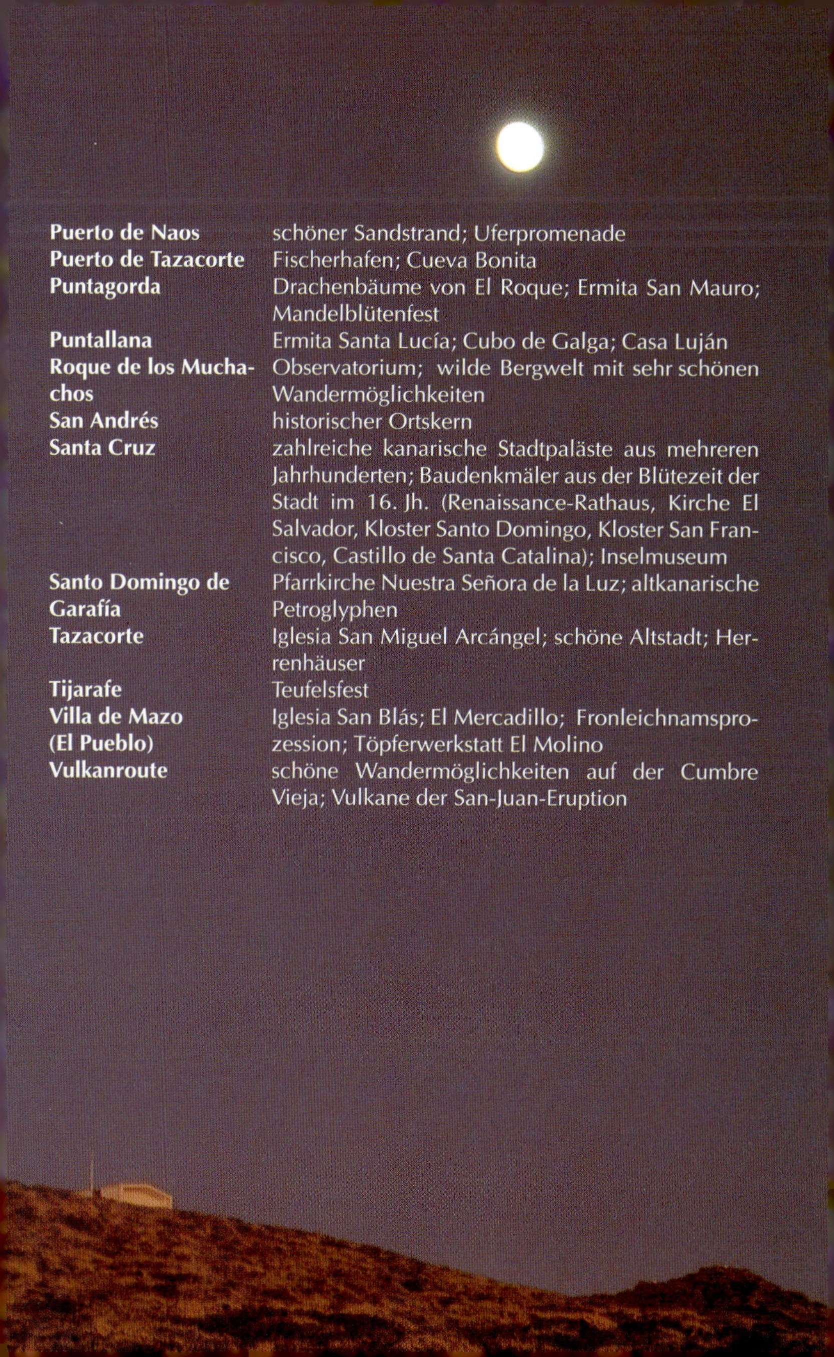

Puerto de Naos	schöner Sandstrand; Uferpromenade
Puerto de Tazacorte	Fischerhafen; Cueva Bonita
Puntagorda	Drachenbäume von El Roque; Ermita San Mauro; Mandelblütenfest
Puntallana	Ermita Santa Lucía; Cubo de Galga; Casa Luján
Roque de los Muchachos	Observatorium; wilde Bergwelt mit sehr schönen Wandermöglichkeiten
San Andrés	historischer Ortskern
Santa Cruz	zahlreiche kanarische Stadtpaläste aus mehreren Jahrhunderten; Baudenkmäler aus der Blütezeit der Stadt im 16. Jh. (Renaissance-Rathaus, Kirche El Salvador, Kloster Santo Domingo, Kloster San Francisco, Castillo de Santa Catalina); Inselmuseum
Santo Domingo de Garafía	Pfarrkirche Nuestra Señora de la Luz; altkanarische Petroglyphen
Tazacorte	Iglesia San Miguel Arcángel; schöne Altstadt; Herrenhäuser
Tijarafe	Teufelsfest
Villa de Mazo (El Pueblo)	Iglesia San Blás; El Mercadillo; Fronleichnamsprozession; Töpferwerkstatt El Molino
Vulkanroute	schöne Wandermöglichkeiten auf der Cumbre Vieja; Vulkane der San-Juan-Eruption

hinein auf Volksfesten. Auch Heimkehrer aus Kuba leisteten einen wichtigen Beitrag zum palmerischen Liedgut. Sie brachten die *Caringa* mit, einen Paartanz, bei dem der Mann die Frau umwirbt.

Die Darbietungen werden von *Chácaras* (›großen Kastagnetten‹), *Tambores* (›Trommeln‹), Flöten, Akkordeon und verschiedenen Saiteninstrumenten begleitet. Hierbei verdient die vier- oder fünfsaitige *Timple* Beachtung, die einer kleinen Gitarre ähnlich sieht. Durch Zupfen der Saiten werden hohe, scheppernde Töne erzeugt. Sie wird als Soloinstrument gespielt oder ersetzt die Sopranstimmen.

Um die Mitte des 20. Jh. drohten die alten Tänze und Gesänge in Vergessenheit zu geraten. 1949 entstand in Santa Cruz die erste Folkloregruppe »Coros y Danzas«, 1970 folgten in Los Llanos »Los Arrieros« (›Die Maultiertreiber‹). Seither bildeten sich Volkstanzgruppen in vielen Orten der Insel mit dem Ziel, traditionelles Liedgut zu sammeln und zu bewahren. Die meist jugendlichen Sänger und Tänzer treten im Rahmen von Fiestas auf. In Restaurants und Hotels sind regelmäßig »Tuhoco« aus Breña Alta und Breña Baja und »Cumbre Nueva« aus El Paso zu sehen.

Die Tanzgruppen tragen stets die traditionelle Tracht der Insel. Bei den Männern sind dies ein weißes Hemd und eine wadenlange, luftige Hose, dazu Weste, bestickte Unterhose und eine Kappe, die bis in den Nacken reicht. Früher schützte man sich so bei der Feldarbeit vor der Sonne. Aufwendiger gekleidet sind die Frauen. Sie tragen über reichbestickten Unterröcken weite Woll- oder Seidenröcke, dazu weiße, ebenfalls bestickte Blusen und bunte Seidenwesten. Als Kopfbedeckung dient ein seidenes Tuch und darauf ein winziger Strohhut. Aus dem Alltagsleben sind diese Trachten verschwunden, nur zu festlichen Anlässen sieht man sie noch.

◁ Observatorium am Pico de los Muchachos

UNTERWEGS AUF LA PALMA

Touren zu Küsten und Vulkanbergen, zu Lorbeerwäldern und Bananenplantagen

Zu Besuch in malerischen Orten und der lebhaften Inselhauptstadt

Ausgesuchte Wanderwege, typische Feste, einheimische Küche

Insel-metropole Santa Cruz

Unter dem Kreuz der Conquista

Prunkvolle Bauten an steilen Hängen

Die alte Handelsstadt

Malerische Gassen und belebte Plätze

Bunte Häuserzeile in Santa Cruz

Inselmetropole Santa Cruz

Kirchen und Klöster, holzgeschnitzte Balkone und schattige Innenhöfe, ein prächtiges Ensemble alter Paläste – und dazu lebendige Märkte und Straßencafés, Flaniermeile mit viel Flair, Boutiquen und lauschige Winkel.

In Santa Cruz und den dazugehörigen Vororten leben heute etwa 20 000 Einwohner. Santa Cruz ist Sitz des Inselrates (»Cabildo Insular«) und aller wichtigen Behörden. Die Rolle als Wirtschafts- und Dienstleistungszentrum muß sich die Stadt allerdings mit dem auf der anderen Inselseite gelegenen Los Llanos de Aridane teilen.

Santa Cruz wurde am 3. Mai 1493, nachdem La Palma vollständig erobert worden war, von Alonso Fernández de Lugo in einer der wenigen als Naturhafen geeigneten Buchten der Insel gegründet. Am Strand der künftigen Hauptstadt ließ er, wie es während der spanischen Conquista üblich war, zum Zeichen des Sieges ein Kreuz errichten und eine Messe lesen. Diesem Heiligen Kreuz (span. *Santa Cruz*) verdankt der Ort seinen Namen. Schon wenige Jahre später war aus Santa Cruz eine blühende Handelsmetropole geworden. Prunkvolle Bauten wurden errichtet, eng zusammengedrängt auf einem schmalen Küstensaum, hinter dem die Hänge steil ansteigen und eine Bebauung des Hinterlandes schwierig gestalteten. So bestand die Stadt praktisch nur aus einer küstenparallel verlaufenden Straße, an der sich Kirchen, Bürgerhäuser und Paläste aufreihten.

1553 wurde Santa Cruz Ziel eines verheerenden Überfalls. Französische Piraten plünderten die Stadt und brannten sie bis auf die Grundmauern nieder. Doch wurde sie in den folgenden Jahrzehnten noch schöner und prunkvoller wieder aufgebaut. Aus dieser Zeit stammen viele Baudenkmäler, die noch heute in der reizvollen Altstadt von Santa Cruz zu besichtigen sind, weil die wirtschaftliche Blüte eigentlich schon um die Mitte des 17. Jh. beendet war. Dann folgte eine lange Zeit der Stagnation, in der nur noch wenig gebaut wurde.

Ein halber, besser aber ein ganzer Tag genügt, um sich zu Fuß einen Überblick über die Sehenswürdigkeiten von Santa Cruz zu verschaffen. Wer das Inselmuseum besichtigen oder die Atmosphäre der belebten Altstadtgassen auf sich wirken lassen will, sollte mehr Zeit einplanen.

Handel mit Amerika

Stattliche Paläste zeugen in Santa Cruz vom Glanz vergangener Zeiten. 1492, ein Jahr vor der Eroberung La Palmas, hatte Kolumbus Amerika entdeckt. Und schon bald brach für Santa Cruz eine heute fast unvorstellbare Zeit der Blüte und des Reichtums an. Eine der größten Handelsflotten Spaniens war hier stationiert, die ansässigen Kaufleute erwarben binnen kürzester Zeit große Vermögen. Zwar besaß die königliche Handelskammer in Sevilla das Monopol im Amerikahandel: Sie teilte den einzelnen Schiffen Warenkontingente zu, bestimmte die anzulaufenden Häfen und überwachte die Zollabfuhr. Denn die Einnahmen aus dem Warenverkehr mit den neuen Kolonien in Übersee sollte vor allem die Staatskasse füllen. Alle Schiffe hatten sich der königlichen Handelsflotte anzuschließen, die regelmäßig von Sevilla aus in See stach. Viel Spielraum gestand man den Kaufleuten im Amerikahandel nicht zu – zu groß war die Angst der Krone vor in- und ausländischer Konkurrenz.

Doch die Kolonien mußten mit Lebensmitteln versorgt werden, und die Kanaren lagen nun einmal sehr viel näher am amerikanischen Kontinent als das spanische Festland. Daher erhielten die Inseln 1508 das Privileg praktisch freien Warenverkehrs. Aber es gab auch Einschränkungen. So durften Sklaven und Frauen nur mit königlicher Genehmigung an Bord genommen werden; der Handel mit Gold und Silber, Pferden und Waffen war verboten. Auf dem Weg über den Atlantik machte nun beinahe jedes Schiff auf den Kanaren Station. La Palma erwies sich als besonders verkehrsgünstig – am Westrand des Archipels gelegen –, und so entwickelte sich Santa Cruz innerhalb weniger Jahre zur drittgrößten Handelsmetropole des spanischen Weltreichs (nach Antwerpen und Sevilla).

Von mindestens ebenso großer Bedeutung wie der legale war der illegale Handel. Ausländischen Schiffen war die Teilnahme am lukrativen Amerikageschäft streng untersagt. Viele Kapitäne versuchten, das Verbot von den Kanaren aus zu umgehen. Schmuggler, Piraten und Betrüger gaben sich hier ein Stelldichein. Der Handelskammer in Sevilla war dies ein Dorn im Auge. 1566 richtete die Krone auf Gran Canaria, Teneriffa und La Palma Registergerichte ein, um die Bestimmungen besser überwachen zu können. Die Inselräte protestierten vergeblich. ›Offizielle‹ Waren, die mit den Kolonien ausgetauscht werden durften, waren ausschließlich Tierhäute, Wein, Getreide,

Käse, Obst, Zucker, Vieh und Holz. Mit dem Schmuggel von Gold, Silber, Sklaven und Luxusgütern ließ sich natürlich viel mehr verdienen. Jeder war auf La Palma irgendwie in den illegalen Handel verwickelt, und so sah man nun, da die Kontrollen fast lückenlos waren, die Pfründe dahinschwinden.

Im 17. Jh. geriet La Palma vollends ins Abseits. Das Wirtschaftszentrum der Kanaren verlagerte sich nach Teneriffa, als dort 1604 ein neuer Hafen eingeweiht wurde. Sechs Jahre später führte die Handelskammer von Sevilla Exportbeschränkungen für kanarische Waren ein, wobei Teneriffa überdies noch die größten Kontingente zugeteilt bekam. Der schlimmste Schlag traf La Palma allerdings 1657, als das Registergericht in Santa Cruz geschlossen wurde. Alle Schiffe auf dem Weg von und nach La Palma mußten von nun an stets Teneriffa anlaufen. In den vier Jahren danach sollen nur noch zwei Schiffe ihre Waren in Santa Cruz gelöscht haben. Der wirtschaftliche Niedergang war besiegelt.

Spaziergang durch die Innenstadt

Ausgangspunkt kann die **Avenida Marítima** sein, die von Straßencafés gesäumte Uferstraße in Santa Cruz, an der abends und vor allem an den Wochenenden die Einheimischen flanieren. Am nordöstlichen Teil der Avenida erhebt sich das **Castillo de Santa Catalina** (1), eine Festung, die bis ins 18. Jh. hinein zur Abwehr von Seeräubern diente. Nach dem Piratenüberfall von 1553 baute man sie als Teil einer Befestigungsanlage auf, die Santa Cruz zur Seeseite schützte. Der heutige Bau wurde, nachdem das alte Fort Schaden erlitten hatte, in den Jahren 1676–1701 errichtet. Mit dem sternförmigen Grundriß folgte man den Ideen berühmter italienischer Festungsbaumeister. Heute steht das (nicht zu besichtigende) Castillo unter Denkmalschutz.

Als keine Piratenüberfälle mehr zu erwarten waren, wurden die Stadtmauern geschleift. Zur Meerseite hin, wo sich einst ein schmaler, kiesiger Strand befand, schuf man durch Aufschüttung die heutige, breite Uferstraße. Die alten Bürgerhäuser aus dem 16. und 17. Jh. an der Avenida Marítima lassen jedoch erkennen, daß ihre Front einst dem Meer abgewandt war. Früher markierten die vielfotografierten, holzgeschnitzten Balkone, die teils über zwei Stockwerke hinwegreichten, die Rückseite der Häuser, während sich der Eingang landwärts an der Calle Pérez de

Auf der Plaza de la Constitución

Brito befand. Ursprünglich waren die Balkone vollständig durch ein feines, hölzernes Gitterwerk verschlossen, das luftdurchlässig war und zugleich Schatten spendete. Dieses sollte nicht etwa vor Blikken schützen oder zur Zierde dienen, vielmehr verbargen sich dahinter die Wirtschaftsräume des Hauses, in denen Getreide luftig aufbewahrt wurde und der Wasservorrat vor Verdunstung sicher lagerte.

Die schönsten **Holzbalkone** (2) findet man zwischen der Calle Tedote und dem Durchgang zur Placeta de Borrero. Ein wenig weiter, wo die Calle Vandale in die Avenida Marítima mündet, steht der **Parador Nacional** (3), ein staatlich geführtes Hotel, dessen moderne, ein wenig strenge Architektur dem kanarischen Stil nachempfunden ist. Dem neuen Konzept der spanischen Paradores entsprechend, wonach der Natur- und Kulturtourismus im Landesinneren gefördert werden soll, wurde das Haus verkauft und soll demnächst durch einen Neubau in El Zumacal (Breña Alta) ersetzt werden.

Die Avenida del Puente führt von der Küstenpromenade landeinwärts. Von ihr zweigt links die Calle O'Daly ab, die Haupteinkaufsstraße von Santa Cruz. Sie wird von sehenswerten alten Palästen gesäumt, in denen einst der Adel und das Geldbürgertum La Palmas residierten. Gleich im Eckhaus befindet sich die Farmacia de Puente de Doctor Argany, deren Inneres reich

Los Sauces
Puntallana
Barlovento
Carretera de Nieves
Cuesta de la Encarnación
C. José Pérez Vida
Bco de las Nieves
Avd. Manuel Gonzalez Mendez
C. Velachero
Avd. de las Nieves
C. Jandia
C. Carias
C. A. Rodriguez Lopez
C. Baltasar Martin
C. Cruz Roja
C. Marquito
C. El Pilar
José Lopez
C. San José
C. Pérez de Brito
Camino del Castillo
Abenguareme
Plaza de San Fernando
Avenida Marítima
Estadio del Mensajero
Avenida del Puente
Placeta de Echentive
C. Diaz
C. Pimienta
C. Vandale
C. Timibucar
Carretera de Timibucar
C. Calle Blanca
C. Fernández Ferraz
C. Morales
C. Paragas
C. Virgen de la Luz
C. O'Daly
C. Apuron
Plaza Tanquito
C. San Telmo
C. Pintado
C. Navarra
C. San
C. Galguén
C. Almudena
Carretera del Galion
Carretera
C. Bajamar
C 832
Cementerio
Camino de la Portada
Breña Alta
Playa del Roque
Fuencaliente
Valle de Aridane
Mazo
Breñas
Atlantischer Ozean
1
2
3
4
5
6
7
8
9
10
11
12
13
14
15
16
17
18
19
20
21
22
23
24
25
26
27
28
29
30

mit Jugendstil-Stuckarbeiten und Mosaiken verzíert ist. Ein paar Häuser weiter steht linker Hand die **Casa Pinto de Guisla** (4), in der die Schiffsagentur »Trasmediterránea« ihren Sitz hat. Man kann den überdachten Patio mit der eleganten, holzgeschitzten Galerie besichtigen (Mo–Sa 9–13 Uhr). Rechts daneben erhebt sich die **Casa Massieu Tello de Eslava**, die in ähnlichem Stil gehalten ist. Für gewöhnlich ist sie nicht zugänglich. Dieser Bereich der Altstadt wurde 1770 durch einen Brand stark zerstört. In den darauffolgenden Jahren wurden die Paläste völlig neu errichtet.

Die Calle O'Daly öffnet sich zur **Plaza de España** (5), die jahrhundertelang Mittelpunkt der Stadt war und auf der sich auch heute das Leben der Menschen in Santa Cruz abspielt. Viele halten sie für die schönste Platzanlage der Kanaren. Von der Straße durch eine Palmenreihe getrennt, verjüngt sich der beinahe dreieckige Platz nach oben. In der Spitze tritt eine Quelle aus dem Hang, die man 1588 faßte und zu einem öffentlichen Brunnen ausbaute. Bis vor wenigen Jahrzehnten holten die Bewohner der umliegenden Häuser hier ihr Trinkwasser. ›La Pila‹ (›Wassertrog‹), wie der Brunnen im Volksmund genannt wird, ist eine bemerkenswerte Steinmetzarbeit aus der Renaissance. Er trägt das Wappen La Palmas, auf dem der Inselheilige Michael abgebildet ist, und rechts daneben das Wappen des Gouverneurs Jerónimo de Salazar, in dessen Regierungszeit der Brunnen errichtet wurde.

Das auffälligste Bauwerk an der Plaza de España ist das **Rathaus** (6, ›Casas Consistoriales‹) mit seinen Rundbogenarkaden und der schattigen Vorhalle, in der sich zur Siesta-Zeit die älteren Männer aus der Nachbarschaft zu einem Plausch treffen. Nachdem der alte Bau 1553 niedergebrannt war, wurde das Rathaus zwischen 1559 und 1563 neu errichtet. Die reich mit Steinmetzarbeiten geschmückte Fassade gilt weit über La Palma hinaus als herausragendes Beispiel des Plateresk-

---

Santa Cruz de la Palma 1 Castillo de Santa Catalina 2 Holzbalkone 3 Parador Nacional 4 Casa Pinto de Guisla 5 Plaza de España 6 Rathaus (Casas Consistoriales) 7 Iglesia El Salvador 8 Casa Kábana 9 Casa Salazar mit Fremdenverkehrsbüro 10 Yachtclub (Club Náutico) 11 Ermita de la Luz 12 Plaza de Santo Domingo 13 Dominikanerkloster 14 Ermita de San Sebastián 15 Markthalle 16 Casino 17 Placeta de Borrero 18 Kloster San Francisco mit Inselmuseum 19 Plaza de la Alameda 20 Barco de la Virgen mit Museo Naval 21 Castillo de la Virgen 22 Iglesia de la Encarnación 23 Hospital de las Nieves 24 Hotel Marítimo 25 Hotel Castillete 26 Hospital de Dolores 27 Teatro Chico 28 Teatro Circo de Marte 29 Hauptpost 30 Plaza de la Constitución mit zentraler Bushaltestelle

Plaza de España

Stils, der verspielten spanischen Variante der Renaissance. Im Obergeschoß wird die Fassade links durch zwei Bogenfenster aufgelokkert, rechts durch zwei rechteckige Fenster. Dazwischen sieht man das Wappen der Habsburger mit dem doppelköpfigen Adler und den Säulen des Herkules. Zwischen den Bogenfenstern ist auf einem Medaillon der aus dem Hause Habsburg stammende König Philipp II. abgebildet, unter dessen Herrschaft das Rathaus erbaut wurde. Den Raum zwischen den beiden rechteckigen Fenstern ziert das Inselwappen.

Im Erdgeschoß tagte früher das Gericht, gleich dahinter befand sich der Kerker. Die Ratsherren kamen im nobleren Obergeschoß zusammen. Zum Sitzungssaal (›Sala Capitular‹), in dem sich noch heute Gemeinde- und Inselrat versammeln, führt eine kunstvoll aus dem Holz der Kanarischen Kiefer geschnitzte Treppe. Das Treppenhaus und die normalerweise nicht zugängliche Sala Capitular sind zudem mit aufwendig gearbeiteten Kassettendecken aus Holz im Mudéjar-Stil geschmückt. Sehenswert sind die expressionistischen Wandgemälde im Treppenhaus. Mariano de Cossió (1892–1960) aus Teneriffa hielt hier Szenen aus dem Leben der einfachen Leute La Palmas um die Jahrhundertwende fest. Man sieht einen Bauern beim Pflügen des Feldes mit einem Ochsen, einen Winzer beim Keltern des Weins, einen Seefahrer beim Abschiednehmen von der Heimat, einen Schmied bei der Arbeit und Landbewohner beim Transport von Lasten.

An der Nordseite der Plaza de España erhebt sich die **Iglesia El Salvador** (7, ›Erlöserkirche‹). Auch sie wurde 1553 durch Piraten fast

vollständig zerstört und anschließend in mehreren Bauphasen, die sich bis ins 18. Jh. hinzogen, neu errichtet. Von der ansonsten schlichten Fassade hebt sich das der Plaza zugewandte Portal ab, das 1585 unter dem Baumeister Juan de Ezquerra fertiggestellt wurde. Abgesehen von dem Barockgesimse – im 18. Jh. hinzugefügt – dürfte es sich um das stilreinste Renaissanceportal des Kanarischen Archipels handeln. Zwei Säulenpaare tragen einen dreieckigen Aufsatz (Fronton), der seinerseits von drei Pilastern gekrönt wird. Der mittlere trägt eine Statue des Heilands.

Durch eine schwere, hölzerne Kassettentür gelangt man ins Innere der dreischiffigen Pfarrkirche. Die prachtvolle, im Mudéjar-Stil geschnitzte Holzdecke nimmt den Betrachter sofort gefangen. Sie gilt als eine der gelungensten ihrer Art auf den Kanaren. Erst Ende des 19. Jh. wurde das ursprünglich naturbelassene Holz polychrom bemalt. Auffällig ist auch die klassizistische Altarrückwand (Retabel) mit einem Gemälde von Antonio María Esquivel (1806–1857), das die *Verklärung Christi auf dem Berge Tabor* zeigt. Um eine kunsthistorisch besonders wertvolle, zu Beginn des 16. Jh. aus Flandern importierte Arbeit handelt es sich bei der Kreuzigungsgruppe im zweiten Altar des südlichen Seitenschiffes. Sie wird *El Cristo de los Mulatos* (›Christus der Mulatten‹) genannt, seit sich 1708 eine Bruderschaft afrikanischer Sklaven unter ihren Schutz begab. Von dem bekannten Bildhauer Fernando Estévez aus La Orotava (Teneriffa) stammen die Figuren des Gefesselten Christus (*El Señor del Perdón*; im linken Seitenschiff vorn) und der *Virgen del Carmen* (im rechten Seitenschiff vorn), Werke aus der Übergangszeit vom Barock zum Klassizismus. Beim Taufbecken und den vier Weihwasserbecken handelt es sich um barocke italienische Arbeiten aus Marmor (18. Jh.).

Die Sakristei befindet sich im Untergeschoß des wehrhaft gebauten Glockenturms. Da sie ein gotisches Gewölbe besitzt, nimmt man an, daß es sich um den einzigen noch erhaltenen Teil des alten Baus handelt, der um 1503 errichtet wurde. Der Turm entstand zwischen 1567 und 1737 in mehreren Bauphasen.

Im Zentrum der Plaza de España erhebt sich ein Denkmal zu Ehren von Manuel Hernández Díaz. Zu Beginn des 19. Jh. war Hernández Díaz Pfarrer in Santa Cruz und setzte sich in seinen Predigten für die liberale Verfassung Spaniens von 1820 ein. Auch eröffnete er eine Schule, die Kinder aller Bevölkerungsschichten kostenfrei besuchen konnten, eine für die damalige Zeit revolutionäre Neuerung. Doch schon 1823 wurden seine Anstrengungen durch einen erneuten politischen Umschwung in Spanien zunichte gemacht. Hernández Díaz wurde vor das Kirchengericht auf Teneriffa zitiert und durfte erst Jahre später nach La Palma zurückkehren. 1895 gaben die Freimaurer, die im 19. Jh. für die Intellektuellen von Santa Cruz ein wichtiges Forum für die Entwicklung fortschrittlichen Gedankenguts darstellten, die Bronzebüste bei dem katalanischen Künstler José Monserrat in Auftrag. Ubaldo Bordanova schuf den steinernen Sockel, an dessen Rückseite er das Relief eines Pelikans mit drei Jungen anbrachte.

Die Südwestseite der Plaza de España wird von einer Häuserzeile eingenommen. Besondere Beachtung verdient das linke Haus, die **Casa Kábana** (8) aus dem 18. Jh. Sie wurde 1923 von dem aus Santa Cruz de La Palma stammenden, weit über die Insel hinaus bekannten Architekten Pelayo López restauriert. Dabei erhielt das ursprünglich nur zweigeschossige

Gebäude sein heutiges oberes Stockwerk mit dem charakteristischen flachen Rundbogen, einer in der kanarischen Architektur selten verwendeten Form. Pelayo López begründete mit diesem Werk den Regionalismus, eine Stilrichtung, die sich auf die traditionelle kanarische Bauweise besann.

Südlich der Plaza de España wird die an dieser Stelle besonders lebendige Calle O'Daly von zahlreichen Geschäften und Boutiquen gesäumt. Straßenhändler errichten ihre Stände in der Fußgängerzone und bieten Schmuck und Lederwaren feil. Auch in diesem Straßenabschnitt stehen einige sehenswerte Adelspaläste und Bürgerhäuser. Unter diesen ist besonders die **Casa Salazar** (9, Haus Nr. 22) hervorzuheben. Im 17. Jh. ließ die Familie Salazar den Palast errichten. Ungewöhnlich ist die schlichte Fassade aus Behaustein, an der sowohl Elemente der Renaissance als auch des Barocks zu erkennen sind. Solche Natursteinfassaden konnten sich nur sehr wohlhabende Leute leisten. Über dem mächtigen und von Pilastern gesäumten Eingangsportal ist das Familienwappen angebracht. Das Innere des Palastes wurde Ende der 80er Jahre restauriert, wobei sowohl die hölzerne Galerie im Innenhof als auch die prachtvollen Mudéjar-Holzdecken erneuert werden mußten. Die Casa Salazar beherbergt heute das Fremdenverkehrsbüro von Santa Cruz. Im Erdgeschoß finden in unregelmäßigen Abständen Kunstausstellungen und, vor allem um die Weihnachtszeit, Ausstellungen des einheimischen Kunsthandwerks statt.

Folgt man der Calle O'Daly bis zu ihrem Ende, so trifft man auf die Plaza de la Constitución. Gegenüber erstreckt sich das Hafengelände. Fährschiffe, Frachter und Kreuzfahrtschiffe legen an der großen Ostmole an. Im Hafenbereich steht das Gebäude des **Yachtclubs** (10, *Club Náutico*). Fischerboote und Yachten liegen an einer neuen Mole am Südrand des Hafengeländes. Außerhalb des Hafens dehnt sich der einzige nennenswerte Strand von Santa Cruz aus, die **Playa del Roque**. Sie ist zu Fuß über die Calle Bajamar zu erreichen. Der dunkelsandige, etwa 500 m lange, sehr gepflegte Strand wird von einer neuen Fußgängerpromenade gesäumt. Leider beeinträchtigt die direkt dahinter verlaufende Küstenstraße die Ruhe.

Folgt man von der Plaza de la Constitución der Carretera del Galion in südwestlicher Richtung, so gelangt man an eine breite Treppe, die steil aufwärts zur **Ermita de la Luz** (11) führt. Die kleine, meist verschlossene Kirche war früher außerhalb der Stadt gelegen und wurde erst in jüngerer Zeit in die bebaute Fläche einbezogen. Sie stammt aus dem Jahr 1574 und ist dem hl. Erasmus (San Telmo), dem Patron der Seefahrer, geweiht. Die Genossenschaft der Schiffer von Santa Cruz stiftete 1% des Ertrags jeder Fahrt, um das Gotteshaus zu

Im Hafen von Santa Cruz

erhalten und zu verschönern. Desweiteren spendete im 18. Jh. eine wohlhabende Bürgerin der Stadt Geldmittel für Restaurierungsarbeiten. Damals erhielt die Kirche eine zweite Widmung, die der *Nuestra Señora de la Luz* (›Unsere liebe Frau des Lichts‹) galt. Schön ist der Blick vom Vorplatz der Ermita auf den Hafen. Hier treffen sich um die Mittagszeit und am frühen Abend die Männer des Stadtviertels, um Neuigkeiten auszutauschen. Im Volksmund heißt die Stelle daher auch »mentidero« (›Lügenecke‹).

Hält man sich durch die schmale Calle Virgen de la Luz in Richtung Innenstadt, gelangt man an die **Plaza de Santo Domingo** (12), einen autofreien, schattigen Platz, wo sich nach Schulschluß die Jugendlichen von Santa Cruz einfinden. In den Sommermonaten finden hier abends hin und wieder Popkonzerte oder Folkloreveranstaltungen statt. Am oberen Rand der Plaza erhebt sich das ehemalige **Dominikanerkloster** (13, *Convento de Santo Domingo de Guzmán*), dessen Räumlichkeiten nach der Säkularisierung (1836) als Kaserne dienten und heute eines der beiden städtischen Gymnasien beherbergen. Die Klosterkirche **San Miguel de las Victorias** geht auf eine Kapelle zurück, die Alonso Fernández de Lugo kurz nach der Eroberung La Palmas zu Ehren des Inselheiligen Michael hatte erbauen lassen. Um 1530 gründeten Dominikanermönche das Kloster, das ebenso wie die Kirche in den Jahren nach der Brandschatzung durch französische Piraten (1553) neu errichtet wurde. Damals entstand das sehenswerte, eigenartig verzierte Hauptportal der Klosterkirche an der Seitenwand, die der Plaza zugewandt ist. Vermutlich wurde es ebenso wie das Hauptportal der Iglesia El Salvador unter dem Baumeister Juan de Ezquerra geschaffen. Durch die Rottönung des verwendeten Natursteins hebt es sich gut von der weißgetünchten Fassade ab.

Das Kircheninnere ist mit vergoldeten Barockaltären und kunstfertig im Mudéjar-Stil geschnitzten Kassettendecken ausgestattet. Der größte Schatz, den die Kirche beherbergt, dürfte aber die Sammlung von flämischen Tafelbildern sein, die der aus Flandern stammende Händler Luis van de Walle im 16. Jh. zur Ausschmückung seines Privathauses nach La Palma kommen ließ. Sie werden dem Maler Pieter Pourbus (1523–1584) aus Brügge zugeschrieben. Außerdem besitzt die Kirche eine Darstellung des Abendmahls von Ambrosius Francken (1544–1618).

Zwei Straßenzüge weiter erhebt sich an einer kleinen, schön gestalteten Plaza die schlichte **Ermita de San Sebastián** (14). In ihrem (meist verschlossenen) Inneren birgt sie eine Statue der hl. Katharina, eine flämische Arbeit, die vermutlich aus der Künstlerschule Rogier van der Weydens aus Antwerpen stammt. Nur wenige Schritte sind es von hier ins lebhafte Stadtzentrum, doch kann man auf der Plaza de San Sebastián lange im Schatten blühender Bäume verweilen und die erholsame Stille genießen.

Man hält sich nun bergab und gelangt oberhalb der Iglesia El Salvador durch die Calle Van de Walle in die lebhafte Einkaufsstraße Avenida del Puente. Dort steht auf der gegenüberliegenden Straßenseite die **Markthalle** (15). Vor der Tür werden freitags und samstags Blumen verkauft. Im Inneren bieten eine Reihe von Marktständen Obst, Gemüse und Käse feil, in Seitenräumen auch Fisch und Fleisch. Das Angebot ist frischer und vielfältiger als irgendwo sonst auf der Insel (Mo–Do 6–14, Fr 6–14 u. 15.30–18, Sa 6–13 Uhr).

Die Avenida del Puente führt bergab zur Calle Anselmo Pérez de Brito. Hier erheben sich einige sehenswerte alte Paläste. Der vordere Straßenteil war ebenso wie die angrenzenden Teile der Calle O'Daly von dem schweren Brand 1770 betroffen. Die heute hier stehenden Gebäude wurden Ende 18./Anfang 19. Jh. erbaut. Etwa 1809 wurde das Haus der Familie Massieu Sotomayor (Nr. 7) fertiggestellt, dessen Fassade mit den vier marmornen Büsten klassizistische Anklänge verrät. Heute ist hier das **Casino Suculo de Instrucción y Recreo** (16, kurz ›Casino‹ genannt) untergebracht, ein Club, in dem sich die wohlhabenden Bürger der Stadt treffen. Wenig weiter, trifft man auf die **Placeta de Borrero** (17). Boutiquen gruppieren sich um den idyllischen Platz, ein Straßencafé lädt zur Rast ein. Dahinter schließt

Korsaren

Die Freibeuter des Königs

Mit Gold und Silber beladene Schiffe ankerten in der Glanzzeit La Palmas im Hafen von Santa Cruz. In den Handelshäusern der Hauptstadt lagerten Zucker und Wein im Überfluß. So viel Reichtum erweckte Neid und Begierde vor allem bei den Nationen, die noch keine Kolonien besaßen. Zum Beispiel waren die Beziehungen Spaniens zu Frankreich im 16. Jh. denkbar schlecht. Mit königlichen Kaperbriefen ausgestattet befuhren französische Korsaren die Meere, um den Spaniern einen Teil des, wie die Franzosen meinten, zu Unrecht erworbenen Reichtums abzujagen.

La Palma wurde 1537 erstmals Ziel französischer Angriffe. Doch man war vorgewarnt und hatte in Santa Cruz eine Verteidigungsflotte zusammengezogen. Als sich die Korsaren näherten, läuteten die Kirchenglocken Sturm, und Kanonenschüsse schlugen die überraschten Angreifer in die Flucht.

1553 befand sich der Korsar François Le Clerc mit einer Flotte von acht Schiffen auf der Rückfahrt von den Antillen, wo er seinen ›Geschäften‹ nachgegangen war. Unter Seinesgleichen soll »Pata de palo« (›Holzbein‹), wie man ihn ehrfurchtsvoll nannte, hohes Ansehen genossen haben. Vor der afrikanischen Küste überfiel er ein genuesisches Handelsschiff und wandte sich dann den Kanarischen Inseln zu. Auf Teneriffa ging er in der wohlhabenden Hafenstadt Garachico an Land, doch ließ er Hab und Gut der Bewohner unangetastet – den Historikern bis heute ein Rätsel. Böse Zungen behaupten, man hätte ihm dort geraten, doch lieber nach La Palma zu fahren, wo reichere Beute zu erwarten sei.

die schon bekannte Häuserzeile aus dem 16./17.Jh. an (s. S. 80f.).

Parallel zur Avenida Marítima führt die Calle Pérez de Brito in den nördlichen Teil der Innenstadt. Bedeutendstes Baudenkmal dort ist das ehemalige **Kloster San Francisco** *(18, Convento de San Francisco de Asís)*. Es liegt an der gleichnamigen Plaza, die man über die Calle Baltasar Martín erreicht. Kinder aus den umliegenden Häusern kommen gerne zum Spielen auf den recht großen Platz, der für den Stra-

Der Schlag traf Santa Cruz völlig unvorbereitet. Man hatte sich in Sicherheit gewiegt und wenig unternommen, um die Verteidigungsanlagen zu verstärken. Um die Mittagszeit des 21. Juli 1553 tauchte die Flotte von »Pata de palo« am Horizont auf. Ohne auch nur einen Moment zu zögern, gingen die Franzosen vor den Augen der entsetzten Palmeros im Norden der Stadt mit fünfhundert Mann an Land und besetzten sofort die strategisch wichtigen Punkte. Ein französischer Händler, dessen Besitz man in Santa Cruz beschlagnahmt hatte, soll den Piraten den Weg gewiesen haben. Gegen die führungslose, unbewaffnete Bevölkerung hatten die Angreifer leichtes Spiel. Tagelang plünderten sie Häuser, Kirchen und Klöster und brannten sie nieder. Den Abzug schließlich ließ sich Le Clerc noch durch ein Lösegeld erkaufen. Mit Beute im Wert von mehr als 500 000 Golddukaten – einer für die damalige Zeit fast unvorstellbar hohen Summe – stachen die Korsaren nach neun Tagen in See.

Aus Schaden klug geworden ging man nun endlich daran, die Verteidigung La Palmas zu verbessern. Zumal sich seit der Thronbesteigung König Philipps II. 1556 die Beziehungen zu England, das Ansprüche auf die spanische Krone erhob, merklich verschlechtert hatten. Königin Elisabeth I. förderte öffentlich die Piraterie und sah sie als willkommene Geldquelle an, um eine Seestreitmacht aufzubauen. Angriffe englischer Korsaren begannen sich nun zu häufen. Eine vorhandene Festung am Hafen von Santa Cruz wurde modernisiert, das Fort Santa Catalina errichtet. Neue Bollwerke im Süden und Norden der Stadt kamen hinzu. Rund um die Insel entstanden Batterien und Geschützstellungen; Wachtposten hielten Tag und Nacht nach Piratenflotten Ausschau. So konnte man Attacken weitaus gelassener entgegensehen. 1585 mußte der berüchtigte englische Korsar Francis Drake angesichts der in Stellung gebrachten Kanonen vor Santa Cruz unverrichteter Dinge davonsegeln; ähnlich erging es nach ihm auch holländischen und algerischen Piraten.

ßenverkehr gesperrt ist. Ihn zieren kräftig das ganze Jahr über rotblühende Afrikanische Tulpenbäume. Die Franziskaner gründeten ihr Kloster 1508 zunächst an der Stelle, wo sich heute die Festung Santa Catalina befindet, errichteten aber den nach dem Piratenangriff von 1553 notwendig gewordenen Neubau aus Sicherheitsgründen ein Stück weiter landeinwärts. Damals entstand das Mittelschiff der **Klosterkirche Nuestra Señora de la Inmaculada Concepción** (›Unsere

Auf der Placeta de Borrero

Liebe Frau der Unbefleckten Empfängnis‹), gestiftet vom Plantagenbesitzer Jácomo de Monteverde (s. S. 153 f.). Die zwei Seitenschiffe, ebenfalls durch Stiftungen finanziert, wurden 1565 fertiggestellt, im 18. Jh. dann im klassizistischen Stil umgebaut.

Zur Plaza weist die hellgetünchte Seitenfront der Kirche mit dem schlichten, im Übergangsstil zwischen Renaissance und Barock gehaltenen Portal aus dunklem Naturstein. Im Inneren verdient der barocke Hauptaltar mit der spätgotischen, aus Flandern stammenden Statue der *Jungfrau der Unbefleckten Empfängnis* (Anfang 16. Jh.) Beachtung. Besonders schön ist die holzgeschnitzte Mudéjar-Decke der Kuppel über dem Altarraum. Das Oktogon im Zentrum der Kuppelkonstruktion zeigt die Marienkrönung durch die Heilige Dreifaltigkeit.

In den Gebäuden des 1836 säkularisierten Klosters ist das **Museo Insular** (›Inselmuseum‹) untergebracht. Durch den Glockenturm der Kirche gelangt man in den Innenhof der Anlage. Als das Kloster Mitte der 80er Jahre nach Restaurierungsarbeiten unter Vorsitz von König Juan Carlos und im Beisein mehrerer Staatsoberhäupter, darunter auch Richard von Weizsäcker, feierlich der Öffentlichkeit übergeben wurde, pflanzte man im Kreuzgang für jeden der prominenten Anwesenden einen Orangenbaum. Dort sind auch landwirtschaftliche Geräte ausgestellt, handbetriebene Getreidemühlen aus Stein, die früher zum Mahlen des *Gofio* verwendet wurden, sowie ein ebenfalls steinerner Wasserfilter, der Zisternenwasser noch nach monatelanger Lagerung trinkfähig machte.

Rund um den Kreuzgang sind die Räume des Museums angeordnet. Im Erdgeschoß befindet sich die naturgeschichtliche Abteilung mit ausgestopften Tieren, Gesteinen und Fossilien aus aller Welt. Interessanter, da auf La Palma bezogen, ist der prähistorische Saal. Funde aus altkanarischer Zeit sind didaktisch gut aufbereitet, leider aber nur in spanischer Sprache beschriftet. Ausgestellt sind Werkzeuge, allerlei Gebrauchsgegenstände und Schmuck aus Holz, Knochen

Durch stille Gassen ...

und Obsidian, Keramikerzeugnisse sowie Skelettreste.

Im Obergeschoß verdient vor allem die heimatkundliche Abteilung Beachtung. Hier wurden Geräte, die im Haus und in der Landwirtschaft – von der Zeit nach der Eroberung bis in die jüngste Vergangenheit – Verwendung fanden, zusammengetragen. Das Flechten von Körben wird ebenso demonstriert wie die Stickerei, die Weberei und das Drehen von Zigarren. Auch traditionelle Musikinstrumente und alte Trachten sind zu sehen. Ein besonderer Raum ist der Seidenherstellung gewidmet, von der sich der Besucher anhand von Fotos, Geräten und Arbeitsproben ein Bild machen kann (Okt.–Juni Mo–Fr 9.30–14, 16–18.30; Juli–Sept. Mo–Fr 9–14 Uhr).

Die Calle de San Francisco führt zur **Plaza de la Alameda** (19), einem langgestreckten, von Indischem Lorbeer, Araukarien und Palmen gesäumten Platz. Zu allen Tageszeiten, vor allem aber am Abend, treffen sich hier die Einheimischen. An einem Kiosk im Zentrum der Plaza kann man im Schatten hoher Bäume ein kühles Bier genießen. Am Südrand des Platzes erinnert ein einfaches Holzkreuz an den 3. Mai 1493, den Tag der Gründung von Santa Cruz. Man hat es 1893 anläßlich der 400-Jahr-Feier aufgestellt. Unter dem Kreuz steht zu lesen: »Gloria a los heroes españoles y los heroes guanches. Unos y otros derramaron su sangre por su patria.« (›Ruhm den spanischen Helden und den Helden der Guanchen. Die einen wie die anderen vergossen ihr Blut für ihr Vaterland.‹)

Nördlich der Plaza de la Alameda ist ein recht ungewöhnliches Schiff zu besichtigen. Es liegt an Land und wäre auch – aus Beton gegossen und bemalt, so daß von außen der Eindruck von Holzplanken entsteht – gar nicht seetüchtig. Das **Barco de la Virgen** (20, ›Schiff der Jungfrau‹) ist der *Santa María* nachempfunden, dem Flaggschiff des Christoph Kolumbus, mit dem er 1492 Amerika entdeckte. Kolumbus hat La Palma allerdings nie besucht. Das Boot wurde anläßlich der *Bajada* 1940 erbaut. Alle fünf Jahre spielt das Barco de la Virgen eine wichtige Rolle beim »Dialog zwischen Schiff und Festung« (siehe S. 174 f.). Das Schiff birgt das **Museo Naval** (›Schifffahrtsmuseum‹) mit alten Seekarten, Navigationsgeräten, Schiffsmodellen und allerlei nautischen Accessoires (Mo–Fr 9.30–14, 16–19 Uhr, im Sommer nur vorm.).

Den Gegenpart bei der Bajada spielt das **Castillo de la Virgen** (21). Es erhebt sich in Sichtweite vom Schiff der Jungfrau. Der ausgetrocknete Barranco de las Nieves wird überquert, dann geht es die Cuesta de la Encarnación im Bogen bergauf. Ein schlichtes Portal gewährt Einlaß in die kleine Festung. Einst wurde sie zur Abwehr von Piratenschiffen errichtet, die man von hier oben schon frühzeitig ausmachen konnte. Unterhalb des Forts sind Reste der Stadtmauer zu erkennen, die Santa Cruz gegen Angreifer, die von See her kamen, schützen sollte.

Oberhalb des Castillos trifft man auf die Plaza de la Encarnación, die als Aussichtsterrasse angelegt ist. Der Blick schweift über die Stadt. Reizvoll präsentiert sich die exotische Bepflanzung des Platzes. Rechter Hand erhebt sich die **Iglesia de la Encarnación** (22). Ihr Äußeres, mit dem kleinen Holzbalkon über dem Portal und einem weiteren Balkon zur Plaza, entspricht dem einer typischen palmerischen Ermita. Vermutlich befand sich an dieser Stelle das älteste Gotteshaus der Insel. Auch die erste Siedlung der Eroberer scheint in der Umgebung gelegen zu haben. Erst einige Jahre später entstand das heutige Stadtzentrum um die Plaza de España. In jüngerer Zeit wurde mit dem Wachstum der Stadt die Ermita wieder in die Bebauung einbezogen und zur Pfarrkirche erhoben. Der heutige Bau stammt vorwiegend aus der ersten Hälfte des 18. Jh., doch ist mit dem Rundbogen zwischen Altarraum und Schiff, der von Pilastern mit verzierten Kapitellen getragen wird, noch ein Teil des alten Baus

(16. Jh.) erhalten. Kunsthistorisch wertvoll und sehenswert ist die spätgotische Figur der *Virgen de la Encarnación*.

Information: Calle O'Daly 8 (Casa Salazar), ✆ 9 22 41 21 06 (Mo–Fr 8–14 Uhr).

Unterkunft: Santa Cruz besitzt drei Mittelklassehotels, die alle an der lebhaften Küstenstraße liegen. Hier steigen Geschäftsleute als auch Touristen ab. Zudem gibt es einige Pensionen und Appartementhäuser. Hotels: Castillete***, Av. Marítima 75, ✆ 9 22 42 08 40, Fax 9 22 42 00 67 (Aparthotel, Dachterrasse mit Pool, gute kanarische Küche); Marítimo***, Av. Marítima 80, ✆ 9 22 42 02 22, Fax 9 22 41 43 02 (modernes Haus, Dachterrasse); Parador Nacional***, Av. Marítima 34, ✆ 9 22 41 23 40, Fax 9 22 41 18 56 (staatlich geführt, spanischer Kolonialstil). Pensionen: Bahía, Calle la Luz 35, ✆ 9 22 41 18 43 (ruhige Lage, einfach); Canarias, Calle Cabrera Pinto 27, ✆ 9 22 43 31 82 (ruhige Lage); La Cubana, Calle O'Daly 24, ✆/Fax 9 22 41 13 54 (zentral, viel Atmosphäre). Appartements: La Fuente, Calle Pérez de Brito 49, ✆/Fax 9 22 41 56 36 (Stadthaus mit Dachterrasse in zentraler Lage, dt. Leitung).

Restaurants: Alameda, Calle Dr. Pérez Camacho (italienisch); Casa La Marítima, Avenida Marítima 55 (deutsch-internationale Küche, Dachterrasse); El Chino, Calle Pedro Poggio 7 (chinesisch); El Faro, Avenida Marítima 27 (serviert werden regionale Spezialitäten); La Placeta, Placeta de Borrero 1 (in dem restaurierten Stadthaus befindet sich unten ein Bistro, oben ein gepflegtes Restaurant); Negresco, Calle Pérez de Brito (Straßencafé mit Tapas und kleinen Gerichten).

Bus und Taxi: Keine Stadtbusse. Den aktuellen Fahrplan (*horario*) der Überlandlinien erhält man im Büro der Busgesellschaft »Transporte del Norte« in der Calle Pedro J. de las Casas 3 (nahe Castillo de Santa Catalina), im Fremdenverkehrsamt oder in Reisebüros. Die Endstation für alle Busse befindet sich an der Plaza de la Constitución. In Richtung Norden kann man an mehreren Haltestellen entlang der Avenida Marítima zusteigen. Taxi: Avenida del Puente (gegenüber der Markthalle), ✆ 9 22 41 12 02; Plaza de la Alameda, ✆ 9 22 41 10 07; Calle Apurón, ✆ 9 22 41 11 07.

Diskothek: Gorki, Callejón del Rieguito (einheimisches, junges Publikum).

Baden: Einziger empfehlenswerter Strand ist die Playa del Roque südlich des Hafens.

Sport: Fahrradverleih: Viajes Paukner, Calle Pérez de Brito 54, ✆ 9 22 42 03 60. Fitneß: Body-Studio Juanfra, Calle Pérez de Brito 6, ✆ 9 22 41 50 06 (auch Massage, Sauna). Tennis: Polideportivo Miraflores, oberh. Hospital de las Nieves (Mo–Fr 9–22 Uhr, Buchung über Cabildo Insular, Av. Marítima 3, 5. St., ✆ 9 22 41 36 57).

Souvenirs: Kunsthandwerk: Artesanía Sanlupe, Calle O'Daly 48; Artesanía Tamanca, Calle O'Daly 29; Brocante, Calle Alvarez de Abreu 13; Cosas, Placeta de Borrero 2. Stickerei: Bordados del País, Av. del Puente 29. Zigarren: Estanco Roque, Calle Pérez Volcán (mit Werkstatt); Tabacos Vargas, Av. Marítima 53 (mit Werkstatt).

Der Süd-osten

Hier wohnen die Hauptstädter: Breña Alta und Breña Baja

Töpferkunst und Fronleichnam in Villa de Mazo

Eine Wohnstätte aus längst vergangenen Zeiten: die Cueva de Belmaco

Der Tanz auf den Vulkanen: durch Kiefernwälder und Aschefelder

»Vulkantourismus«

Blick vom Mirador de la Concepción

Blühende Gärten und Badespaß

Auf der »grünen« Seite La Palmas in die Bauernorte Breña Alta und Breña Baja mit prächtigen Gärten und den Zwillingsdrachenbäumen, durchs malerische Villa de Mazo und zur Cueva de Belmaco, einer rätselhaften Wohnhöhle aus prähistorischer Zeit.

Südlich von Santa Cruz liegen Breña Baja und Breña Alta, die bevorzugten Wohngebiete der Hauptstädter. Inmitten üppiger Bauerngärten steht auch die ein oder andere Villa. Weißleuchtende Ortskerne setzen Akzente. An der Küste entstand mit Los Cancajos das größte Ferienzentrum La Palmas. In der Weinbaugemeinde Villa de Mazo ist das Kunsthandwerk noch immer lebendig. Südlich von Villa de Mazo verändert sich die Landschaft. Sie wird karg, durch junge Lavaströme unterbrochen; schwer zu erreichen sind die einsamen Strände.

Mirador de la Concepción

Auf dem Rand des Vulkankegels La Caldereta, der Santa Cruz im Südosten beherrscht, liegt der hervorragende Aussichtspunkt. Er ist über die Straße nach Los Llanos zu erreichen, von der man in Buenavista rechts in Richtung Las Nieves abzweigt und nach etwa 300 m wiederum rechts in eine schmale Straße einbiegt. Der Blick schweift weit über Santa Cruz, Breña Alta und Breña Baja. Zum Meer hin öffnet sich der Vulkankrater, von der Erosion schon halb zerstört. Im Kratergrund entstand eine Neubausiedlung, dahinter sieht man die Hafenanlagen von Santa Cruz. Unweit vom Mirador steht die kleine **Ermita de Nuestra Señora de la Concepción** aus dem 17. Jh.

An der Carretera de las Nieves, etwa 300 m nördlich der Abzweigung zum Mirador, befindet sich das **Centro de Artesanía La Graja,** ein Kunsthandwerkszentrum, in dem Produkte von La Palma und anderen Kanareninseln (Keramik, Stickereiwaren, Zigarren, Holzschnitzarbeiten, Korbwaren, Wein, Rum, Süßigkeiten u. a.) zum Verkauf angeboten werden. Es besteht auch Gelegenheit, Handwerkern, die ihre Fertigkeiten demonstrieren, über die Schulter zu schauen.

Restaurant: Las Tres Chimeneas, Buenavista de Arriba 82 (ober-

Landschaft bei Breña Alta

halb des alten Flughafens an der Straße nach Los Llanos; beliebtes Ausflugslokal, gute kanarische Küche).

Bus: Linien 1, 15 ab Santa Cruz, ca. 1–2 mal stündlich, Linie 1 ab Los Llanos, ca. stündlich.

Breña Alta

Breñal bezeichnet ein felsiges, mit Gestrüpp bedecktes Gelände. Davon ist heute nicht mehr viel zu sehen. Vielmehr liegt Breña Alta ebenso wie seine meerwärts angrenzende Schwestergemeinde Breña Baja inmitten einer blühenden Gartenlandschaft. Palmen, Obstgärten und Gemüsefelder prägen das Bild. Die wohlhabende Oberschicht von Santa Cruz nutzte das Gebiet von Breña Alta von jeher als Sommerfrische. Dank der erhöhten Lage (300 bis 400 m über dem Meeresspiegel) ist es hier in den heißen Monaten angenehm warm, und die Passatwolken sorgen für eine gleichmäßige Feuchtigkeit. Viele der alten, von großzügigen Parkanlagen umgebenen Villen sind seit Jahrzehnten dem Verfall preisgegeben, weil das Geld für die Instandhaltung fehlt.

Auch Churchill liebte die Puros

oder Wie man eine Zigarre dreht

Der ehemalige britische Premierminister Winston Churchill soll regelmäßig Zigarren von La Palma geraucht haben. Angeblich hat er gesagt, die *puros* (›Reinen‹) stünden einer echten Havanna in nichts nach. Dafür waren sie aber weitaus preiswerter zu haben. Einen echten Palmero konnte man sich früher kaum ohne Zigarre zwischen den Zähnen vorstellen. Nach wie vor werden die Puros auf der Insel in den Kneipen stückweise verkauft, doch die jungen Männer bevorzugen längst Zigaretten.

Ende des 19. Jh., als Spanien im Krieg gegen die USA mit Kuba seine letzte Kolonie auf amerikanischem Boden verlor, kehrten viele dorthin emigrierte Palmeros in die Heimat zurück und brachten ihr Wissen über die Zigarrenherstellung mit. Das Cochenille-Rot, jahrzehntelang tragende Säule der Inselwirtschaft, war durch künstliche Farbstoffe vom Weltmarkt verdrängt worden. Zu einer Zeit also, als La Palma wirtschaftlich am Boden lag, brachte der Zigarrenexport – wenn nicht die Rettung – so doch eine erhebliche Linderung. Bald stellten zahlreiche kleine Werkstätten in Breña Alta, Breña Baja, Villa de Mazo, Santa Cruz und El Paso die Puros her. Rund um El Paso dehnten sich Tabakfelder aus.

Seit einigen Jahren läuft das Geschäft nicht mehr gut. Viele Betriebe mußten wegen mangelnder Nachfrage schließen. Auch der Tabakanbau ist fast ganz eingeschlafen, man verwendet heute importierte Sorten. Noch gibt es aber ein paar Werkstätten, wie z. B. den Estanco Flor de Lis in Breña Alta. Schon von draußen nimmt man den Geruch der frischen Tabakblätter wahr. In der Werkstatt stehen die Zwingbretter, in denen der geschnittene und gerollte Tabak, in ein Umblatt gewickelt, einige Tage von einer alten Holzpresse unter Spannung gehalten wird. Wenn der Tabak halbwegs trocken und in Form gebracht ist, wickelt man ihn in das Deckblatt ein, verschließt die Enden und schneidet sie ab. Zuletzt wird die fertige Zigarre kräftig gerollt. Mit etwas Glück kann man bei der Arbeit zuschauen, doch wird nur noch wenig produziert. Touristen kommen zwar aus Neugier, rauchen will die Zigarren aber kaum jemand. Deshalb führt der Estanco heute Souvenirs aller Art, wie Keramik und Stickereiwaren, um finanziell über die Runden zu kommen.

Doch in den 70er Jahren wurde Breña Alta sozusagen neu entdeckt. Seither haben viele ›Aussteiger auf Zeit‹, meist deutscher Nationalität, hier ihre komfortablen Zweitwohnsitze errichtet. Wohlhabende Palmeros taten es ihnen gleich; es gilt als schick, in Breña Alta zu wohnen und täglich zum Arbeitsplatz nach Santa Cruz zu pendeln.

Die rund 5000 Einwohner von Breña Alta verteilen sich auf mehrere Ortsteile, deren Grenzen nicht immer klar ersichtlich sind. Einzig **San Pedro,** Sitz der Gemeindeverwaltung, wo etwa ein Drittel der Bevölkerung lebt, trägt städtische Züge und ist mit seinen dicht gedrängten, weißgekalkten Häusern schon von weitem auszumachen. Traditionell ist San Pedro eines der Zentren der palmerischen Zigarrenherstellung, und noch heute findet man hier mehrere Werkstätten, in denen die *puros* von Hand gedreht werden.

Ein Großteil der Häuser von San Pedro reiht sich entlang der Hauptstraße. Sie erweitert sich im südlichen Ortsbereich zu einer großzügig gestalteten, mit modernen Skulpturen geschmückten Plaza, wo man Geschäfte und Kneipen findet. Da Breña Alta in den letzten Jahren eine rasante Entwicklung – verbunden mit starkem Bevölkerungszustrom – mitgemacht hat, ist San Pedro ein lebendiger, aufstrebender Ort. Ruhig geht es noch unterhalb der Hauptstraße zu. Dort steht die **Pfarrkirche San Pedro Apóstol.** Sie wurde 1539 erstmals erwähnt, seither jedoch mehrfach umgebaut. Das Gotteshaus birgt einige interessante Heiligenfiguren, darunter eine Statue des *hl. Josef mit dem Jesukind* (Anfang 18. Jh.) von dem flämisch beeinflußten, palmerischen Künstler Marcos Guillén. Von dem Taufbecken aus grüner Keramik (15. Jh.) heißt es, die zum Christentum bekehrten altkanarischen Herrscher La Palmas seien hierin getauft worden. Sehr idyllisch ist der kleine, dreieckige Platz mit Springbrunnen und hübscher Gartenanlage an der Rückseite der Kirche.

Fiesta de la Cruz Anfang Mai in Breña Alta

Im Ortsteil San Isidro, südlich von San Pedro, stehen die berühmten **Dragos Gemelos** (›Zwillingsdrachenbäume‹), denen ein Alter von mehreren hundert Jahren nachgesagt wird. Mit 12–15 m Höhe sind sie die größten Drachenbäume La Palmas. An der Straße zur Cumbre Nueva, etwa 400 m nach der Abzweigung, liegt links in einer Kurve die Zoohandlung Casa Chicho; rechts daneben führen Treppenstufen zu den Bäumen hinab, die in eine kleine Gartenanlage mit Sitzbänken einbezogen wurden. Um die Dragos Gemelos rankt sich eine traurige Legende aus vorspanischer Zeit. Zwei Brüder, beide in dasselbe Mädchen verliebt, töteten sich im Kampf. Die junge Frau beschloß nie zu heiraten und pflanzte an der Stelle, wo die beiden ihr Leben ließen, zwei Drachenbäume.

Am Südrand des Gemeindebezirks von Breña Alta erhebt sich der 565 m hohe Vulkankegel **Breña** an der Straße nach Villa de Mazo. Eine Zufahrtsstraße führt zum Aussichtspunkt auf dem Gipfel.

Unterkunft: Appartements: Miranda, Cuatro Caminos, ✆/Fax 9 22 43 42 95 (ruhig, schöner Garten, unter deutscher Leitung).

Bus/Taxi: Linie 6 ab Santa Cruz, 3–5 x tägl. außer So/Fei (über San Pedro und Las Ledas nach San Isidro). Taxi: Calle Estéban Pérez González 1, ✆ 9 22 43 72 28.

Souvenirs: Zigarren: Estanco Flor de Lis, San Pedro, Carretera General 10.

Breña Baja

Auch die in der Nähe der Küste zwischen 150 und 300 m über Meereshöhe gelegene Gemeinde Breña Baja hat sich zu einem beliebten Wohngebiet entwickelt. Viele deutsche Einwanderer haben sich hier niedergelassen. Verstreut stehen die Häuser zwischen Gärten und Obstplantagen. Sitz der Gemeindeverwaltung ist der obere Ortsteil **San José** (400 Einw.), zum wirtschaftlichen Zentrum entwickelt sich dagegen mehr und mehr **San Antonio,** das auf der Küstenstraße von Santa Cruz aus zu erreichen ist.

Noch vor dem Ort erhebt sich auf der linken Straßenseite eine stufenförmige **Steinpyramide.** In der Wissenschaft gehen die Meinungen auseinander, ob es sich bei diesem seltsamen Bauwerk schlicht und einfach um eine Anhäufung von Lesesteinen von den nahen Äckern handelt oder aber um eine Kultstätte der Altkanarier, an der diese ihre oberste Gottheit oder vielleicht auch die Sonne anbeteten. Von den heutigen Bewohnern wurde die Pyramide bis vor wenigen Jahrzehnten benutzt, um Feigen in der Sonne zu trocknen.

Unterkunft: Appartements/Bungalows: Madoyber, San José 1, La Polvacera 144, ✆/Fax 9 22 43 41 85 (kleiner Pool, einfach); Maricarlo, San José, ✆ 9 22 43 45 17 (üppiger Garten, ruhig); Vista Bella, San José, La Polvacera 312, ✆/Fax 9 22 43 49 75 (gepflegter Garten, Pool, Tennis, ruhig, dt. Leitung).

Restaurants: Francisco, San Antonio (Fisch); El Pino, Las Ledas (Spezialitäten aus der Schweiz, frischer Fisch); La Mocanera, San Antonio (Terrasse, Fisch); Parrilla Las Chozas, San Antonio (palmerisch).

Bus und Taxi: Linie 7 ab Santa Cruz, 2–3 x tägl. außer So/Fei (nach San Antonio), Linie 8 ab Santa Cruz, 2–6 x tägl.; Taxi: San Antonio, ✆ 9 22 43 40 46.

Souvenirs: Korbwaren: Juan Pérez Pérez, Barrio La Montañeta 60. Zigarren: Tabaquería Felipe y Crespo, San Antonio (nahe Parrilla Las Chozas).

Kunst: Galería La Chatita, San Antonio 255, Mo–Fr 17–20 Uhr (deutsche und einheim. Künstler).

Schwarzer Strand und viel Badespaß bei Los Cancajos

Los Cancajos

An der Küste von Breña Baja entstand seit Mitte der 80er Jahre das mit ca. 2000 Gästebetten größte Ferienzentrum La Palmas. Früher hat man an der winzigen Playa de los Cancajos Salz aus Meerwasser gewonnen; Reste der Salinenanlage sind noch zu erkennen. Der Strand wurde künstlich verbreitert und mit Wellenbrechern gegen die Brandung geschützt. Ein wenig mangelt es dem Urlaubsort an Atmosphäre, da die Aktivitäten der Gäste weitgehend auf die Hotel- und Appartementanlagen beschränkt sind. Dennoch hat Los Cancajos auch seine guten Seiten. Eine saubere und autofreie Uferpromenade lädt zum Spaziergang ein. Ort und Strand gelten als fami-

»El Molino« nahe Villa de Mazo

lienfreundlich. Als architektonisch besonders gelungene Ferienanlage erhielt die im kanarischen Stil gebaute Hacienda San Jorge, die über eine großzügige Garten- und Poollandschaft verfügt, von der Regionalregierung eine Auszeichnung.

Unterkunft: Hotel: Taburiente Playa****, ✆ 9 22 18 12 77, Fax 9 22 18 12 85 (modernes Komforthotel, Halle mit exotischen Pflanzen und Wasserfall, ca. 300 m vom Strand). Appartements: Costa Salinas, ✆ 9 22 43 43 48, Fax 9 22 43 45 10 (gartenartiger Patio); Hacienda San Jorge, ✆ 9 22 18 10 66, Fax 9 22 43 45 28 (Meerwasserpool, strandnah); La Cascada, ✆ 9 22 43 42 80 (ruhig, freundlich möbliert); Lago Azul, ✆ 9 22 43 51 28, Fax 9 22 18 10 67 (dt. Leitung, hübscher Garten).

Restaurants: El Pulpo, in Strandnähe (einfach, Fisch); Kleine Kneipe, Anlage Lago Azul (dt. Leitung); La Fontana, nahe Hacienda San Jorge (spanische Küche); La Habana, in der Anlage La Cascada (dt.-spanische Küche, rustikal); Las Salinas, Anlage Lago Azul (gehobenes Ambiente).

Bus und Taxi: Linie 9 ab Santa Cruz, etwa jede $^1/_2$ Stunde. Taxi: ✆ 9 22 18 11 21.

Diskothek: Lago, in der Anlage Lago Azul (alle Altersgruppen); **Musikbar:** Disco-Pub La Hemeroteca (am Wochenende Live-Musik).

Sport: Fahrräder: La Palma Tours, bei den App. Costa Salinas, ✆ 9 22 18 11 09. Tauchen: San Borondón, Centro Comercial Cancajos, ✆/Fax 9 22 18 13 93 (Kurse, geführte Tauchgänge, Ausrüstungsverleih/-verkauf). Wandern: Alpinschule Innsbruck, Hacienda San Jorge, ✆ 9 22 41 30 71, 9 22 43 40 75.

Bilder aus Blüten und Früchten

Fronleichnam in Villa de Mazo

Das Fronleichnamsfest in Villa de Mazo ist schon etwas Besonderes. Kaum irgendwo wird es so phantasievoll und farbenprächtig begangen wie hier.

Bevor es allerdings im wahrsten Sinne des Wortes ›erblühen‹ konnte, mußte es lange Zeit für politische Zwecke herhalten. Papst Urban IV. hatte es im Jahr 1264 eingeführt – veranlaßt durch die Vision einer Nonne aus Lüttich. Auf kastilischem und andalusischem Boden fanden die ersten Fronleichnamsprozessionen allerdings erst im 15. Jh. statt. Die Spanier nannten das Fest ganz schlicht »Corpus«: gefeiert wird nämlich die leibliche Gegenwart Christi beim Abendmahl (Eucharistie).

Schon kurz nach der Eroberung der Kanaren wandelte sich die Bedeutung des Fronleichnamsfestes. Spanien wurde in der frühen Neuzeit zum Zentrum der Gegenreformation. Um nichts in der Welt durfte die Vormachtstellung der katholischen Kirche in Frage gestellt werden, denn geistliche und weltliche Macht waren untrennbar verbunden. Spanische Maler und Bildhauer verliehen ihren Heiligenfiguren sogar die Gesichtszüge der Herrschenden. Unter Königin Isabella hatte man diesen Brauch eingeführt; sie wurde oft als Jungfrau Maria dargestellt.

Schon im Spätmittelalter war es üblich, der Fronleichnamsprozession Kostümgruppen einzufügen, die Szenen aus der Bibel oder aus Heiligenlegenden nachstellten. Im Zeitalter der Gegenreformation wurden daraus regelrechte Theaterspiele (*autos sacramentales*), die den Zweck hatten, die Gläubigen zu fesseln und zu beeindrucken (siehe S. 68 f.). Ihren Höhepunkt erreichten sie im 17. Jh., als spanische Dichter wie Calderón oder Lope de Vega die berühmten »Loas« schrieben – Lobgesänge, die vor dem Fronleichnamsspiel rezitiert wurden.

Unter dem Einfluß aufgeklärter Strömungen kam 1765 das Verbot der autos sacramentales durch den Reformkönig Carlos III., der auch gleich das Auftreten von Riesen, ›Dickköpfen‹ und Drachen untersagte – bis dahin sehr populären Formen der Verkleidung. Das Fronleichnamsfest, nach wie vor eines der Glanzlichter des römisch-katholischen Kirchenjahres, wandelte seinen Charakter. Die *alfombras* kamen in Mode – Blumenteppiche, die in stunden-, ja tagelanger Arbeit von eifrigen Gläubigen auf Straßen und Plätzen zu Bildern und Ornamenten gefügt werden. Und da Blüten im Juni auf den Kanaren schon etwas knapp sind, verwendet man auch Blätter, Moose und Flechten, Muschelschalen, Schneckenhäuser, Samenkapseln, Sand in allen Farben und sogar Salz – also alles, was die Natur zu bieten hat. Nach ein paar Stunden schon zertritt die Abendprozession die Pracht.

Auch in Villa de Mazo werden solche Blumenteppiche an Fronleichnam ausgelegt, aber hier gibt es noch eine Besonderheit. Die spätmittelalterliche Sitte der Kostümgruppen blieb erhalten und erlebte in diesem Jahrhundert in abgewandelter Form eine ›Renaissance‹. Hohe, hölzerne Bögen *(arcos),* schmücken den Prozessionsweg. Darin sind – phantasievoll dekoriert – Figuren und Motive zu sehen, die mit der Eucharistie in Zusammenhang stehen. Mitarbeiter der örtlichen Kunsthandwerksschule schaffen den aufwenigen Schmuck, der noch bis zum Sonntag nach Fronleichnam zu bestaunen ist.

Villa de Mazo

Zwei Straßen führen parallel zur Küste weiter nach Süden, in den Gemeindebezirk von Villa de Mazo (5000 Einw.). Auf der unteren gelangt man von Breña Baja nach **Hoyo de Mazo.** Die obere, besser ausgebaute Straße führt, von Breña Alta kommend, nach **El Pueblo** (800 Einw.), dem Zentrum der Gemeinde. Bis vor wenigen Jahren war Villa de Mazo ein Abwanderungsgebiet. Die Landwirtschaft, vorwiegend Weinbau, konnte den jungen Leuten keine attraktiven Arbeitsplätze bieten. Heute kehrt sich der Trend um. Ebenso wie in Breña Alta kauften Ausländer viele leerstehende Häuser und restaurierten sie. Das traditionelle Kunsthandwerk des Ortes wurde zu neuem Leben erweckt. Eine Kunsthandwerksschule bietet Kurse an (Korbflechterei, Stickerei, Holzarbeiten u.a.) und bemüht sich um Authentizität der Produkte. Der herbe Rotwein von Villa de Mazo, der auf 46 ha Fläche angebaut wird, wird von einer Winzergenossenschaft vertrieben, die in El Pueblo eine Probierstube unterhält (siehe S. 108).

Das Herz von El Pueblo schlägt unterhalb der Hauptstraße. Einen Rundgang beginnt man am besten gegenüber vom Postgebäude, wo eine Pflasterstraße, die Calle M. Pérez Díaz, steil bergab führt. Gleich zur Rechten befindet sich die kleine Plaza de Pedro Pérez Díaz mit einem runden Musikpavillon, in dem bei Volksfesten die Kapelle aufspielt. An dem Platz steht das **Rathaus,** daneben erhebt sich die stilvoll restaurierte **Casa Pérez Díaz** (heute Stadtbücherei) mit ihrem kleinen Terrassengarten.

Dann verläßt die Pflasterstraße das Dorfzentrum. Sie wird nun von Palmen und blühenden Büschen gesäumt. Ganz unten trifft man auf den Friedhof und die **Iglesia San Blás,** wohl eine der schönsten Kirchen La Palmas. Hier stand nachweislich schon 1495, also nur zwei Jahre nach der Eroberung, eine Kapelle. Die zunächst einschiffige Kirche wurde 1512 geweiht, bei Verschönerungsarbeiten Anfang des 19. Jh. entstanden die Seitenschiffe. Das linke wurde 1802 fertiggestellt, das Datum 1804 über dem rechten Portal bezieht sich auf die Vollendung des zweiten Seitenschiffes. Bemerkenswert sind die modernen, abstrakten Bleiverglasungen über den beiden Portalen. Im rechten Fenster ist eine Weintraube dargestellt.

Das Innere birgt einige reich verzierte, holzgeschnitzte Barockaltäre. Neben dem Hauptaltar sind vor allem der Altar der Rosenkranzmadonna (im linken Seitenschiff) sowie der Altar des Jesukindes von 1778, der schon verspielte Elemente des Rokoko aufweist (im rechten Seitenschiff seitlich vorn), zu erwähnen. Die Holzdecke im Mudéjar-Stil trägt im Altarraum eine ornamentale Bemalung in weißer Farbe.

Berühmt ist der **Mercadillo** von El Pueblo. Der nur am Wochenende stattfindende Markt wird seit

Auf dem Bauernmarkt in Villa de Mazo

Öle und Essenzen vom Bauernmarkt

Mitte der 80er Jahre auf Initiative einer Genossenschaft abgehalten, die sich die Förderung der palmerischen Landwirtschaft durch Ausschaltung des Zwischenhandels zum Ziel gesetzt hat. Zu diesem Zweck wurde eine große Markthalle errichtet. Sie steht nicht weit vom Ortszentrum in der Calle Doctor Morera Bravo, die an der Bar Calzada von der Calle M. Pérez Díaz abzweigt. Das Angebot ist sehr umfassend. Alle landwirtschaftlichen Erzeugnisse La Palmas sind vertreten. Neben dem üblichen Marktsortiment werden selbstgemachte Liköre und Saucen, Honig, deutsches Brot und in der Herbstsaison sogar Pilze aus den Wäldern La Palmas angeboten. Im Obergeschoß gibt es eine kunsthandwerkliche Abteilung, wo man außer Stickereien und Flechtarbeiten auch einheimische Zigarren *(puros)* erhält. (Sa 15–20, So 8–13 Uhr; der Besuch lohnt sich vor allem am Samstag, möglichst frühzeitig kommen!)

Unterkunft: Appartements: Su Casa, Calle M. Pérez Díaz 9, ✆/ Fax 9 22 44 04 04 (zentrale Lage, Dachterrasse, schweizerischer Leitung).

Restaurants: El Elefante, Calle Pérez Díaz 7 (›In‹-Lokal, schweizerisch); Las Brisas, Hoyo de Mazo, Calle Lodeno 34 (palmerische Küche); Las Toscas, Carretera General 40 (kanarische Küche, gemütlich).

Bus und Taxi: Linie 7 ab Santa Cruz (über Hoyo de Mazo), 2–3x tägl. außer So/Fei; Linie 8 ab Santa Cruz, 2–6 x tägl.; Taxi: Carretera General, ✆ 9 22 44 00 78.

Wein: Unión de Cosecheros de Vinos Artesanales de la Villa de Mazo, El Pueblo, Calle Doctor Morera Bravo (Probierstube mit Verkauf).

Souvenirs: Holzschnitzerei: Pedro González Pérez, La Rosa. Keramik: Alfarería Regine Metes, El Pueblo, Calle M. Pérez Díaz (moderne Keramikarbeiten); Ceramica Ramón y Vina, Tienda de Artesanía »El Molino«, Hoyo de Mazo, Monte de Pueblo 27 (südl. des Ortes nahe der Hauptstraße in einer ehemaligen Gofiomühle; Reproduktionen altkanarischer Töpferwaren, s. a. S. 57f.; Mo–Sa 9–13, 15–19 Uhr). Kunsthandwerk: Escuela de Artesanía,

El Pueblo, Calle Morera Bravo 1 (Stickerei, Spitzen, Makramé, Flickendecken (*Traperas*), Holzarbeiten, Keramik; Mo–Fr 9–16.30 Uhr, August geschl.). Stickerei: Agapita Hernández Toledo, La Sabina.

Cueva de Belmaco

Die bekannte prähistorische Stätte befindet sich im südlichen Gemeindegebiet von Villa de Mazo. Auf der (unteren) Straße von Hoyo de Mazo Richtung Fuencaliente wird kurz vor dem Örtchen Malpaíses das Restaurant La Cabaña passiert. Links unterhalb der Straße steht dort die **Kapelle San Juan de Belmaco,** die der Großgrundbesitzer Juan Fernández Yanes 1709 auf privatem Anwesen errichten ließ.

Etwa 200 m weiter überquert die Straße in einer Linkskurve den Barranco de las Cuevas. In dem Tal sieht man zur Rechten eine überhängende Felswand, die **Cueva de Belmaco.** Vermutlich hatten hier in vorspanischer Zeit die Häuptlinge des Stammesgebietes von Tedote ihre Wohnstätte. Teile des bei der Höhle gefundenen Hausmülls konnten mit Hilfe der Radiokarbonmethode auf das 10. Jh. datiert werden. Nahe des Höhleneingangs stehen Felsblöcke mit eingravierten Zeichen (Petroglyphen), die man z. Zt. nur von der Straße aus bewundern kann (evtl. Fernglas mitnehmen!), da das Gelände wegen Steinschlags bis auf weiteres gesperrt ist. Bei den prähistorischen Zeichnungen handelt es sich um Spiralen und labyrinthähnliche Formen. Sie wurden erstmals 1752 beschrieben; es waren die ersten Funde dieser Art auf den Kanarischen Inseln (siehe S. 193 f.).

Oberhalb der Cueva de Belmaco befinden sich einige kleinere Höhlen, die vermutlich als Sterbekammern gedient haben. Wenn die Altkanarier den Tod herannahen spürten, riefen sie angeblich aus: »Vacaguaré« (›ich möchte sterben‹). Dann ließen sie sich mit einem Krug Milch in eine Höhle einmauern, um einsam und in Würde zu sterben. Ein Museum in unmittelbarer Nähe birgt Funde aus der Cueva de Belmaco (Mo, Mi, Fr 11–13 Uhr).

Im weiteren Verlauf überquert die Straße nach Fuencaliente zwei relativ junge Lavaströme, die, da ihre Oberfläche für die Landwirtschaft weitgehend unbrauchbar ist, von den Einheimischen *Malpaís* (›schlechtes Land‹) genannt werden. Südlich des Weilers Malpaises – der seinen Namen einem prähistorischen Lavafluß zu verdanken hat, auf dem man heute erfolgreich Wein anbaut – ergoß sich 1949 ein Strom flüssigen Gesteins, vom Duraznero-Krater auf der Cumbre Vieja ausgehend, durch ein ausgetrocknetes Flußtal, das seither den Namen Barranco de la Lava trägt. Hinter Tiguerorte und Tigalate treffen die zwei Straßen Richtung Fuencaliente wieder zusammen. Bald ist der Weiler Monte de Luna

Der Höhleneingang der Cueva de Belmaco führt zu den Wohnstätten längst vergangener Zeiten

erreicht, wo sich 1646 der Lavastrom des Vulkans Martín bis ins Meer schob und die sogenannten Mondberge schuf.

An der Küste finden Individualisten einsame Strände, die auf abenteuerlichen Pisten oder zu Fuß erreichbar sind. Zum Baden am besten geeignet ist die schmale Playa del Pozo – von den Einheimischen auch Playa del Sueco (›Schwedenstrand‹) genannt – da sich hier in den 80er Jahren einige Schweden niedergelassen haben.

Die Vulkanroute

Die jungen Vulkane der San-Juan-Eruption, tiefe Spalten am Hoyo Negro und am Cráter del Llano del Banco, heißer Dampf und gelber Schwefel am Duraznero, schwarze Aschefelder im Llano del Jable – zum Wandern und Staunen.

Für Wanderer und geologisch Interessierte ist die Cumbre Vieja von besonderem Reiz. Sie teilt La Palmas Südhälfte in zwei klimatisch sehr unterschiedliche Gebiete. An der Ostflanke des bis zu 1949 m aufragenden Gebirgszuges erstrekken sich beinahe undurchdringliche Laubwälder (Fayal-Brezal, siehe S. 25), die ihre lebensnotwendige Feuchtigkeit aus dem Nebel der fast täglich um die Mittagszeit aufziehenden Passatwolken beziehen. Recht trocken und von der Sonne verwöhnt sind dagegen die Westflanke und auch der sanft auf Meeresniveau abfallende Südhang der Cumbre Vieja. Hier dehnen sich lichte Kiefernwälder aus.

Die Cumbre Vieja ist bis heute geologisch aktiv. Wiederholt kam es in historischer Zeit zu Vulkanausbrüchen. Lavamassen wälzten sich die Gebirgsflanken hinunter und begruben Häuser und Ackerland unter sich. Bei einem nur mündlich überlieferten Ausbruch entstand Ende des 15. Jh. die **Montaña Quemada** (›Verbrannter Berg‹, 1376 m), aus der sich ein Lavastrom Richtung El Paso ergoß. Im selben Gebiet ereignete sich 1585 die Tahuya-Eruption. 1646 brach der Vulkan Martín (1602 m) aus. Bei den Charco-Eruptionen von 1712 strömte Lava aus insgesamt 12 Spalten und ergoß sich über weite Gebiete im Südwesten der Insel. Schließlich kam es 1949 zur sogenannten San-Juan-Eruption. Innerhalb von 38 Tagen brachen wiederholt die Krater Llano del Banco (1250 m), Duraznero (1902 m) und Hoyo Negro (1742 m) aus.

Die meisten Naturschönheiten der Cumbre Vieja lassen sich nur zu Fuß, auf der recht anstrengenden **Ruta de los Volcanes** (›Vulkanroute‹) erkunden. An einigen Stellen können sich aber auch Nichtwanderer einen Eindruck von dem jungvulkanischen Gebiet verschaffen. Eine landschaftlich sehr schöne, wenn auch kurvenreiche Straße, die Santa Cruz über Breña Alta mit El Paso verbindet, erschließt

Auf der Ruta de los Volcanes ▷

den Nordrand der Cumbre Vieja. Die Paßhöhe ist kurz vor dem Waldparkplatz am **Refugio El Pilar** in rund 1470 m Höhe erreicht. Hier befindet sich der Ausgangspunkt für die Wanderung auf der Vulkanroute (s. u.).

Rund 2 km geht es nun bergab, bis in einer deutlichen Rechtskurve am Waldrand eine Piste in südlicher Richtung abzweigt. Sie ist mit dem Auto befahrbar. Reizvoller ist es, den Wagen in der Kurve abzustellen und zu Fuß auf dem sanft abfallenden Weg durch den Kiefernwald zu wandern, bis sich nach etwa 20 Min. zur Rechten der **Cráter del Llano del Banco** auftut, eine dunkle Spalte, aus der 1949 die Lavamassen der San-Juan-Eruption strömten und sich ihren Weg Richtung Westküste bahnten.

Auf der Straße geht es weiter abwärts durch das Lavaaschenfeld **El Llano del Jable.** *Llano* bedeutet Ebene, *Jable* ist ein kanarischer Ausdruck für Sand (eine Hispanisierung des französischen Wortes »sable«). Tatsächlich erinnert die bizarre Landschaft ein wenig an eine Sandwüste. In der nächsten deutlichen Rechtskurve, nahe dem Vulkan Montaña Quemada, befindet sich ein Parkplatz, von dem aus man den Llano del Jable zu Fuß durchstreifen kann. Kaum ein Baum oder Strauch konnte bisher in den schwarzen Aschen und Lapilli Fuß fassen, die beim Ausbruch der Montaña Quemada im 16. Jh. ausgeworfen wurden und das Land bedeckten.

Unterkunft: Campinggelände beim Refugio El Pilar; Zelten nur mit Genehmigung der Umweltbehörde Medio Ambiente, Santa Cruz, Plazoleta del Muelle, ✆ 9 22 41 11 91.

Wanderung auf der Ruta de los Volcanes

Einer der schönsten, wenn auch recht anstrengenden Wanderwege La Palmas führt über den Kamm der Cumbre Vieja. Man sollte einen klaren Tag abwarten und frühzeitig aufbrechen, um die Vulkanroute bei Sonnenschein genießen zu können. Ausgangspunkt ist der Parkplatz am **Refugio El Pilar,** wohin keine Busverbindung besteht. Wenn man sich mit dem Taxi hinauffahren läßt, kann man die gesamte Ruta de los Volcanes bis nach Fuencaliente laufen. Ein Trost für Selbstfahrer: Besonders lohnend ist der erste, obere Teil des Weges bis zum Doppelgipfel des Deseada-Vulkans (vom Refugio El Pilar hin und zurück ca. 5 Std. Gehzeit).

Vom Parkplatz am Refugio El Pilar hält man zunächst auf der gegenüberliegenden Straßenseite quer über das Picknickgelände auf das im hinteren Teil stehende Gebäude zu. An der Hütte vorbei führt ein Pfad in ein kleines Tal hinein und biegt schon nach wenigen Metern vor einer auffälligen Felsgruppe rechts ab. Rasch gewinnt der Weg an Höhe, passiert einen

Das Geschäft mit dem Vulkan

Ein Hauch von Abenteuer haftet dem ›Vulkantourismus‹ an. Auf der Suche nach dem Nervenkitzel strömen Neugierige in Scharen herbei, wenn sich mal wieder irgendwo auf der Welt ein feuerspuckender Schlund öffnet. Je spektakulärer der Ausbruch, um so besser. Und schon gar, wenn sich das Ereignis in einer Gegend abspielt, die relativ leicht für jedermann zugänglich ist, und keine ernsthafte Gefahr für Leib und Leben besteht.

So geschah es auf La Palma, als am 24. Juni 1949, dem Tag des hl. Johannes (*San Juan*), plötzlich eine gigantische Rauchwolke über der Cumbre Vieja stand. Aus mehreren Schlünden ergoß sich ein rotglühender Gesteinsfluß, zerstörte fruchtbares Ackerland und floß weiter zur Küste, wo die heiße Lava das Meerwasser zischend verdampfen ließ. Am 12. Juli spie der Hoyo Negro schwarze Asche. Erdbeben brachten Häuser zum Einsturz und lösten Erdrutsche aus. Erst am 29. Juli, nach über vier Wochen, fanden die Ereignisse, die La Palmas Bewohner in Angst und Schrecken versetzten, mit einem letzten Ausbruch des Duraznero ein Ende. Das Zeitalter des Massentourismus war noch nicht hereingebrochen, Europa hatte sich kaum von den Kriegsereignissen erholt: Dennoch fanden sich zahlreiche Schaulustige auf der Insel ein. Zimmervermieter, Kneipiers und Taxifahrer hatten Hochkonjunktur.

Aber selbst diese Ereignisse wurden noch von dem Spektakel in den Schatten gestellt, das der Teneguía-Ausbruch 1971 in Gang setzte. Am 26. Oktober floß Lava aus vier Schlünden. Dampf- und Rauchwolken stiegen empor. Als nach zwei Tagen ein Lavastrom nahe beim Leuchtturm das Meer erreichte, waren schon zahlreiche Wissenschaftler, Journalisten und Neugierige zur Stelle, um Hunderte von Metern hohe Lavafontänen zu bestaunen. Noch zwei Tage später startete der erste Rundflug über das Ausbruchsgebiet. Nach einer Woche wurden 15000 Besucher gezählt, und das zu einer Zeit, als es auf La Palma kaum Tourismus gab. Pausenlos trafen Schaulustige mit Sonderflügen oder gecharterten Maschinen ein. Übernachtungsbetriebe und Verkehrsmittel waren hoffnungslos überlastet. So etwas hatte man auf der Insel noch nicht erlebt. Als der Teneguía nach 25 Tagen seine Aktivität einstellte, war eines klar: Der Vulkan hatte La Palma eine gigantische Geldsumme eingebracht, und viele hofften, ein neuerlicher Ausbruch möge nicht lange auf sich warten lassen.

kleinen Mirador mit herrlichem Ausblick auf die Westflanke der Cumbre Nueva und umrundet den kahlen **Pico Birigoyo** (1808 m). Nach etwa 30 Min. trifft der Pfad auf eine Forstpiste, der man ca. 10 Min. bergauf folgt, bis rechts wiederum ein schmaler Fußweg abzweigt. Auf diesem geht es durch lichten Kiefernwald weiter. Ein Barranco wird auf einer Brücke überquert, danach führt der Weg steiler bergauf und tritt aus dem Wald heraus. Der Kamm der Cumbre Vieja ist erreicht, bei guter Sicht kann man weit über die Ostküste La Palmas und bis nach Teneriffa blicken.

An einer Gabelung hält man sich rechts, auf dem Kamm entlang, und steigt dann ein paar Schritte hinunter zur ersten Hauptattraktion der Route (1 Std. 30 Min.), dem Krater **Hoyo Negro** von 1949. Wenn man vorsichtig in die Spalte hinabschaut, sieht man, daß sie ihren Namen (›schwarze Grube‹) zu Recht trägt. Hin und wieder steigen heiße Dämpfe aus Rissen im Kraterrand, ein Beweis dafür, daß die vulkanische Tätigkeit noch nicht restlos erloschen ist.

Von hier an ist die Ruta de los Volcanes weniger begangen und der Pfad teilweise etwas undeutlich. Den Schlund des Hoyo Negro läßt man rechts liegen. Zur Linken erhebt sich der **Nambroque** (1925 m). Dazwischen überquert der Weg einen Sattel und steigt, von knorrigen Kiefernexemplaren begleitet, allmählich ab. Voraus erkennt man nach rund 2 Std. Gehzeit den rötlichen Kraterrand des **Duraznero,** zu dem von einer Gabelung ein schmaler Pfad hinaufführt. Auch der Duraznero war 1949 aktiv. Daran erinnern schwefelhaltige, warme Dämpfe, die ständig aus Spalten an seinem Rand dringen. Die Umgebung der Austrittstellen ist gelblich bis weiß gefärbt.

Auf dem Hauptpfad sind es nun noch etwa 30 Min. Gehzeit bis zum Doppelgipfel der **Deseada.** Man kann die Wanderung nach dem relativ anstrengenden Aufstieg zur Gipfelsäule auf der Deseada II (1937 m) unterbrechen oder am Kraterrand entlang noch zur gegenüberliegenden Deseada I (1949 m) gehen. In beiden Fällen genießt man den Ausblick nach Süden auf die nun allmählich an Höhe verlierende Vulkanlandschaft der Cumbre Vieja. Autofahrer sollten hier umkehren. Wer ohne Auto angereist ist, kann auf der Ruta de los Volcanes durch Kiefernwälder und über Aschefelder weiterlaufen bis Fuencaliente (noch ca. 3,5 Std. Gehzeit).

Der Cráter del Llano del Banco

Die Süd-spitze

Ein herber Roter aus Fuencaliente

San Antonio und Teneguía – die Vulkane des Südens

Kleine Strände und urige Kneipen

Alter Leuchtturm an der Punta de Fuencaliente

Weingärten und Feuerberge

Besuch der wüstenhaften Südspitze La Palmas mit ihren weiten Weinfeldern, mächtigen Vulkanen, dunklen Lavaströmen, stillen Stränden und der Saline mit schachbrettförmigen Terrassenbecken.

La Palmas Südspitze ist, geologisch betrachtet, eine Verlängerung der Vulkanroute. Auch hier kam es noch in jüngerer Zeit wiederholt zu Eruptionen. Der landschaftliche Charakter ist jedoch, bedingt durch die sonnenverwöhnte und stellenweise windgepeitschte Lage, ein ganz anderer. Fuencaliente ist der Hauptort im Süden. Von hier lassen sich Vulkane, prähistorische Stätten und ruhige Badebuchten, die zu den schönsten der Insel zählen, erkunden.

Fuencaliente

Der Ortsname stammt von einer heißen Quelle, *fuente caliente,* deren schwefelhaltiges Wasser Leprakranke geheilt haben soll. 1646 wurde die Quelle unter den Aschen und Lapilli begraben, die der Vulkan Martín auswarf. Eine weitere Eruption erschütterte das Dorf, als 1677/78 der San Antonio ausbrach. Wiederum wurden große Weideflächen durch vulkanische Auswurfmassen unbrauchbar gemacht. Doch was den Bewohnern zunächst wie ein Fluch erschien, erwies sich später als Segen. Im 18. Jh. entdeckte man die hervorragende Eignung des mit Lapilli bestreuten Bodens für den Weinanbau. Nachts speichern die porösen Lavabrocken Tauwasser, das sie tagsüber an die Pflanzen abgeben. So konnte man den Boden, der wegen seiner Trockenheit kaum für andere Kulturen geeignet war, erstmals ackerbaulich nutzen.

Noch heute spielt der Weinbau für Fuencaliente eine wichtige Rolle. Der Hauptort liegt rund 700 m über dem Meer; oberhalb der Häuser beginnt die Wolkenzone mit ausgedehnten Kiefernwäldern. Hier leben die meisten der ca. 1800 Gemeindebewohner: Man verarbeitet die Weintrauben, die aus den tiefergelegenen Ortsteilen angeliefert werden. In jüngerer Zeit gibt es mit einigen Pensionen und Appartementhäusern bescheidene Ansätze von Fremdenverkehr. Die meisten der weiß getünchten Häuser reihen sich entlang der Hauptstraße. Dort gibt es Geschäfte, Kneipen und Restaurants. Das Zentrum liegt im westlichen Ortsbereich, rund um die nüchtern-moderne Plaza. Schlendert man die Calle Yaiza hinauf, gelangt man zu der ruhig gelegenen **Pfarrkirche San Antonio Abad** (um 1730). Das schlichte, einschiffige Gotteshaus mit der grauen Glockenwand aus Naturstein geht auf einen Vorgängerbau aus dem 16. Jh. zurück.

In zwei Weinkellereien kann man Wein probieren und kaufen. Die größere, **Bodegas Teneguía,** liegt am südwestlichen Ortsrand etwas unterhalb der Hauptstraße. Die Zufahrt ist beschildert. Rund 200 Winzer bilden hier eine Kooperative um Produktion und Verkauf des Weines zu zentralisieren. In dem modernen Betrieb werden pro Jahr ca. 1,5 Mio. l Wein gekeltert (Mo–Fr 9–14, 15–18, Sa 9–14 Uhr). Eine kleinere Privatkellerei, die **Bodegas Carballo,** findet man an der Straße nach Las Indias, kurz hinter der Abzweigung zum Vulkan San Antonio auf der rechten Seite (Mo–Sa 9–13, 16–19 Uhr).

Unterkunft: Pensionen: Imperial, Barriada de los Canarios 80, ✆ 9 22 44 40 18; Los Volcanes, Barriada de los Canarios 72, ✆/Fax 9 22 44 41 64 (an der Durchgangsstraße, auch Appartements). Appartements: Finca Colón, Los Quemados (Buchung: Viajes Insular in Santa Cruz, ✆ 9 22 41 19 72; Panoramablick über die Südküste).

Camping: Beim Sportplatz oberhalb des Ortes, max. 1 Nacht. Anmeldung s. S. 209.

Restaurant: Llanovid, bei den Bodegas Teneguía (gepflegt).

Bus und Taxi: Linie 3 ab Los Llanos, 2–4 x tägl.; Linie 8 ab Santa Cruz, 2–4 x tägl.; Taxi: Carretera General, ✆ 9 22 44 40 17.

Souvenirs: Arte Cuadrado, Carretera General 2 (handgearbeitete Zementkacheln mit traditionellen und modernen Motiven); Taller de Artesanía, Barriada de los Canarios 86 (Kunsthandwerkszentrum, Stickerei und Webarbeiten; Mo–Sa 10–18.30 Uhr).

Der Vulkan San Antonio

Der wohl imposanteste Vulkan des Südens, der um die Jahreswende 1677/78 ausbrach, befindet sich gleich unterhalb von Fuencaliente. Der Parkplatz am San Antonio ist von der Straße nach Las Indias über eine Piste zu erreichen. Zu Fuß gelangt man von Fuencaliente in 20 Minuten dorthin. Die volle Größe des San Antonio (657 m) kommt zwar erst aus Küstennähe betrachtet zur Geltung, doch der Rundgang um den Krater ist auch sehr beeindruckend. Aufpassen sollte man bei starkem Wind, denn dann ist der Weg vor allem für Kinder nicht ungefährlich, da sie vom Wind erfaßt und umgeweht werden können. Man läuft gegen den Uhrzeigersinn, verläßt den Kraterrand kurz vor Vollendung der Umrundung nach rechts und gelangt dann nach links zum Parkplatz zurück (ca. 20 Min.). Der San Antonio bietet eine hervorragende Panoramasicht auf Fuencaliente, die

Malvasier-Wein und herber Roter

Die freundliche junge Dame in der Probierstube der Weinkellerei Carballo spricht gut Deutsch. Das hat sie auf der Universität in Teneriffa gelernt. Ob sie schon einmal in Deutschland war? Nein, aber im nächsten Jahr möchte sie gern einmal hinfahren, sagt sie artig. Ihre Sprachkenntnisse sind hier von großem Nutzen, denn die Kunden der Weinkellerei sind vorwiegend Deutsche – stolze Preise halten die Einheimischen fern. Die kaufen lieber billigeren Importwein vom Festland oder halten sich an den herben Tropfen vom Faß, den viele Palmeros selbst keltern und, wenn überhaupt, nur unter der Hand verkaufen.

Nur ein Viertel des auf der Insel getrunkenen Weins wird auch hier erzeugt. Dabei wurde der edle Rebsaft früher sogar exportiert. Die Malvasier-Rebe, ursprünglich auf Kreta heimisch, hatte dem Kanarenwein – den sogar Shakespeare in seinen Werken erwähnt – im 16. Jh. zu Ruhm verholfen. Der schwere, alkoholreiche *malvasía* genügte höchsten Ansprüchen. Er galt als besonders haltbar und frei von Verunreinigungen. Vor allem in England fand er viele Abnehmer und durfte dort auf keiner Tafel fehlen.

Preiskämpfe und Qualitätsverlust stürzten den Kanarenwein um das Jahr 1700 in eine tiefe Krise; die antienglische Politik Spaniens tat ihr Übriges. Den Malvasier hatte man längst durch zweitklassige Rebsorten ersetzt, die man zum sogenannten *vidueño* verschnitt – einem mittelmäßigen Tropfen, der nur noch für den Export in die spanischen Kolonien taugte. Schädlinge, die aus Amerika eingeschleppt wurden, ver-

setzten im 19. Jh. dem kanarischen Weinbau einen weiteren Schlag. Die Anbaufläche sank drastisch, der Export kam vollends zum Erliegen.

Nur für den Eigenbedarf kelterten die Bauern auf La Palma noch ihren roten *vino del país* aus den ertragreichen Rebsorten *listán negro* und *negramol.* Die überreifen Trauben werden zuerst mit nackten Füßen getreten, mit hölzernen Pressen quetscht man dann den restlichen Saft heraus. Gelagert wird der Wein oft in Fässern aus Kiefernholz, was ihn rauh und harzig macht. Länger als ein Jahr kann man den herben Tropfen nicht aufbewahren, spätestens dann kippt er um.

Seit einigen Jahren bemühen sich die Winzergenossenschaft von Villa de Mazo und die Bodegas Teneguía und Carballo in Fuencaliente mit Hilfe moderner Technologie um mehr Qualität – bei gleichzeitiger Rückbesinnung auf die alten Traditionen. An der Südspitze La Palmas, wo der Malvasier auf den jungvulkanischen Böden besonders gut gedeiht, wird er noch in geringen Mengen angebaut. Die Bodegas bieten ihn als trockenen Aperitif (*malvasía seco*) oder süßen Dessertwein (*malvasía dulce*) an. Qualität hat, wie immer, ihren Preis. Als Alternative bietet sich der nicht ganz so edle Vidueño an.

Neben diesen schweren Sorten werden auch alkoholärmere Tischweine gekeltert. Damit die Trauben nicht zuviel Zucker enthalten, erntet man mehrere Wochen früher als üblich. Saubere Edelstahltanks sind Garant für einwandfreie Gärung und Lagerung. Die Rebe *listán blanco* liefert einen leichten, trockenen Weißwein; als hochwertiger gilt der ebenfalls weiße *bujariego.* Dem Roten der Sorte Negramol hat man seine sehr herbe Note mit dem eigentümlichen Brombeergeschmack sympathischerweise noch nicht ganz abgewöhnen können.

Südwestküste, den Leuchtturm im Süden und auf den unterhalb des San Antonio gelegenen Vulkan Teneguía. Bei klarer Luft sind gleichzeitig die Nachbarinseln Teneriffa, Gomera und Hierro auszumachen. Schön ist auch der Blick in den Kratergrund, auf dem sich Kiefern angesiedelt haben; dabei sollte man es belassen, denn der Abstieg in den Krater ist wegen des lockeren Gesteins sehr riskant.

Der Vulkan Teneguía

Um die zweite große Attraktion des Südens, den Vulkan Teneguía, kennenzulernen, fährt man von Fuencaliente Richtung Las Indias und zweigt dann links nach **Los Quemados** ab, einem malerischen, inmitten von Weinbergen gelegenen Dorf. Vor dem Ort befindet sich an der Fuente de Los Quemados ein kleiner, liebevoll mit Palmen, Kakteen und Agaven bepflanzter Park. Steinbänke und Tische laden zur Rast ein. Die Quelle führt nur recht spärlich Wasser, doch oberhalb der Straße befindet sich in einer verschlossenen Grotte ein stets gefülltes, kleines Wasserbecken.

In der Rechtskehre, gegenüber der Parkanlage, zweigt eine gut befahrbare Piste Richtung Teneguía ab. Sie passiert zunächst den **Roque Teneguía,** einen ockergelben Felsen, der unterhalb des Fahrweges aus dem dunklen Gestein der Umgebung hervorschaut. Es handelt sich um den Rest eines alten Vulkanschlots, der von den Asche- und Lapillimassen späterer Eruptionen teilweise verschüttet wurde. Die Altkanarier scheinen ihn als heilig verehrt zu haben. Die prähistorischen Ritzzeichnungen, die auf dem Felsen in großer Zahl gefunden wurden, deuten darauf hin. Zu Fuß kann man in wenigen Minuten auf einem eigens angelegten

Am Kraterrand des Teneguía

Weg zum Roque Teneguía hinabsteigen und nach den spiralförmigen **Petroglyphen** suchen. Diese befinden sich an der flach abfallenden, dem San Antonio zugewandten Ostseite des Felsens.

Bald sieht man unterhalb der Piste eine abgedeckte Wasserleitung. An einer Gabelung geht es rechts, die Leitung querend, zum Parkplatz am **Volcán de Teneguía.** Von hier sind es noch etwa 10 Minuten zu Fuß bis zum Gipfel. Der Pfad ist schmal und steinig, festes Schuhwerk ist unbedingt erforderlich. Der Teneguía (439 m) ist kein Bilderbuchvulkan wie der San Antonio. Nur Teile des 1971 entstandenen Kraters sind erhalten. Es war der bisher letzte Ausbruch auf den Kanarischen Inseln (siehe S. 115). Lava und Asche drangen aus 26 verschiedenen Spalten. Ein breiter Lavastrom ergoß sich wie ein dunkler Teppich zur Südspitze hinunter. Auf ihm konnte, ebenso wie auf dem Vulkan selbst, die Vegetation bisher kaum Fuß fassen. Besonders beeindruckend ist die Erdwärme, die man auf dem Kraterrand spürt. Ihre Intensität ist Schwankungen unterworfen. An manchen Tagen ist die Erde so heiß, daß man sie kaum mit der Hand berühren kann. In Oberflächennähe werden bis zu 200° C erreicht. Immer wieder dringen auch heiße und schwefelhaltige Dämpfe aus dem Boden. Schwefelausfällungen haben an vielen Stellen das Gestein weißlich-gelb gefärbt.

Wanderung um die Vulkane des Südens

Der San Antonio und der Teneguía lassen sich zu einer interessanten Rundwanderung von etwa 2,5 Stunden Dauer verbinden. Sie beginnt am Parkplatz vor dem Kraterrand des San Antonio. Dort führt zur Rechten, etwa in westlicher Richtung, ein von Kantensteinen eingefaßter, schmaler Weg durch lockere Vulkanasche bergab. Er quert eine alte Bewässerungsleitung und erreicht nach ca. 20 Gehminuten einen Fahrweg, dem man nach links folgt. Nach weiteren 10 Minuten liegt der Roque Teneguía (s.o.) rechts unterhalb der Piste. In Serpentinen steigt man auf schmalem Weg zum Roque hinunter. Weiter geht es dort an einem gelben Felsen links auf einem Trampelpfad zu einer Wasserleitung hinab, an der links entlang nach insgesamt rund einer Stunde Gehzeit wieder eine Piste erreicht wird. Rechts geht es zum Teneguía-Vulkan (s.o.). (Tip: Östl. des Teneguía, am Rande eines Lavastroms, führt ein Weg in ca. 1 Std. bergab zur Punta de Fuencaliente, s. S. 127).

Nach der Besteigung des Teneguía wendet man sich auf dem Fahrweg wieder bergauf, bis eine hangparallel verlaufende, breitere Piste erreicht ist (1 Std. 30 Min.). Auf dieser geht es rechts weiter, einen Sattel zwischen der Montaña del Mago und dem weitaus imposanteren Volcán de San Antonio

Restaurant an der Punta de Fuencaliente

passierend. Danach gabelt sich die Piste. Man hält sich links und 5 Minuten später, an einer Kreuzung, noch einmal links. Durch Weinberge führt der Weg, der später zum schmalen Pfad wird, nun immer steiler bergan. Beachtenswert sind die knorrigen alten Weinstöcke, wie sie sich hinter die als Windschutz aufgeschichteten Mauern ducken. Sie werden direkt am Boden gezogen und sind durch winzige Astgabeln sorgfältig gestützt.

Der Pfad trifft nach ca. 2 Std. 15 Min. wieder auf einen breiten Fahrweg. Links geht es zum Parktplatz zurück. Von dort erreicht man nach weiteren 15 Gehminuten den Kraterrand des San Antonio, den man nun umrunden kann, soweit dies nicht schon zu Beginn der Wanderung geschehen ist.

Die Küste von Fuencaliente

Über Las Indias geht es zur Südwestküste, wo ins Meer geflossene Lavaströme eine schmale Ebene geschaffen haben. Heute dehnen sich in dem früher für die Landwirtschaft wertlosen Gebiet große Bananenplantagen aus. Die Bodenkrume mußte künstlich geschaffen werden; zu diesem Zweck fuhr man Lehm aus El Paso an, der dort in Gruben oberhalb des Ortes abgebaut wurde. Hier findet man einige der schönsten Strände La Palmas. Die Vulkanberge im Hintergrund halten die starken Nordostwinde weitgehend von der Küste fern, so daß Baden relativ gefahrlos möglich ist.

Unterhalb von Las Indias gabelt sich die Straße. Ein Abstecher nach rechts führt zu dem Doppelstrand **Playas de la Zamora.** Nach etwa 1 km weist ein Schild zur Playa Chica, dem mit kaum 50 m Länge kleineren der sandigen bis kiesigen Zamora-Strände. Der zweite, nördliche Strand ist nur durch einen Felsvorsprung getrennt. An der Playa Chica stehen einige Ferienhäuser, ansonsten ist es hier außerhalb der Saison recht einsam.

In Richtung Süden führt die Küstenstraße nach ca. 3 km zur **Playa Punta Larga,** einem grobkiesigen, zum Baden nicht sonderlich geeigneten Strand. Einheimische haben hier ihre schlichten Sommerhäuser errichtet, am Ufer liegen einige Fischerboote. Ein sehr einfaches Restaurant, wo man auf Holzbänken an langen Tischen direkt am Meer sitzt, offeriert fangfrischen Fisch. Pläne, das Gebiet von Punta Larga touristisch zu erschließen, wurden inzwischen zurückgenommen.

Nach weiteren 2 km endet das Bananenanbaugebiet. Dahinter gelangt man zur völlig unbebauten **Playa Nueva,** einem sandigen bis kiesigen, etwa 250 m langen Strand, der erst nach 1971 zwischen zwei ins Meer geflossenen Lavaströmen des Teneguía-Ausbruchs entstand. Über eine Steintreppe steigt man hinunter. Meist ist es hier sehr ruhig.

Die Straße führt weiter zum **Faro** (›Leuchtturm‹) an der Südspitze La Palmas, der **Punta de Fuencaliente.** Neben dem 1984 errichteten, rot und weiß gestreiften Leuchtturm (der übrigens als erster in Spanien mit Solarenergie betrieben wurde), steht ein kleinerer, heute nicht mehr genutzter Turm. Dieser war 1971 durch einen Lavastrom des Teneguía bedroht. Kurz vor dem Leuchtturm kam die glutheiße Lava zum Stillstand. Die Fischer von Fuencaliente stifteten daraufhin eine winzige Kapelle für ihre Schutzpatronin, die *Virgen del Carmen.*

Neben dem Faro de Fuencaliente liegt die einzige noch in Betrieb befindliche Saline von La Palma. Man gewinnt das Salz allerdings nur noch als Speisesalz und nicht mehr für die Fischerei, früher ein wichtiger Abnehmer – statt in Salz eingelegt, werden die Fische heute eingefroren. Das Salz von Fuencaliente wird wegen seiner Reinheit und des hohen Jodgehalts in der Naturkost geschätzt. Westlich der beiden Leuchttürme gelangt man zur **Playa del Faro,** einem kleinen Sandstrand mit einigen Sommerhäusern und einer Strandkneipe. Wegen der starken Strömung ist das Baden nicht ungefährlich.

Restaurants: Kiosco Punta Larga, Playa Punta Larga (Fisch); Kiosco El Faro, Playa del Faro (Fisch; Spezialität: Thunfischkroketten).

Der Westen um Los Llanos

Die ›Flecken‹ in den Weinbergen

Badeurlaub in Puerto de Naos

Von Märtyrern und Korsaren

Los Llanos – die »heimliche« Hauptstadt

Die Verbindung zum Osten: El Paso

Dunkler Strand und Palmen in Puerto de Naos

Sonnenverwöhnter Westen

Das sonnendurchflutete La Palma – Flair am Strand von Puerto de Naos und in der Altstadt von Tazacorte, urige Fischerkneipen am Hafen, ein Hauch von Großstadtleben in Los Llanos, Felsgravuren und Seidenmanufakturen in El Paso und viele, viele Bananen.

Von der Sonne verwöhnt und gegen die vorherrschenden Nordostwinde durch Gebirgszüge abgeschirmt ist der Westen La Palmas mit dem weiten Aridane-Tal: In Küstennähe dehnen sich Bananenplantagen aus; in größeren Höhen findet man Weinberge und Obstgärten. Die Städte Los Llanos, El Paso und Tazacorte haben einiges Sehenswertes zu bieten. Ein ursprünglicher Fischerhafen ist Puerto de Tazacorte geblieben. Puerto de Naos entwickelt sich zu einem beliebten Ferienzentrum. Trotzdem kommen Individualisten an einsamen Stränden noch auf ihre Kosten!

Las Manchas

Ein steiler, unzugänglicher Küstenabschnitt trennt La Palmas Südspitze vom Westen. Die einzige Straßenverbindung verläuft in 800 m Höhe über dem Meer, dort wo die Hänge sanfter sind und sich lichte Kiefernwälder ausdehnen. Zwischen Fuencaliente und dem winzigen Weiler El Charco liegt der **Mirador de Las Indias** mit Blick auf den gleichnamigen Ort und auf weite Teile der West- und Südwestküste La Palmas. Rund 2 km hinter El Charco steht rechts der Straße die **Ermita Santa Cecilia**, ein schlichter, moderner Rundbau aus dunklem Vulkangestein. Ungewöhnlich ist das Kuppeldach, das an eine Basilika denken läßt. Das Innere birgt einen barockisierenden Altar mit zahlreichen Heiligenfiguren.

Die Straße verläßt nun den Kiefernwald und führt durch die Manchas (›Flecken‹), durch mehrere kleine, von Weinbergen umgebene Siedlungen. Zunächst passiert man den schmucken Weiler **Jedey**. Am westlichen Ortsrand von Jedey erhebt sich ein kleiner Vulkankegel, von dem häufig Gleitschirm- und Drachenflieger starten, um später am Strand von Puerto de Naos niederzugehen.

Die größte Ortschaft der Manchas ist **San Nicolás**. Noch vor den ersten Häusern sieht man rechts den Bodegón Tamanca, eine urige Höhlenkneipe in einem alten Weinkeller. In der Ortsmitte zweigt vor der Kirche rechts eine schmale Straße ab. Auf ihr gelangt man, sich an der nächsten Abzweigung links haltend, zum **Santuario de Fátima**. Das Heiligtum wurde 1951 der Jungfrau von Fátima zum Dank dafür geweiht, daß der Lavastrom des San-Juan-Ausbruchs (1949) den Ort San Nicolás weitgehend verschonte. Das aus Gesteinsbrocken aufgeschichtete Denkmal, von einer Marienstatue gekrönt, schmükken stets frische Blumen. Auf dem davor liegenden großen Platz wird alljährlich im September, anläßlich des Dorffestes, ein Dankgottesdienst abgehalten.

Hinter San Nicolás gabelt sich die Straße. Links geht es in Serpentinen, die den jungen Lavastrom schneiden, bergab nach **Todoque**, einer Streusiedlung, in deren Umgebung es verschiedene kleinere, ruhige Ferienanlagen gibt (siehe Los Llanos S. 141 f.).

Restaurant: Bodegón Tamanca, San Nicolás (palmerische Spezialitäten); El Secadero, Carretera Todoque – San Nicolás (Natursteinbau nach altkanarischem Vorbild, rustikal).

Puerto de Naos

Von Todoque führt eine Straße zur Küste bei Puerto de Naos. Hier war 1949 die Lava der San-Juan-Eruption ins Meer geflossen und zu einer 2 km breiten Zunge erstarrt. Rund 1 km^2 Neuland ist entstanden, auf dem sich heute Bananenfelder ausdehnen. An der **Punta de la Lava** erhebt sich seit 1993 ein Leuchtturm.

Der Ferienort Puerto de Naos liegt – in windgeschützter Lage – an dem wohl besten Sandstrand der Insel. Baden ist meist auch dann noch möglich, wenn die anderen Strände der Westküste wegen hoher Brandung zu gefährlich sind. Rund 3300 Sonnenscheinstunden im Jahr sind beinahe schon eine Garantie für einen gelungenen Badeurlaub. Anfang der 70er Jahre standen hier nur ein paar Wochenendhäuser. Dann begann ein zunächst recht planloser Bauboom, dem die nüchternen, mehrgeschossigen Appartementhäuser zu verdanken sind, die sich in mehreren Straßenzeilen hinter dem Strand drängen. Die Ferienwohnungen wurden vorwiegend von spanischen Familien käuflich erworben, vermietet wird nur in wenigen Häusern. 1990 eröffnete das Hotel Sol La Palma mit rund 1000 Betten etwas außerhalb des Ortes, am Südrand des ca. 600 m langen Strandes. Der stufenförmig angelegte Bau aus dunklem Naturstein fügt sich dezent in die Landschaft.

Am Strand, der von schnell wachsenden Palmen gesäumt wird, kann man regelmäßig die Landung von Drachen- und Gleitschirmfliegern beobachten, die von einem Vulkankegel bei Jedey herabschweben. Eine großzügige, schöne Uferpromenade mit Boutiquen, Terrassencafés und einem luftigen, im postmodernen Stil gehaltenen Strandrestaurant verleiht Puerto de Naos Flair. Die Appartementhäuser an der Meeresfront wurden jüngst renoviert und zeigen ihre frischen Fassaden. Abends gibt es an der Promenade oft Live-Musik oder Vorführungen der örtlichen Gleitschirmflugbasis. Romantisch ist die Atmosphäre am kleinen Fischerhafen am Nordrand des Strandes, wo noch so etwas wie ein alter Ortskern zu erahnen ist. Auf der Terrasse der Bar Moncloa kann man die Idylle genießen.

Bei Puerto de Naos gibt es einige ruhige, außerhalb der spanischen Ferien kaum besuchte Badeplätze. Über einen Fahrweg, der nördlich des Ortes in einer S-Kurve Richtung Punta de la Lava abzweigt (nicht ausgeschildert!), erreicht man die kleine, an einem grobkiesigen Strand gelegene Sommerhaussiedlung **Casas La Bombilla**. Weiter nordwärts gelangt man durch Bananenplantagen zur **Playa Nueva**, die 1949 durch das Vordringen des Lavastroms ins Meer gebildet wurde. Dort steht die Hüttensiedlung **Las Hoyas**, die sich an den Wochenenden mit Einheimischen belebt. Einige Ausländer haben sich hier dauerhaft eingerichtet. Für das leibliche Wohl sorgt eine einfache Bar. Im Sommer wird der Strand vom gröbsten Kies befreit, im Winter ist er recht steinig.

Der schmalen, mit Bananen bepflanzten Küstenebene südlich von Puerto de Naos sind ebenfalls einige Strände vorgelagert. Etwa 2 km vom Ort entfernt liegt die **Playa de las Monjas** (›Nonnenstrand‹), der einzige offizielle FKK-Strand La Palmas. Der Zugang ist an den mehr oder weniger zahlreichen Fahrzeugen zu erkennen, die an der Straße geparkt sind. Nur wenig weiter südlich öffnet sich die Bucht von **Charco Verde** mit ihrem kiesigen Sandstrand. Hier gibt es mit einer harmonisch in die Landschaft eingefügten Appartementanlage erste Ansätze von Tourismus.

Die Küstenstraße endet bei **Casas del Remo**, einer recht planlos angelegten Laubenkolonie, in der einheimische Familien ihre Ferien und Wochenenden verbringen. Es lohnt sich, das wirre Durcheinander von scheinbar nie fertig werdenden *casetas*, wie die Palmeros ihre Ferienhütten nennen, anzuschauen. Es gibt auch eine einfache Kneipe. Der steinige Strand ist zum Baden schlecht geeignet.

Information: Palmaclub, Paseo Marítimo s/n, ✆/Fax 9 22 40 81 21 (Mo–Sa 10–13, 17.30–22 Uhr).

Unterkunft: Hotel: Sol Elite La Palma****, Punta del Pozo, ✆ 9 22 48 80 00, Fax 9 22 48 80 14 (oberh. des Strandes, ruhig, auch Appartements). Appartements und Bungalows: Charco Verde, ✆ 9 22 46 08 36 (an gleichnamiger Bucht, einsam, ruhig); Horizonte, Calle Calero 19, ✆ 9 22 48 06 03 (oberh. der Steilküste,

Die Märtyrer von Tazacorte

Eine Gedenktafel am altehrwürdigen Wohnsitz der Familie Monteverde erinnert an die »Märtyrer von Tazacorte«. Vierzig an der Zahl, so steht zu lesen, seien sie hier vom 6. Juli 1570 an für elf Tage zu Gast gewesen, bevor sie von hugenottischen Seeräubern ermordet wurden. Doch wer waren die geheimnisvollen Märtyrer?

Papst Pius V. hatte 1559 den Jesuitenpater Ignácio de Azevedo beauftragt, Priester für die Missionsarbeit in Brasilien anzuwerben. Elf Jahre später war es dann soweit. Azevedo stach von Lissabon aus mit 44 jungen Jesuitenmönchen auf dem portugiesischen Handelsschiff »Santiago« Richtung Brasilien in See. Im Schutz einer Flotte von sieben Galeonen erreichte man am 14. Juni 1570 Madeira, wo Trinkwasser und Proviant aufgenommen wurden. Die Weiterfahrt war für den 2. Juli geplant; doch die Nachricht, daß einige französische Korsarenschiffe unter dem Kommando des berüchtigten Jacques de Sores die Gewässer unsicher machten, hielt die Flotte im Hafen von Funchal fest.

Einzig die »Santiago« erhielt, als sich die Korsaren nach fünf Tagen noch nicht zeigten, die Erlaubnis, mit Kurs auf Santa Cruz de La Palma auszulaufen, da sie dort dringend Waren löschen mußte. Aber man hatte Jacques de Sores unterschätzt. Er lag mit seinen Booten auf der Lauer und heftete sich sofort an die Fersen der behäbigen Handelsgaleone. Nur einem plötzlich aufkommenden Sturm war es zu verdanken, daß die »Santiago« noch einmal entkommen und sich in dem kleinen Hafen von Tazacorte in Sicherheit bringen konnte.

Von der Familie Monteverde wurden die Jesuiten freundlich aufgenommen. Melchor de Monteverde y Pruss kannte Pater Ignácio de Azevedo noch aus der gemeinsamen Studienzeit in Porto. Vergeblich versuchte er seinen Gästen das erneute Auslaufen auszureden. Die Jesuitenpadres schlugen seine Warnungen in den Wind, und die »Santiago« lichtete im Morgengrauen des 14. Juli die Anker, um endlich nach Santa Cruz zu laufen.

Vor Fuencaliente jedoch harrten die Franzosen schon der fetten Beute. Gegen die bis an die Zähne bewaffneten Korsaren hatte die »Santiago« keine Chance. Die Galeone wurde geentert, die Besatzung niedergemetzelt. Ignácio de Azevedo, der das Ansinnen des Kapitäns, die Jesuiten zu bewaffnen, abgelehnt hatte, starb, von mehreren Lanzen durchbohrt. Die Überlebenden, 28 an der Zahl, ergaben sich daraufhin sofort, doch Jacques de Sores kannte keine Gnade. Alle wurden ermordet, ihre Leichen über Bord geworfen. Einzig der Koch blieb verschont, da er ihn für sein eigenes Schiff benötigte. Diesem verdankt die Nachwelt die ergreifende Schilderung der Ereignisse. Die bestürzten Bürger von Tazacorte halten seit dieser Zeit einige Heiligen-Reliquien, die ihnen die später seliggesprochenen Märtyrer zum Dank für ihre Gastlichkeit geschenkt hatten, in der Kirche San Miguel in hohen Ehren. Daß die Zahlen und Daten auf der später angebrachten Gedenktafel nicht so ganz stimmen, tut der Sache sicher keinen Abbruch.

schöner Strandblick, ruhig); La Muralla, ✆/Fax 9 22 48 08 20 (außerh. des Ortes an der Straße nach Los Llanos, schöner Meerblick, dt. Leitung); Pedro Martín, Calle Juan Tabares1, ✆ 9 22 40 80 46 (zentral, Meerblick einfach).

Restaurants: Casa Pedro, Av. de la Cruz Roja (intern. Küche, Fisch); Don Quichote, Calle Juana Tabres (gehobene Küche); La Nao, Paseo Marítimo 1 (schöne Terrasse, Fisch); La Scala, Calle M. Darias (Pizzeria).

Musik: Bar Caotica, Calle Mauricio D. Camacho (›In‹-Bar für Nachtschwärmer); Las Palmeras, Paseo Marítimo (schöne Terrasse, an einigen Tagen Live-Musik, auch Folklore).

Bus und Taxi: Linie 4 ab Los Llanos, $^{1}/_{2}$stündlich bis stündlich. Taxi ✆ 9 22 48 04 10.

Sport: Fahrräder: Bike Station La Palma, Av. Cruz Roja 3, ✆/Fax 9 22 40 83 55. Gleitschirmfliegen: Palmaclub, Paseo Marítimo s/n, ✆/Fax 9 22 40 81 21. Tauchen: Tauchpartner La Palma, Puerto Naos 438, ✆/Fax 9 22 40 81 39. Tennis: Hotel Sol, ✆ 9 22 48 04 00. Wandern: Alpinschule Innsbruck, Hotel Sol, ✆ 9 22 48 04 00.

Tazacorte

Im wichtigsten Bananenanbaugebiet La Palmas gelegenen, erlebte der Ort (2500 Einw.) in den 70er Jahren dank der florierende Bananenwirtschaft einen Aufschwung. Die Bürger begannen, sich nach der neuesten Mode zu kleiden; Geschäfte, Kneipen und Diskotheken eröffneten, und man sprach bereits von »El París Chiquitito« (›Klein-Paris‹). Doch die Bananenkrise der letzten Jahre ist auch an Tazacorte nicht spurlos vorübergegangen.

Tazacorte war die erste spanische Siedlung auf palmerischem Boden und wurde schon 1492 gegründet, noch bevor die Insel endgültig erobert war. Viel Atmosphäre besitzt die Altstadt mit ihren schmalen Gassen und typisch kanarischen Häusern. Abends trifft man sich auf der **Avenida de la Constitución**, einer halbrunden, nur einseitig bebauten Promenade, von der aus man über Bananenfelder zum Meer blickt. Oberhalb der

Zeit für eine Siesta ...

Avenida liegt die Plaza de España mit der **Iglesia San Miguel Arcángel**, die auf eine Gründung der *Conquistadores* (Eroberer) zurückgeht und dem hl. Michael geweiht ist. Eine hölzerne Skulptur auf dem Hauptaltar zeigt den Erzengel mit dem Teufel (16. Jh.). Moderne Umbauarbeiten haben das Äußere der Kirche nicht gerade zu ihrem Vorteil verändert. Sehr schön ist aber der von Bougainvillea überrankte, mit bunten Fliesen verkleidete Laubengang neben dem Kirchplatz, wo sich zur Siesta die älteren Männer des Ortes treffen. Links daneben, an der schattigen Plaza de Simón Guadalupe, befindet sich die **Casa Museo Dr. Morales,** in der wechselnde Kunstausstellungen gezeigt werden (Mo-Fr 19–21 Uhr).

Aus der Zeit, als das Zuckerrohr auf La Palma eine wichtige wirtschaftliche Rolle spielte, sind noch drei restaurierte Herrenhäuser erhalten. Sie stehen in der Calle

Pérez Galdos, die gegenüber der Casa Museo Dr. Morales von der Hauptstraße abzweigt. Das Haus Nr. 5 wurde vermutlich im 17. Jh. von der Familie Monteverde erbaut, vielleicht aber auch von Admiral Díaz Pimienta, an den vor der Kirche ein Denkmal erinnert. Das gegenüberliegende Haus Nr. 9 mit dem prächtigen Barockportal gehörte Nicolás Massieu Van Dalle. Es birgt heute eine kunsthandwerkliche Ausstellung mit Verkauf (Mo–Fr 18–21 Uhr). Weiter unten steht ein dreistöckiges Herrenhaus, das die Familie Monteverde im 16. Jh. errichtete (s. S. 133f.).

Von Tazacorte führt eine Straße Richtung Los Llanos. Zur Rechten liegt gleich oberhalb des Ortes das Anwesen »La Florida«, dessen ungewöhnliches Portal aus Holzstämmen zusammengesetzt scheint; in Wirklichkeit handelt es sich jedoch um raffiniert verarbeiteten Beton, eine Form der Materialverfremdung, deren sich der Modernismus (die spanische Variante des Jugendstils) gerne bediente.

Unterkunft: Appartements: Atlantis, Calle Mariano Benlliure 14, ✆ 9 22 48 08 86 (oberhalb des Ortes, mit Meerblick, Dachterrasse); Isa, Calle Progreso 14 A, ✆ 9 22 48 00 52, Fax 9 22 48 00 66 (zentral, Dachterrasse mit Meerblick); Rosema, Calle General Serrador 23, ✆ 9 22 48 02 76 (in einer Bananenplantage nahe beim historischen Ortskern).

Im Hafen von Puerto de Tazacorte

Restaurants: Bar La Vica, Plaza de Simón Guadalupe (kleine Gerichte, schöne Terrasse); Tropicana, El Pampillo 24 (an der Straße nach Puerto de Naos, internationale Küche, tropische Bepflanzung).

Bus und Taxi: Linie 2 ab Los Llanos, etwa jede Stunde. Taxi: Av. Generalísimo Franco, ✆ 9 22 48 06 52 und 9 22 48 04 10.

Puerto de Tazacorte

Etwa 2 km von Tazacorte entfernt liegt direkt am Meer der dazugehörige Hafen. Die Mündungsbucht des Barranco de las Angustias galt schon bei den Eroberern als bester Ankergrund in den Gewässern um La Palma. Alonso Fernández de Lugo landete hier am 29. September 1492, dem Tag des hl. Michael, um die Conquista einzuleiten. Später bestimmte man daher den Erzengel zum Schutzpatron der Insel, deren vollständiger Name seither San Miguel de La Palma ist.

Früher wurden die Bananen des Aridane-Tals von Puerto de Tazacorte aus verschifft. Eine nicht mehr in Betrieb befindliche Lastenseilbahn transportierte die Früchte von den nördlich angrenzenden Anbaugebieten die Felswand zum Barranco de las Angustias hinunter. Heute ist in Puerto de Tazacorte die größte Fischereiflotte der Insel stationiert. Ca. 90 % der Fänge werden hier angelandet. Neben einigen Kuttern liegen vorwiegend kleine, offene Fischerboote im Hafen, den eine hohe Betonmauer gegen die Brandung schützt.

Über ein kleines Werftgelände gelangt man, eine Reihe von Fischerhütten passierend, in denen Netze und Geräte lagern, zur **Playa El Roque**. Die Hafenmole hält die Brandung von dem winzigen, dunklen Sandstrand fern, der besonders gut für Familien mit Kindern geeignet ist. Es ist verboten, zu den ankernden Booten zu schwimmen!

Nördlich grenzt an den Hafen ein längerer kiesiger Strand, hinter dem allerdings direkt die Küstenstraße verläuft. Im Bereich der Barranco-Mündung, an der einige nüchterne Appartementhäuser errichtet wurden, soll eine große, künstliche Badelandschaft entstehen. Die Bauarbeiten ziehen sich allerdings schon über viele Jahre hin und werden immer wieder aus Geldmangel eingestellt. Am Nordrand der Bucht befand sich früher der Hafen. Hier liegt der alte Ortskern mit ein paar einfachen, für fangfrischen Fisch bekannten Restaurants. Seit den 60er Jahren vervierfachte Puerto de Tazacorte seine Einwohnerzahl auf heute ca. 1600 Menschen. Im Tal des Barranco de las Angustias wurden Sozialwohnungsblöcke für die zahlreichen Arbeitskräfte in den Bananenplantagen rund um Tazacorte und Los Llanos errichtet.

Ein alter Pflasterweg führt in Serpentinen die steile Felswand zur Höhe von El Time hinauf. Der Ein-

Bootsbau und Fischerei heute

Am Hafen steht noch das alte Lagerhaus der englischen Bananenexporteure. Aber in Puerto de Tazacorte legen schon lange keine Bananenfrachter mehr an. Das Gemäuer war seit Jahrzehnten dem Verfall überlassen, bis die Firma, die auch für die Instandhaltungsmaßnahmen im Hafen verantwortlich zeichnet, hier eine kleine Werft einrichtete. In der Halle warten ein paar alte Kutter auf bessere Tage, vor der Tür flicken Fischer ihre Netze und reparieren ihre kleinen, offenen Boote – immer und immer wieder, denn für Neubauten fehlt meist das Geld. Die zerfressenen Planken erneuern die Männer mit billigem Importholz aus Holland; die Lücken verschließen sie mit Baumwollfäden, die mit einer Paste verschmiert werden. Oder man behilft sich, indem man die Bootswände mit einer billigen Kunststoffschicht überzieht – dann sind die Kutter wieder ein paar Jahre wasserdicht. Wie alt ihre Boote sind, das vermögen die Männer nicht zu sagen. Schon ihre Väter sind damit ausgefahren.

Allzuviel können die Fischer von Puerto de Tazacorte nicht investieren. Der Fang bringt immer weniger ein, für die knapp 300 Fischer La Palmas langt es kaum zum Leben. Etwa 2 t Fisch landen sie pro Person und Jahr im Schnitt an. Manchmal, im Sommer, wenn der Thunfisch Saison hat, reicht die Kapazität der Kühlhäuser nicht aus; dann muß ein Teil des Fanges vernichtet werden. An den meisten Tagen aber wartet der Laster der Fischereigenossenschaft für drei oder vier Kisten Fisch pro Kutter stundenlang im Hafen.

Billige Importware ließ in den 80er Jahren die Preise in den Keller fallen. Die Fischer reagierten, indem sie ihre Fangmengen mit modernen Methoden erhöhten. Nun allerdings werden die gefangenen Exemplare immer kleiner – eine Folge der Überfischung in den Inselgewässern. Von den Zeiten, als um die Jahrhundertwende noch jährlich ein hochseetaugliches Segelschiff in La Palma vom Stapel lief und eine große Fischereiflotte zu den reichen Fanggründen vor der afrikanischen Küste auslief, können Bootsbauer und Fischer heute nur noch träumen …

stieg befindet sich im alten Ortskern gegenüber vom Kiosco Teneguía. Am Anfang ist der Weg recht häßlich, doch sobald man etwas höher steigt, wird die Aussicht immer beeindruckender. Nach 45 Minuten ist bei einem Holzkreuz die Hochfläche erreicht. Vor allem am späten Nachmittag bietet sich ein herrlicher Blick über Puerto de Tazacorte bis zum Leuchtturm an der Punta de la Lava und weit ins Land über Los Llanos und El Paso.

Etwa 5 km nördlich von Puerto de Tazacorte liegt an der Steilküste die **Cueva Bonita**. Ihren Namen trägt die »schöne Höhle« zu Recht: Wenn spätnachmittags die Sonnenstrahlen durch die beiden Höhlenöffnungen ins Innere dringen, sorgen sie für ein gradioses Licht- und Farbenspiel. Zu erreichen ist die Cueva Bonita mit den Booten »Agamemnon« (✆ 9 22 46 28 49) und »Odysseus« (✆ 9 22 46 02 41). Diesen Ausflug sollte man aus Gründen der Sicherheit nur bei absolut ruhiger See unternehmen.

Unterkunft: Appartements: Luz y Mar, ✆ 9 22 46 41 26, Fax 9 22 46 14 32 (modernes, mehrstöckiges Haus, Dachterrasse mit Pool, Meerblick); Miramar, ✆ 9 22 46 34 39 (ähnlich ausgestattet wie Luz y Mar).

Restaurants: La Goleta, Av. del Emigrante 3 (palmerische u. intern. Küche); Kiosco Montecarlo, Calle El Puerto (Fisch, sehr einfach); Kiosco Teneguía, Calle El Puerto (Fisch, sehr einfach); Playa-Mont, Av. del Emigrante (renommiert, Fisch, Fleischspieße).

Bus und Taxi: Linie 2 ab Los Llanos, etwa jede Stunde. Taxi ✆ 9 22 48 09 66.

Sport: Tauchen: Atlantic 28°, Calle del Puerto 10, ✆/Fax 9 22 48 09 11, mit Boot oder Landrover zu schönen Riffen und Revieren.

Argual

Von Puerto de Tazacorte kann man durch den Barranco de las Angustias oder über Tazacorte Richtung Los Llanos fahren. Die beiden Strecken treffen bei **Argual Abajo** zusammen, wo im 16. und 17. Jh. einige reiche Großgrundbesitzer auf ihren riesigen Plantagen Sommersitze errichteten. Auf diese Zeit gehen auch die Herrenhäuser zurück, die sich, von der Hauptstraße hinter hohen Mauern verborgen, rund um die **Plaza de Argual** aufreihen. Der große Platz wirkt verkommen, die Häuser werden von ihren Besitzern nicht mehr genutzt. Doch wurden in jüngster Zeit – gefördert vom Europäischen Regionalentwicklungsfond – Restaurierungsarbeiten vorgenommen. An der Nordostseite erhebt sich die renovierte, aber unbewohnte **Casa Sotomayor** (Nr. 7) mit Balkon über dem Portal und schön bepflanztem Vorgarten. Ein kleineres Wohnhaus (Nr. 5) und einige Lagerhäuser gehören zu diesem Anwesen. Gegenüber, an der Südseite des Platzes, stehen die **Casa Veléz de Ontanilla** (Nr. 35) mit üppig begrüntem Innenhof und links daneben die **Casa Massieu** (Nr. 31), beide aus dem 17. Jh. Die Casa Massieu beherbergt neben einem staatlichen Kunsthandwerkszentrum auch das Fremdenverkehrsbüro von Los Llanos (✆ 9 22 40 18 99; Mo–Do 9–16.30, Fr 11.30–16.30 Uhr). Die Plaza de Argual wurde um 1915, als die Verpachtung von Bananenplantagen an englische Firmen den Grundbesitzern zu Wohlstand verhalf, im modernistischen Stil neu gestaltet und mit einem interessanten Ensemble von Brunnen, Grotten und Skulpturen ausgestattet.

Weiter unterhalb liegt die kleinere **Plaza de San Pedro** mit der gleichnamigen Kirche. Diese wurde im 17. Jh. von der Familie Sotomayor gestiftet und fällt durch ihre fünfseitige Apsis – für die Kanarischen Inseln einmalig, in Andalusien jedoch häufig anzutreffen – aus dem Rahmen.

Auf der Weiterfahrt nach Los Llanos passiert man den oberen Ortsteil von Argual, der sich rings um die schöne **Plaza de Ramos** erstreckt. Es lohnt sich, durch die verwinkelten Gassen mit ihren typisch kanarischen Häusern zu streifen.

Restaurant: La Casona de Argual, Plaza de Argual (restauriertes Herrenhaus; Salta si puedes, Av. Tanausú 29 (Grillspezialitäten, palmerisch).

Diskothek: Aquario, Calle Manuel de Falla (bekannteste Diskothek La Palmas, intern. Publikum).

Los Llanos de Aridane

Mit etwa 18 000 Einwohnern ist Los Llanos die zweitgrößte Stadt La Palmas. Der Ort ist wirtschaftliches und kulturelles Zentrum des Aridane-Tals und steht damit in direkter Konkurrenz zu Santa Cruz. Immer wieder wird Los Llanos auch als die »heimliche Hauptstadt« bezeichnet. Ein Großteil der Bewohner ist erst in den vergangenen drei Jahrzehnten zugezogen, um im Bananenanbau, im Dienstleistungsbereich oder auch in der bescheidenen Industrie (Molkerei, Keramikherstellung) zu arbeiten. Großzügige Geschäftsstraßen und moderne Häuserzeilen prägen ebenso das Stadtbild wie zahlreiche Restaurants und Kneipen das Nachtleben.

Zentrale Geschäftsstraße ist die zur Allee ausgebaute Av. Dr. Fleming. Um die **Plaza de España** (1), der einige riesige Exemplare des Indischen Lorbeerbaums Schatten spenden, erstreckt sich der alte Ortskern. Die Einheimischen treffen sich dort am Kiosk, in der Umgebung ansässige Ausländer, meist Deutsche, bevorzugen das Straßencafé vor dem Hotel Edén. An der Plaza stehen das moderne **Rathaus** (2) im kanarischen Stil und die **Casa de la Cultura** (3), in der regelmäßig Musikveranstaltungen und Kunstausstellungen stattfinden.

Gegenüber erhebt sich die **Iglesia Nuestra Señora de los Remedios** (4). Die dreischiffige Pfarrkirche aus dem 17. Jh. ist *Unserer Lieben Frau der Hilfe* geweiht; ihr Vorgängerbau war kurz nach der Conquista errichtet worden, um der Madonna für ihre Hilfe bei der Bezwingung des gefürchteten Häuptlings Tanausú (s. S.33) zu danken. Der heutige Altarraum stammt aus dem beginnenden 19. Jh. Im Inneren ist

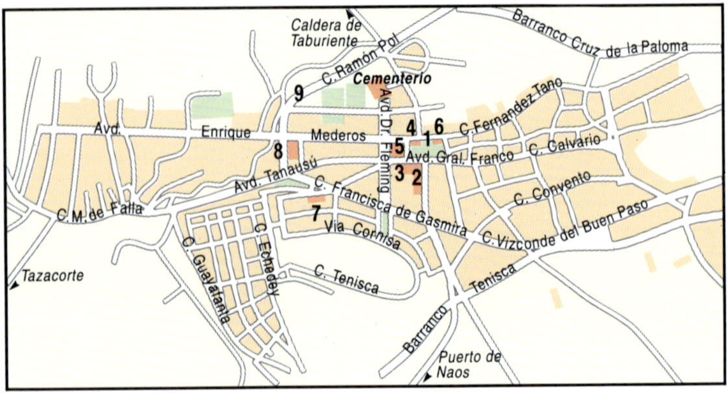

Los Llanos de Aridane 1 Plaza de España 2 Rathaus 3 Casa de la Cultura 4 Iglesia Nuestra Señora de los Remedios 5 Hauptpost 6 Hotel Edén 7 Hotel Valle de Aridane 8 Markthalle 9 Busbahnhof

die Kassettendecke im Mudéjar-Stil bemerkenswert, die vor allem im vorderen Teil des Mittelschiffs sehr prachtvoll geschnitzt wurde. Der barocke Hochaltar, der zum Teil mit Blattgold belegt ist, birgt die Statue der Schutzpatronin, eine flämische Arbeit aus der zweiten Hälfte des 16. Jh. Sie thront auf einem Halbmond, umgeben von einem flammenden Sonnenstrahlenkranz. Zwei Seitenaltäre tragen Ölgemälde, die ebenfalls flämischen Meistern zugeschrieben werden.

Hinter der Kirche liegt die idyllische Plaza Chica. In diese mündet die Calle Fernández Taño, in der noch zahlreiche alte, einstöckige Häuser stehen. Auch in den Nachbargassen sind solche Bauten zu finden. In einigen sind Restaurants oder Boutiquen untergebracht.

Ca. 500 m hinter dem Ortsausgang Richtung El Paso befindet sich **Pueblo Parque**, der neue Kulturpark La Palmas. Bei Führungen (11, 13, 15 Uhr) durch die subtropische Gartenanlage erfährt man viel über die Flora, Fauna, Geschichte und Kultur der Insel. Kunsthandwerker führen ihre Arbeit vor, es gibt Gelegenheit zu einer Weinprobe und für Kinder zum Eselreiten (Mo–Sa 10.30–17 Uhr; relativ teuer).

Etwa 1 km oberhalb von Pueblo Parque, ebenfalls an der Straße nach El Paso, weist ein Schild zum **Palmex Kakteengarten**. Ein deutsches Ehepaar hat dort seit Ende der 70er Jahre eine kleine Oase aufgebaut. Auf engstem Raum wachsen über 600 verschiedene Arten von Kakteen und anderen Sukkulenten, darunter Säulenkakteen von über 15 m Höhe. Man kann ganz nach Belieben durch die Anlage schlendern und auch Kakteen als Souvenir mitnehmen (Di, Mi, Do, 10–18 Uhr).

Südlich von Los Llanos, an der Strecke nach Puerto de Naos, liegen die Ortsteile **La Laguna** und **Todoque**. Zahlreiche Appartement- und Bungalowanlagen, teils unter deutscher Leitung, garantieren hier individuellen Urlaub. Nahebei erheben sich einige naturgeschützte Vulkankegel.

Information: Privatbüro Contacto, Calle General Yagüe 5, ✆ 9 22 46 32 04, Fax 9 22 46 12 66 (unter deutscher Leitung, Zimmervermittlung, Büchershop, Auskünfte aller Art).

Unterkunft: Hotels: Valle Aridane***, Glorieta Castillo de Olivares 3, ✆ 9 22 46 26 00, Fax 9 22 40 10 19 (zentral, Dachterrerrasse); Edén*, Plaza de España, ✆ 9 22 46 01 04, Fax 9 22 46 01 83 (zentral, Dachterrasse). Pensionen: Amberes, Av. General Franco 13, ✆ 9 22 40 10 40, Fax 9 22 40 24 41 (luxuriöses altes Herrenhaus); El Porvenir, Calle Fernández Taño 33, ✆ 9 22 46 01 68 (einfach, Atmosphäre); El Time, Calle Iglesia 3, ✆ 9 22 46 09 07 (zentral, schöner Patio); Rocha, Calle Pasion 5, ✆ 9 22 46 01 57 (einfach). Appartements/Bungalows: Gisela van Dijk, Todoque, ✆/Fax 9 22 46 38 36 (ruhig, Tennis, Pool); La Palma Jardín, Urb. Celta, ✆ 9 22 46 35 67, Fax 9 22 46 13 16 (komfortabel, gepflegter Garten, Tennis, Pool); La Plantación, La Laguna, Camino El Pedregal, ✆ 9 22 46 35 67, Fax 9 22 46 13 16 (komfortabel, ruhig, gepflegte Gartenanlage, Tennis, Mountainbikes); Las Fuentes, Todoque, ✆ 9 22 46 12 36 (dt. Leitung, familiär); Paradiso, Todoque, ✆ 9 22 46 28 38, Fax 9 22 40 15 95 (ruhig).

Restaurants: Amberes, Calle Luna 2 (malerischer Innenhof); Barbarossa, Calle Calvo Sotelo 24 (dt. Leitung); Brasilandia, Av. Carlos F. Lorenzo Navarro 81 (palmerische Küche); El Hidalgo, Calle José Antonio 21 (dt. Leitung, schöner Innenhof); El Rinconcito, La Laguna (venezolanisch); Real Marisquería, Av. General Franco 62 (Fisch, Meeresfrüchte); San Petronio, Lomo de las Animas (außerh. der Stadt, schöner Blick, gute italienische Küche); Tasca la Fuente, Av. General Franco 70 (dt. Leitung, kleine Gerichte).

Musikbars: Bar El Borrachito, Av. Enrique Mederos (jüngeres, einheimisches Publikum); La Gruta, Av. Francisca Gazmira 15 (Salsa); Pub Galleon 2, Av. Francisca Gazmira 21 (gesetzteres Publikum). **Diskotheken:** Basilica El Convento, Calle Pasión 1 (›In‹-Disco, einer Kirche nachempfunden); Galaxia, Av. Enrique Mederos 17 (junges Publikum); Triangulo, Av. Francisca Gazmira (junges Publikum).

Bus und Taxi: Busbahnhof in der Calle Ramón Pol 3 (dort aktuelle Fahrpläne); Verbindungen nach Santa Cruz, Puerto de Naos, Tazacorte, Puerto de Tazacorte, Fuencaliente, Tijarafe, Puntagorda und Garafía. Taxi: Av. Dr. Fleming, ✆ 9 22 46 27 40, und Plaza del Mercado, 9 22 46 28 25.

Sport: Fahrräder: Bike'n'Fun (S. Schuler), Calvo Sotelo 20, ✆/Fax 9 22 40 19 27 (auch geführte Touren). Tanz: Ballettschule Hedda Wortmann, ✆ 9 22 48 58 08. Tennis: Club de Tenis Valle de Aridane, Carretera Puerto Naos, ✆ 9 22 48 02 03 (tägl. 8–19 Uhr).

Straßenleben in El Paso

Souvenirs: Webereiwerkstatt: Calle General Franco 36; Kunsthandwerk: Martín García, Av. Francisca Gazmira 24; Mariposa, Todoque, Las Noriar; Me Gusta, Calle General Yagüe 4; **Markt:** Markthalle an der Plaza Mercado am westlichen Stadtrand, gutes Angebot (Mo–Sa 8–14 Uhr).

El Paso

El paso – das bedeutet ›Durchgang‹. Und in der Tat liegt El Paso seit jeher an der wichtigen Ost-West-Verbindung von Santa Cruz nach Los Llanos. Heute leben etwa 7000 Menschen in den weit über das obere Aridane-Tal verstreuten Ortsteilen der Gemeinde. Für den Bananenanbau ist das Gebiet wegen der Höhenlage nicht geeignet. Lavaströme überflossen im 15. und 16. Jh. Teile des Gemeindegebietes und machten ehemals fruchtbare Böden für die Landwirtschaft unbrauchbar. So pflanzte man in El Paso Maulbeerbäume und baute eine Seidenindustrie auf. Die legendäre Doña Maruca rettete das Wissen um die Seidenherstellung bis in die Gegenwart hinein. Ihre Kinder und Enkel führen noch heute zwei Werkstätten im Ort.

Aus Lateinamerika zurückgekehrte Palmeros erwarben nach 1836, als die Mönchsorden in Spanien aufgelöst wurden, ehemaliges Klosterland in El Paso und brachten den Opuntien-Anbau mit. Auf dieser Kaktusart züchtete man die Cochenille-Laus, die einen karminroten

Farbstoff liefert. Aufgelassene Opuntien-Felder zeugen noch heute rund um El Paso von dieser wirtschaftlichen Blütezeit. Als gegen Ende des 19. Jh. die Cochenille-Farbe durch künstliche Farbstoffe ersetzt wurde, brachten Rückkehrer aus Kuba den Tabak nach El Paso und führten so die Herstellung von Zigarren ein. Tabak wird heute nur noch in geringem Umfang angebaut. Die moderne Zigarettenfabrik des amerikanischen Konzerns Reynolds an der Durchgangsstraße von El Paso verarbeitet importierten Tabak.

Viele Ausländer haben sich in El Paso niedergelassen. Sie haben alte Landhäuser renoviert oder neue Bungalows errichtet. Es gibt in El Paso eine regelrechte deutsche Infrastruktur mit Bäcker, Naturkostladen, Arzt, Heilpraktiker und deutscher Grundschule.

Die neue Durchgangsstraße verläuft südlich des Ortskerns. Hier reihen sich viele große Wohnhäuser der ehemaligen Opuntien-Züchter aus dem 19. Jh. aneinander. Ein optischer Leckerbissen ist das Haus, dessen Vorderfront die Skulpturen von Schlangen und einem Adler zieren. Letzterer trägt den Balkon über der Eingangstür (s. S.63).

Biegt man in die Avenida José Antonio ein, so gelangt man zu einer modernen Plaza, die als Festplatz dient. Die Calle Manuel Taño führt zum alten Zentrum. Hier stehen noch einige Bürgerhäuser mit den typisch kanarischen Holzbalkonen. In unmittelbarer Nähe erhebt sich die ehemalige Pfarrkirche mit einer sehenswerten geschnitzten Decke im Chor. Die heutige **Iglesia Nuestra Señora de la Inmaculada Concepción de la Bonanza**, die der *Jungfrau der Unbefleckten Empfängnis der Meeresstille* geweiht ist, befindet sich nicht weit davon in der Calle General Franco. Sie wurde um die Jahrhundertwende im Auftrag der Diözese Teneriffa von dem katalanischen Architekten Laureano Arroyo im für La Palma ungewöhnlichen Stil des Eklektizismus (s. S. 61) errichtet. Von dem großzügigen, terrassenartig angelegten Vorplatz bietet sich ein schöner Blick über El Paso. Von hier aus sieht man einige der alten, mörtellosen Natursteinhäuser mit roten Ziegeldächern, in denen früher die einfache Bevölkerung lebte. Manche sind noch bewohnt.

Am Nordwestrand von El Paso, im Barranco de Tenisque, befindet sich eine der bedeutendsten prähistorischen Fundstätten La Palmas. Zu den **Petroglyphen von La Fajana** gelangt man, indem man der Avenida José Antonio über die moderne Plaza hinaus nach Norden folgt. Hinter der »Casa de la Cultura« biegt man links in die Calle Capote und hält sich auf dieser, über eine Kreuzung hinweg, bis zu den letzten Häusern. Von dort geht es zu Fuß weiter geradeaus auf einem Pflasterweg, der in den Barranco hinunterführt. Im Tal läuft man

---

Mandelblüte bei El Paso ▷

etwa 200 m aufwärts, bis rechts oben der Friedhof mit seinen Zypressenhecken zu erkennen ist. Dort versperrt eine Felsstufe mit großen, spiralförmigen Ritzzeichnungen im Halbrund den Weg.

Eine weitere, noch interessantere Fundstelle erreicht man, wenn man zu der Stelle zurückkehrt, wo der Pflasterweg den Barranco quert. Auf der anderen Talseite steht ein alleinstehendes Haus neben einer hohen Palme. Direkt vor dem Haus zweigt rechts ein Pfad ab. Diesen verläßt man nach ca. 30 m links durch einen Mauerdurchlaß und durchläuft eine aufgelassene Opuntien-Pflanzung. Nach weiteren 50 m ist eine Felswand erreicht, in die verschiedene Symbole eingeritzt sind. Einmalig für die Kanarischen Inseln sind die Sonnenmotive.

Oberhalb von El Paso zweigt von der Hauptstraße nach Santa Cruz die Zufahrt zur Cumbrecita ab. Dort steht das **Centro de Visitantes** (Besucherzentrum) des Nationalparks Caldera de Taburiente, wo man Auskünfte über Wanderungen und geführte Exkursionen erhält. Eine Ausstellung führt in die Geologie, Flora und Fauna des Nationalparks ein. Außerdem wird stündlich ein Film mit Bildern aus der Caldera gezeigt (Mo–Fr 10–14 u. 16–18, Sa, So 10–15 Uhr).

Um zur **Ermita del Pino** zu gelangen, einer bedeutenden Wallfahrtskapelle, folgt man der Zufahrtsstraße zur Cumbrecita und biegt von dieser nach etwa 1 km rechts in eine Allee ein. Die *Virgen del Pino* (›Jungfrau von der Kiefer‹) soll kurz nach der Conquista in einer Kiefer erschienen sein. Die damals angeblich gefundene Marienfigur wurde in einer Nische im Stamm des mächtigen Baumes verehrt, den ein Frevler im 19. Jh. gefällt haben soll (heute steht hier ein jüngeres Exemplar). Die Gläubigen bauten eine Kapelle, in der die Statue seither aufbewahrt wird.

Information: Info Center La Palma, Calle Antonio Pino Pérez 3, ✆/Fax 9 22 49 74 68 (Mo–Fr 9–14, 16.30–19 Uhr; Unterkunftsvermittlung, Tips zu diversen Sportarten).

Unterkunft: Pensionen: Nambroque, Las Piedras,Carretera General 98, ✆ 9 22 48 52 79 (an der Straße nach Santa Cruz). Appartements und Bungalows: Las Palmeras, Tajuya, Calle Taburiente, ✆ 9 22 48 50 20 (ruhig, und in einer großen Gartenanlage); Los Guanches, Tajuya, ✆ 9 22 46 10 22 (ruhig mit Meerblick).

Restaurants: El Paso, Carretera General (kanarische, baskische und galizische Küche); Il Giardino, Tajuya, Carretera General (italienisch); La Cascada, Straße nach Santa Cruz (Grill-Spezialitäten); Las Piedras, an der Straße nach Santa Cruz (rustikal, schöner Innenhof, gute Tapas); Viva la Vida, Carretera Dos Pinos 57, von El Paso kommend am Ortsrand von Los Llanos (dt. Leitung).

Bus und Taxi: Linie 1, ab Santa Cruz und Los Llanos, ca. alle 1–2 Std. Taxi: Av. José Antonio/Carretera General, ✆ 9 22 48 52 85, 9 22 48 53 55, 9 22 48 50 03.

Wanderung durch die Caldera

Sport: Reiten: Centro Hípico, Tacande Malpaís, ✆ 9 22 40 82 75 (Unterricht und organisierte Ausritte). Tauchen: Taucher-Treff La Palma, Konrad u. Hella Weiß, Calle Echedey 1, ✆/Fax 9 22 48 59 38 (Schule/Verleih).

Souvenirs: Antiquitäten: Quincalla, Calle General Franco 1. Keramik und Lavaschmuck: La Sorpresa, Carretera General. Seide: Escuela de Seda, Calle Manuel Taño (in der jüngst eröffneten Seidenschule kann man die Herstellung miterleben); Taller de Seda »Doña Maruca« (mit 2 Filialen): Bertila Pérez González, El Barrial (nordöstl. Ortsteil von El Paso), Calle Barrial de Abajo 9, ✆ 9 22 48 56 92 (Mo–Fr 15–18 Uhr), bzw. Antonio Bermúdez und Soldeveida Marante, La Rosa 75, ✆ 9 22 48 55 32. Webarbeiten: El Telar, Calle General Franco 36.

Fest: *Fiesta de la Virgen del Pino,* alle drei Jahre am letzten Augustsonntag (2000, ...), mit großer Prozession an der Ermita del Pino.

La Cumbrecita

Die beste Möglichkeit, um einen Blick in die Caldera de Taburiente zu riskieren, ist ein Besuch der Cumbrecita (1287 m; festes Schuhwerk). Durch Weideland und Mandelbaumkulturen geht es auf den Bergsattel hinauf. Am Infostand der Nationalparkbehörde muß man den Wagen abstellen. Ein Pfad führt vom hinteren Teil des Parkplatzes durch den Wald abwärts bis zu einer Felsgruppe, wo man rechts entlang einer alten Wasserleitung nach 50 m zum **Mirador de los Roques** (1200 m) gelangt. Auf dem Hauptweg geht es dann weiter zum **Lomo de la Chozas**, einem schmalen Bergrücken, an dessen Spitze sich ein weiterer Mirador befindet. Der Rückweg führt über eine breite Forstpiste. Ca. 1 Std. für den gesamten Rundweg.

Die Caldera de Taburiente

Über steile Berge und durch tiefe Schluchten

Der längste Rechtsstreit in der Geschichte der Welt

Roque de Idafe: Der heilige Fels der Altkanarier

Blick aus dem Llano del Jable
zur Cumbrecita

Das Naturwunder

Unerklimmbar – die steilen Felswände der Caldera. Beängstigend – die enge Klamm des Barrancos. Still – die Kiefernwälder im Talkessel. Erfrischend – die Quellen. Sonnig – die einsamen Wanderwege.

Für Wanderer und Naturbegeisterte zählt ein Besuch in der Caldera de Taburiente (siehe S. 17) zu den Höhepunkten eines Aufenthaltes auf La Palma. Den riesigen Kessel (span. *caldera*) – er mißt etwa 7 km im Durchmesser – umgeben ringsum steile Felswände. Nur von Südwesten, durch den **Barranco de las Angustias** (›Schlucht der Todesängste‹), ist die Caldera zugänglich. Die nahezu senkrechten Steilabhänge dagegen sind Sperrzone und auch für Kletterer tabu. Ein halsbrecherischer Pfad, der von der Cumbrecita hinabführt, ist zur Zeit gesperrt; es bestehen Pläne, ihn auszubauen und für Wanderer zu öffnen.

Der Grund der Caldera de Taburiente steigt von rund 300 m im unteren Bereich, wo der Barranco de las Angustias beginnt, auf etwa 900 m an. Im Westen, Norden und Osten ist der Kessel halbkreisförmig von einem Gebirgszug umgeben, der Höhen um 2000 m erreicht und im **Roque de los Muchachos** (2426 m), dem höchsten Berg La Palmas, gipfelt. Der **Pico Bejenado** im Süden, von dem übrigen Caldera-Rand durch den Sattel der **Cumbrecita** (1287 m) getrennt, ist immerhin noch 1875 m hoch. Während sich die umliegenden Höhen im Tagesverlauf oft in Wolken hüllen, ist es in der Caldera selbst, die vor Winden aus allen Richtungen geschützt ist, meist sonnig und trocken.

1954 erklärte die spanische Regierung die Caldera de Taburiente zum Nationalpark, der sich heute auf 4690 ha ausdehnt und den größten Teil des Kessels bis hinauf zu den Bergkämmen, einen Teil des Barranco de las Angustias, die Cumbrecita mit einem Teil des Barranco del Riachuelo und die Südseite des Pico de Bejenado umfaßt. Für die Verwaltung des Parks ist die staatliche Nationalparkbehörde *(Parques Nacionales)* zuständig. Sie unterhält das Wegenetz und sorgt dafür, daß die Verhaltensregeln – die nicht oft genug angemahnt werden können – eingehalten werden. So ist es verboten, Abfall zu hinterlassen, Pflanzen, Tiere oder Steine zu sammeln, offenes Feuer zu machen oder außerhalb des offiziellen Campinggeländes zu zelten. Auch ist im Nationalpark selbst, der fast völlig von Kiefernwald bestanden ist, die Viehhal-

Jakob Grünenberg und seine Erben

Der wohl längste Rechtsstreit in der Geschichte der Welt fand 1954 auf La Palma vorerst ein Ende. Der »Heredamiento de las Haciendas de Argual y Tazacorte«, eine aus mittlerweile etwa 2000 Personen bestehende Erbengemeinschaft, bekam das Recht auf Ländereien und Wassernutzung in der Caldera de Taburiente gerichtlich zugesprochen. Wenige Monate später erklärte die spanische Regierung das Gebiet zum Nationalpark, um die einzigartige Landschaft vor Zerstörung durch Privatinteressen zu bewahren.

Angefangen hatte alles im 16. Jh. Alonso Fernández de Lugo bedachte nach der Eroberung La Palmas seinen Neffen Juan mit großen Ländereien bei Argual und Tazacorte. Dazu erhielt er die wertvollen Wasserrechte der Caldera de Taburiente, wo die ergiebigsten Quellen der Insel sprudeln. Die damit verbundene Auflage lautete, das Land urbar zu machen und Zuckerrohr zu pflanzen. Doch Juan de Lugo fehlten dafür sowohl das Interesse als auch das Kapital, um Arbeitskräfte zu bezahlen und Zuckermühlen zu errichten. So veräußerte er Land und Wasser im Jahr 1508 an den andalusischen Kaufmann Jácomo Dinarte, der wohl nur als Strohmann diente, um kurz darauf das Land an das Augsburger Handelshaus der Welser weiterzuverkaufen. Die spanische Krone sah es nicht gern, wenn größere Ländereien in ausländische Hände übergingen. Königin Johanna (»die Wahnsinnige«) konnte sich allerdings auf Dauer der Tatsache nicht verschließen, daß zu wenig einheimisches Kapital vorhanden war, um den lukrativen Zuckerrohranbau auf La Palma in Schwung zu bringen. Als die königliche Kaufbestätigung fünf Jahre später endlich eintraf, hatten es sich die Welser anders überlegt. Sie verkauften die »Haciendas de Argual y Tazacorte« an den Kaufmann Jakob Grünenberg aus Köln.

Grünenberg hatte sich schon vor Jahren im Zuckerhandel zwischen den Kanarischen Inseln und Antwerpen engagiert. Er war einer jener »Flamen« – wie in Spanien verallgemeinernd alle Niederländer und auch die Bewohner der angrenzenden deutschen Gebiete genannt wurden –, die sich schon kurz nach der Conquista auf La Palma niedergelassen hatten. Bei diesen unternehmungslustigen jungen Männern handelte es sich um Abenteurer oder politische Flüchtlinge, die ihr Glück im Ausland suchten und durch Einheirat in bedeutende spanische Familien das Recht erwarben, sich auf der Insel wirtschaftlich zu betätigen. So stellten sie auf La Palma eine einflußreiche Minderheit dar, und Namen wie Van de Walle, Van Dale, Aysel und Van Guemert sind bis heute in Schlüsselpositionen der Wirtschaft, der Politik und Kultur zu finden.

Jácomo de Monteverde, wie sich Jakob Grünenberg nun nannte, machte mit Zuckerrohr eines der größten Vermögen des Kanarischen Archipels. Die Gewinnspannen im Zuckergeschäft waren so groß, daß sich seine Investitionen bereits nach zwei Jahren ausgezahlt hatten. Von da an ging es nur noch bergauf. Grünenberg selbst erlebte das Ende des Zuckerbooms, das sich seit 1554 abzeichnete, nicht mehr.

Nach seinem Tod rissen die Streitigkeiten um die kostbaren Ländereien nicht ab. Seine Erben – er hatte fünf Kinder – konnten sich nicht über die Aufteilung des Vermögens einigen. 1557 erhielten sie es zwar vom Königlichen Gerichtshof in Las Palmas zugesprochen. Doch wollte sich der Inselrat in Santa Cruz nicht damit abfinden, daß die Wasserrechte der Caldera in privater Hand, noch dazu in der von Ausländern, verblieben. So ging der Zwist weiter. Fast 400 Jahre nach dem Ausbruch des Rechtsstreits siegten dann abermals die Erben, doch sind sie mit der Caldera wohl nicht recht glücklich geworden.

tung verboten. Die verwilderten Ziegen, die früher in großer Zahl die Caldera durchstreiften und schwere Schäden an der Vegetation anrichteten, wurden abgeschossen. Statt dessen siedelte man Mufflons als Jagdwild an, mußte allerdings feststellen, daß diese dem Pflanzenwuchs ebenfalls nicht unerheblich zusetzen. Durch Abschuß ist die Zahl dieser Tiere mittlerweile stark reduziert worden. Eine Übersichtskarte befindet sich in der hinteren Innenklappe.

Unterkunft: Campinggelände an der Playa de Taburiente im Caldera-Zentrum; Zelten nur mit Billigung der Nationalparkbehörde in El Paso, ✆ 9 22 49 72 77, Fax 9 22 41 34 48.

Restaurant: Balcón Taburiente, Camino Cantadores 2 (an der Zufahrt zur Caldera, schöne Kaffeeterrasse, Tapas).

Taxi: Taxifahrer erklären sich meist nicht bereit, die holprige Piste in die Caldera de Taburiente zu fahren. Im Barranco de las Angustias stehen tägl. 8.30-13 Uhr Jeeptaxis bereit, um Wanderer in 45 Min. nach Los Brecitos zu fahren (s. S.155).

Wandern: Das Wegenetz in der Caldera ist beschildert und in gutem Zustand. Informationen über Wanderrouten erteilt die Nationalparkbehörde im Centro de Visitantes in El Paso, die auch geführte Wanderungen organisiert. Klettern und Bergsteigen sind im Nationalpark verboten.

Wanderung in der Caldera

Um einen möglichst umfassenden Eindruck zu bekommen, bietet sich die Wanderung von **Los Brecitos** zur **Playa de Taburiente** und durch den oberen Teil des **Barranco de las Angustias** an (etwa 4 Std. 30 Min. Gehzeit). Dabei ist ein Abstieg von insgesamt etwa 800 Höhenmetern zu bewältigen. Diese Tour ist nur durchführbar, wenn man sich nach Los Brecitos fahren läßt (s. S. 154) oder den ca. dreistündigen Anmarsch in Kauf nimmt. Man sollte auf keinen Fall mit dem Pkw auf der (sehr holprigen!) Piste nach Los Brecitos fahren, was ohnehin von der Nationalparkbehörde nicht gerne gesehen wird.

Die Piste endet bei **Los Brecitos** an einem Parkplatz, wo ein Wanderweg durch Kiefernwald am Caldera-Hang entlang weiterführt. Fast unmerklich geht es bergab. Man passiert den Bauernhof **Casas de Tenerra,** auf dem heute noch Tabak angebaut wird. Immer wieder weisen Schilder mit der Aufschrift »Zona de Acampada« den richtigen Weg. Nach etwa 1 Std. 15 Min. ist eine Gabelung erreicht. Hier bietet sich ein Abstecher (ca. 1 Std.

Roque de Idafe

30 Min. Gehzeit hin und zurück auf steilem Pfad) über den schroffen **Roque del Huso** zur **Cascada** an, einem eindrucksvoll die Calderawand hinabstürzenden Wasserfall.

Wendet man sich hingegen an der Gabelung nach rechts, trifft man gleich darauf auf die **Playa de Taburiente,** einen breiten, geröllbedeckten und von einem Netz von Rinnsalen durchzogenen Talgrund am Zusammenfluß mehrerer Bäche. Je nach Jahreszeit können letztere soviel Wasser führen, daß die Überquerung nicht ganz einfach ist. Auf der anderen Talseite befindet sich im Schatten hoher Bäume das offizielle Campinggelände mit Tischen und Bänken (1 Std. 30 Min.).

Richtung Barranco de las Angustias geht es vom Campinggelände auf einem schmalen, beschilderten Pfad aufwärts. Über einen Sattel führt dieser Weg zunächst in den **Barranco Almendro Amargo** und an dessen steilem Westhang talab.

Der Kult des Idafe

»Y iguida y iguan Idafe« (›er sagt, daß Idafe fallen wird‹), singt einer der beiden Männer und hebt die Eingeweide einer Ziege hoch. »Que guerte yguan taro« (›gib ihm das, was du bringst, und er wird nicht fallen‹), antwortet der andere. So spielte sich jahrhundertelang das feierliche Opferritual am Roque de Idafe ab, berichten die Chroniken der Conquistadores. Jedesmal wenn der Stamm der Aceró, der die Caldera bewohnte, ein Tier geschlachtet hatte, nahmen zwei Männer den mühseligen Aufstieg zum Fuß des fast unzugänglichen Felsens auf sich, um hier die Innereien darzubringen.

Idafe war keine Gottheit. Eigentlich kannten die Altkanarier nur einen Gott: Abora. Jedes der zwölf Stammesgebiete besaß einen heiligen Ort, an dem man aus Steinen eine Pyramide aufgeschichtet hatte. Dort fand der Kult des Abora statt. Mehrmals im Jahr, wohl zur Sonnenwende, feierten die Auaritas zu Ehren ihres Gottes rauschende Feste. Dann wurde getanzt, gesungen und gelacht. Doch galten neben Abora auch manche Pflanzen, Tiere oder Felsen als heilig. Der Roque de Idafe wurde verehrt aus Angst, er könne umfallen. Doch Archäologen haben bis heute keinerlei Siedlungsreste in der Nähe des Felsens gefunden, die auf eine Bedrohung der Ureinwohner hinweisen könnten. Und so glauben viele Forscher eher an einen Fruchtbarkeitskult, da die phallische Gestalt des Felsens unverkennbar ist.

Der Barranco Limonero bei Dos Aguas…

Man erkennt nun schon den spitzen **Roque de Idafe,** den heiligen Fels der Altkanarier. Bald ist der Talgrund erreicht. Dort befindet sich am Wegrand ein Altar mit einer (kaum noch leserlichen) Inschrift, die besagt, daß an dieser Stelle nach der endgültigen Kapitulation der Auaritas die erste christliche Messe auf La Palma gefeiert wurde.

Unterhalb des Roque de Idafe fließen der Barranco Almendro Amargo und der Barranco del Limonero mit seinem gelblich gefärbten Wasser zusammen. Wenig weiter unterhalb mündet beim Wasserwerk von **Dos Aguas** (1 Std. 20 Min. ab Campinggelände) der **Barranco de Taburiente,** dessen Überquerung bei starker Wasserführung Probleme bereiten kann. Im weiteren Verlauf ist das Flußbett dann fast ausgetrocknet, da bei Dos Aguas das Oberflächenwasser der Caldera in eine Leitung gespeist wird. Der Weg verläuft abwechselnd im Talgrund oder entlang der Hänge. Im Zweifel helfen Steinpyramiden bei der Orientierung. Stetig geht es durch den engen, stellenweise von steilen Felswänden gesäumten **Barranco de las Angustias** bergab. Nach etwa 3 Std. Gehzeit ab Campinggelände ist die Piste erreicht, die, von Los Llanos kommend, den Barranco de las Angustias kreuzt.

Selbstfahrer, die sich nicht per Jeep weiter nach Los Brecitos fahren lassen wollen, können hier den Wagen abstellen und den Barranco de las Angustias in umgekehrter Richtung beliebig weit erkunden.

Der Nordwesten

Die Bauern des Nordwestens

Von Drachenblut und Petroglyphen

Garafía: Die Heimat der Auaritas

Die Steuer des Königs: El Quinto Real

Petroglyphen bei El Calvario

Drachenbäume und Mandelblüte

Das ›liebliche‹ La Palma – grandioser Ausblick bei El Time, teuflisches Fest in Tijarafe, Mandelplantagen in Puntagorda, Drachenbäume und prähistorische Höhlen in Las Tricias, Windmühlen und Petroglyphen-Felder in Garafía.

Bis in die jüngste Zeit hinein galt der liebliche Nordwestteil La Palmas als Abwanderungsgebiet. Der Getreide- und Obstanbau auf den kargen Äckern wirft für die Bauern oft zuwenig zum Leben, aber zuviel zum Sterben ab. Mandeln waren lange Zeit das einzige handelsfähige Produkt, doch die Ernte lohnt kaum noch. Aber im Winter hüllen sich die Mandelhaine in ein märchenhaftes Blütenkleid. Die Dörfer haben ihre Ursprünglichkeit noch weitgehend bewahrt. Auf zahlreiche Ausländer wirkte die ländliche Idylle so anziehend und das Klima der Gegend so mild und angenehm, daß sie verlassene Bauernhäuser erwarben und zum Zweit- oder Dauerwohnsitz herrichteten. Eine Fahrt in den Nordwesten kostet viel Zeit. Die Straßen sind kurvenreich, und manch Sehenswertes ist nur auf holprigen Nebenstrecken oder gar zu Fuß zu erreichen.

El Time

Erste Station, wenn man von Los Llanos kommt und den Barranco de las Angustias durchquert hat, ist das vielbesuchte Aussichtsrestaurant El Time. Von der Terrasse vor der Bar blickt man in den Barranco de las Angustias und dahinter weit über das Aridane-Tal mit Los Llanos und Tazacorte und an der Westküste entlang bis zur Küste von Fuencaliente. Der Mirador gilt

Rauhe Küste im Nordwesten

als einer der schönsten La Palmas. Namengebend für die Stelle ist die oberhalb des Restaurants gelegene Bergkuppe El Time (594 m), ein Ausläufer des Höhenzuges, der die Caldera de Taburiente im Westen begrenzt. *Time* ist das altkanarische Wort für Felsvorsprung.

Tijarafe

Der Ortsname Tijarafe geht auf ein prähistorisches Stammesgebiet zurück. Die 3000 Bewohner der Gemeinde verteilen sich auf zahlreiche Bauernhöfe und winzige Weiler, die vor allem in den mittleren Höhen bis hinauf zur Waldgrenze zu finden sind, während die trockenen Küstenhänge unterhalb von 500 m und die nahezu unzugängliche Steilküste praktisch unbesiedelt blieben. Erst im 20. Jh. wurden im Süden, unterhalb von El Time, Bananenplantagen angelegt.

Im Ortszentrum (etwa 900 Einw.) findet man ein paar Kneipen und einen Supermarkt. Es lohnt sich, zu Fuß die ruhigen Gassen oberhalb der Durchgangsstraße mit ihren hübschen, kanarischen Häusern zu erkunden. Über die Calle del General Franco gelangt man zur **Iglesia Nuestra Señora de la Candelaria,** die von einem großen Festplatz umgeben ist. Sie geht auf eine Kapelle von 1530 zurück, der heutige Bau wurde Anfang des 18. Jh. vollendet. Der barocke Hauptaltar (17. Jh.), eine Arbeit von Antonio de Orbarán, weist als Besonderheit einen fünfteiligen Aufbau auf und ist damit einmalig auf La Palma. Er

Wald der Drachenbäume

Als »Garten der irdischen Lüste« ist ein Triptychon des holländischen Malers Hieronymus Bosch (1453–1516) bekannt, das im Prado-Museum in Madrid hängt. Adam und Eva sind im Garten Eden unter einem Drachenbaum dargestellt. Bevölkert wird die Szene von Dämonen, zu denen wohl auch der Drachenbaum mit seinem ›furchteinflößenden‹ Äußeren zählt. Die eigenartig verwachsenen Äste, von denen jeder in einem Büschel schmaler, geschweifter Blätter endet, lassen an ein gefährliches Reptil mit starken Gliedern und scharfen Krallen denken. Schon im Altertum trug der Baum, der in tropischen und subtropischen Gebieten beheimatet ist, den griechischen Namen *drakaina* (›weiblicher Drache‹), womit auf seine bedrohliche Erscheinung verwiesen wurde. Hieronymus Bosch hat seine Heimat nie verlassen. Ein Seefahrer scheint ihm den Drachenbaum, der außer auf den Kanaren nur auf

Der Drago gehört zur Familie der Drachenbaumgewächse. Seine nächsten Verwandten trifft man in den tropischen und subtropischen Gebieten Afrikas. Für frühere Kulturen besaß er einen magischen Charakter und heilende Kräfte

Madeira und den Kapverdischen Inseln vorkommt, genau beschrieben zu haben. Für die Welt der frühen Neuzeit war der Baum von großer wirtschaftlicher Bedeutung. Sofort nach der Eroberung der Kanaren begann man mit dem Export des sogenannten Drachenbluts (Sanguis Draconis), einer harzigen Ausscheidung, die sich an der Luft blutrot färbt. Als Farbstoff für Lacke, Glasuren und Textilien war die Substanz in Europa hochbegehrt. Angeblich half das Drachenblut auch gegen Tuberkulose, Hitzewallungen, Verdauungsstörungen und Zahnausfall und fehlte daher in keiner Apotheke. Zahnpasta, mit Drachenblut angereichert, war ein Verkaufsschlager des 19. Jh.

Die Bäume wurden durch die künstlichen Einschnitte stark beansprucht, bluteten aus und starben ab. Um die Jahrhundertwende waren sie auf den Kanaren so selten geworden, daß sich die Ausbeutung nicht mehr lohnte. In größerer Zahl haben sie nur im abgeschiedenen Norden La Palmas überlebt. Bei La Tosca und Las Tricias stehen sogar noch richtige Drachenbaumwälder. Bis in die jüngste Vergangenheit gab es auf La Palma viele Seilmacher, die aus den Blattfasern Stricke flochten und verkauften.

Den Altkanariern galt der Drago als heilig. Er symbolisierte Fruchtbarkeit und Weisheit. Bis heute hat sich bei den Bauern allerlei Aberglaube gehalten. Wenn der Drachenbaum kräftig blüht, kann man zum Beispiel eine gute Ernte erwarten. Das getrocknete und verbrannte Blut hält Hexen und böse Zauberer fern. Knochenbrüche werden behandelt, indem man den Verunglückten zu einem Drachenbaum trägt und seine Fußabdrücke in die Rinde schnitzt. Schließen sich die Wunden im Baum, so heilt auch der Bruch.

Die verbliebenen Drachenbäume stehen heute unter Schutz. An eine Regenerierung des natürlichen Bestandes – von »unzähligen dikken Drachenbäumen in ansonsten recht kahler Umgebung« so berichten alte Chroniken – ist allerdings nicht von heute auf morgen zu denken. Wenn auch frühere Altersschätzungen (Alexander von Humboldt billigte den größten Exemplaren auf Teneriffa ein Alter von bis zu 6000 Jahren zu) bei weitem zu hoch gegriffen waren, so wachsen Drachenbäume doch recht langsam. Mehrere Monate kann es dauern, bis der Samen keimt. Erst nach 10 bis 15 Jahren erscheinen am bis dahin kerzengerade nach oben wachsenden Stamm die ersten Blüten, danach beginnt er sich mehrmals zu verzweigen. Da dem mit Lilien und Agaven verwandten Drago die Jahresringe fehlen, ist sein Alter schwer zu schätzen. Doch weiß man durch Wachstumsmessungen, daß er 400 bis 500 Jahre alt werden kann.

birgt die Statue der Schutzpatronin *Maria Lichtmeß,* wohl eine flämische Arbeit aus dem frühen 16. Jh.

Nahe der Kirche sprudelt die zu einem Brunnen gefaßte Quelle **Fuente de Tijarafe,** die frühere Wasserstelle des Ortes. Mit Blumenkästen und einer Sitzbank wurde sie zu einem kleinen, aber schönen und schattigen Sitzplatz gestaltet.

Unterkunft: Appartements: Carlos Gómez García, La Punta, ✆/Fax 9 22 40 61 17 (unterhalb von El Time, über der Steilküste, Pool).

Bus und Taxi: Linie 11, ab Los Llanos, 1–6 x tägl.; Taxi: ✆ 9 22 49 00 22.

Fest: *Fiesta del Diablo* (›Teufelsfest‹, s. S. 68 f.), 7./8.September.

Puntagorda

Der tiefe Barranco de Garome markiert die Grenze zwischen den Gemeinden Tijarafe und Puntagorda. Etwa 2 km weiter ist **El Roque** erreicht, ein Ortsteil von Puntagorda. Hier führen linker Hand neben der Hauptstraße Treppenstufen zu einer kleinen Gartenanlage hinauf, die als Aussichtspunkt gestaltet wurde. Der Blick schweift über Mandel- und Orangenhaine, in denen malerisch die kleinen Bauernhäuser eingebettet liegen. Ein Drachenbaum, der als ältestes Exemplar seiner Art auf La Palma gilt, mußte nach einem schweren Sturm im Frühjahr 1993 durch eine Mauer abgestützt werden. Ein zweiter, ebenfalls uralter Baum überstand das Unwetter nicht. An seiner Stelle wurde ein junger Drago gepflanzt.

Puntagorda, auf dessen Gemeindegebiet ca. 2000 Menschen leben, hat in den vergangenen Jahrzehnten viele seiner Einwohner verloren. Für mitteleuropäische, meist deutsche Aussteiger war es dagegen in den 80er Jahren ein äußerst attraktives Siedlungsgebiet. Sie nahmen sich der verwaisten Bauernhöfe an und führten ein einfaches Leben als Selbstversorger. Viele sind gescheitert, und ihre Häuser werden heute vermietet oder von wohlhabenderen Ausländern als Zweitwohnsitze genutzt.

Das Zentrum von Puntagorda liegt etwas unterhalb der Hauptstraße, kenntlich ist es an der hellen Kirche, die den Ort beherrscht. Die **Iglesia San Mauro,** ein moderner, aber im kanarischen Stil gehaltener Bau, birgt eine Figur des hl. Maurus aus dem ehemaligen Benediktinerkloster (s. u., Ermita San Mauro). In dem ansonsten fast schmucklos gehaltenen Innenraum fallen die schlichten Holzreliefs an den Seitenwänden mit Darstellungen aus dem Rosenkranz auf.

Etwa 200 m unterhalb der Kirche gibt es rund um das Rathaus ein paar Kneipen und Geschäfte. Folgt man der Straße über die dortige Kreuzung hinweg weiter geradeaus und wendet sich dann –

El Quinto Real

Waldbrände verwüsten alljährlich große Flächen des Gemeindegebiets von Garafía. Nirgendwo sonst auf La Palma brennt es so häufig wie hier, und – wie jeder weiß – das Feuer wird absichtlich gelegt. Viehhirten wollen den Baumwuchs zurückdrängen und Platz für den Geißklee schaffen, einen ginsterähnlichen Strauch, den sie *tagasaste* nennen und der ihren Ziegen als Futter dient. Oberhalb des besiedelten Gebietes, wo von Natur aus der Lorbeerwald und – in größeren Höhen – die Kanarische Kiefer wachsen, dehnt sich heute weithin Buschland aus.

Garafía ist die Hochburg der Ziegenhaltung. Für fast alle Landwirte des Ortes ist Viehzucht die Lebensgrundlage. Ein knebelndes Steuersystem aus dem 16. Jh. drängte die Bauern in diese Wirtschaftsform, die der Landschaft im Nordwesten La Palmas großen Schaden zufügt.

Nach der Eroberung blieb der nordwestliche Inselteil lange unbesiedelt. Unzählige Schluchten zerschneiden das Gebiet in schmale, schwer zugängliche Bergrücken. Fehlende Wasserresourcen machten diese Landstriche für die spanischen Eroberer uninteressant. So verblieben riesige Waldgebiete in königlichem Besitz. Als in der zweiten Hälfte des 16. Jh. Einwanderer in großer Zahl von der Iberischen Halbinsel nach La Palma strömten, entschloß sich die spanische Krone 1576, die sogenannten *baldíos* (›Brachland‹) zur Urbarmachung zu verteilen. Bis zu 7 ha konnte jede Familie pachten, dafür war der *quinto real* (›königlicher Fünfter‹) zu entrichten. Damit standen sich die *quinteros* viel besser als die Pächter auf Privatland, die an ihre Grundherren immerhin die Hälfte der Ernte abzuliefern hatten.

Zunächst finanzierte sich der Inselrat aus dem Quinto, später durften die Rathäuser die Pacht einziehen. Um den lästigen Zahlungen zu entgehen, bedienten sich die Bauern einer List. Nur auf Feldfrüchte (Getreide, Hülsenfrüchte, Wein usw.) hatte der König den Quinto gefordert. So wich man, soweit dies möglich war, auf Baumkulturen aus, erntete Äpfel und Mandeln. Daran erinnern noch heute die Obstplantagen, die so typisch für den Nordwesten La Palmas sind.

Als im 19. Jh. in Spanien liberalere Zeiten anbrachen, verzichteten andere Inselgemeinden auf die Zahlung des Fünften und übertrugen den Pächtern das Land. Nur im entlegenen Garafía wollte man davon nichts wissen. Weiterhin mußte der Quinto entrichtet werden. Vier von fünf Bauern waren betroffen, zuletzt noch 1222 Quinteros auf etwa 2130 ha Land. 1955 schlossen sich die betroffenen Landwirte zusammen, um mit vereinten Kräften Druck auf die Gemeindeverwaltung auszuüben – zunächst ohne Erfolg. Zahlreiche Bewohner Garafías wanderten in den 60er Jahren nach Venezuela aus oder gingen als Landarbeiter auf die Bananenplantagen bei Los Llanos. Die Verbliebenen verlegten sich fast ausschließlich auf die abgabenfreie Viehhaltung, die Felder blieben immer häufiger unbestellt. Erst 1987 konnten die Bauern endlich einen Erfolg verbuchen. Die Kanarische Regierung setzte ein Abkommen mit der Gemeinde Garafía durch. Im Januar 1991 wurden die ersten Kaufverträge zwischen der Gemeinde und Pächtern abgeschlossen, die nun das Land, das ihre Familien seit Jahrhunderten bewirtschaften, für 10 000 Peseten pro Hektar käuflich erwerben können.

nach etwa 50 m – am Restaurant El Pino nach rechts, so gelangt man auf der Pista del Cementerio nach 2 km zum Friedhof. Es geht am nahegelegenen Wasserreservoir vorbei, dann zweigt rechts ein Fahrweg ab zur Ruine der idyllisch gelegenen **Ermita San Mauro**. Die einschiffige Kirche gehörte früher zu einem Benediktinerkloster, das seit der Säkularisierung (1836) dem Verfall preisgegeben ist. Der ehemalige Abtspalast wird nun als Pferdestall genutzt, im Inneren der baufälligen Ermita nisten Tauben. Zu erkennen ist noch, daß ein gotischer Bogen den Altarraum vom Hauptschiff trennt. Die Figur des hl. Maurus wird heute in der Pfarrkirche von Puntagorda verehrt.

Unterkunft: Pension: Mar y Monte, Calle Pino de la Virgen 7b, ✆/Fax 9 22 49 30 67 (dt. Leitung, Garten und Dachterrasse).

Camping: Centro de Naturaleza La Rosa, Carretera de Garafía, ✆ 9 22 49 33 06 (komplett ausgestatteter Platz, Betreuung nur im Sommer).

Restaurants: Parilla El Pino, Calle Pino de la Virgen 6 (kanarische Küche, Ziege, Kaninchen); Parilla La Brasa, El Pinar, Plaza (kanarische Küche); Parilla La Encrucijada, Camino Casa Blanca (kanarische Küche).

Bus und Taxi: Linie 11, ab Los Llanos, 1–6 x tägl.; Taxi: ✆ 9 22 49 31 78.

Sport: Fahrräder: Centro de Naturaleza La Rosa (s. Camping; geführte Rad- und Wandertouren).

Souvenirs: La Palmerita, Calle de la Extensión Agraria 7 (Kunsthandwerk aus eigener Herstellung).

Fest: *Fiestas del Almendro en Flor* (›Mandelblütenfest‹), Ende Januar/Anfang Februar. Noch recht neues Fest, das als Werbung für den Mandelanbau gedacht ist, zieht viele Besucher an; Folklore, Sport, Stände mit Wein aus Puntagorda und gerösteten Mandeln.

Las Tricias

Der tiefe Barranco de Izcagua trennt Puntagorda vom benachbarten Las Tricias (300 Einw.). Im kleinen Ortskern gibt es neben der Kirche ein **Ökomuseum** (Ecomuseo), in dem die Landwirtschaft und das Kunsthandwerk des traditionellen La Palma lebendig werden (Eröffnung in Kürze).

Am unteren Rand der Streusiedlung, im **Barranco de Buraca,** wurden bei der gleichnamigen Quelle altkanarische Petroglyphen und Wohnhöhlen gefunden. Die Höhlen hatten Ende der 70er Jahre, als Las Tricias zum Aussteigerort avancierte, junge Ausländer bezogen. Diese *alternativos,* von denen bis zu 50 in den prähistorischen Stätten lebten, wurden inzwischen vertrieben und haben entweder die Insel verlassen oder leben heute in anderen Höhlen oder Häusern in der Nähe.

Unterkunft: Appartements: Casa Blanca, ✆/Fax 9 22 40 01 81 (dt. Leitung, für Individualisten).

Restaurant: Las Briestas (palmerisch, u. a. Ziege, Kaninchen).

Bus: Linie 11, ab Los Llanos, 1–6 x tägl..

Santo Domingo de Garafía

Hauptort der Gemeinde Garafía, deren rund 2000 Einwohner sich auf 14 Siedlungen verteilen, ist Santo Domingo. Bis in die 60er Jahre hinein, als die erste Straße von Los Llanos nach Garafía gebaut wurde, lebten die Menschen hier in fast völliger Abgeschiedenheit. Die anderen Inselteile waren nur zu Fuß oder auf dem Esel über beschwerliche Pfade zu erreichen. Lastenverkehr wurde vorwiegend über See abgewickelt, doch war dieser Transportweg äußerst wetterabhängig. Garafía weist seit Jahrzehnten die höchste Abwanderungsquote der Insel auf. Die Verbliebenen, meist alte Leute, arbeiten vorwiegend in der Landwirtschaft.

Es lohnt sich, von Las Tricias die untere Straße nach Santo Domingo de Garafía zu wählen. Sie ist kürzer und landschaftlich reizvoller als die obere Verbindung über Hoya Grande. Zwischen den Feldern und bei den Bauernhöfen sieht man dort immer wieder Drachenbäume stehen.

Das Zentrum von Santo Domingo wird von der Plaza Baltazar Martín markiert, dem Treffpunkt der Männer des Ortes. Dort gibt es eine Bar und ein Restaurant. Ganz in der Nähe erhebt sich die **Iglesia Nuestra Señora de la Luz,** die *Unserer Lieben Frau des Lichts* geweiht ist. Das Hauptschiff stammt von 1552, das linke und einzige,

Schöne Wandermöglichkeiten bietet die Landschaft um Garafía

fast gleichgroße Seitenschiff wurde 1664 fertiggestellt. Im Innenraum erkennt man den Unterschied jedoch an der im Hauptschiff besonders aufwendig geschnitzten, hölzernen Mudéjar-Kassettendecke. Die geometrischen Muster sind schlicht gehalten, doch gerade deshalb besonders wirkungsvoll. Der barocke Hauptaltar stammt aus dem Jahre 1673.

Einige wilde Exemplare des Drachenbaums wachsen im **Barranco de la Luz,** der Santo Domingo im Nordosten begrenzt. Man verläßt die Plaza zu Fuß an der hinteren Seite auf einer schmalen Straße, die in einen Pflasterweg übergeht. Dieser führt in den Barranco hinunter.

In Santo Domingo stehen noch zwei Windmühlen, eine an der Straße nach Hoya Grande, die andere im Südwesten an der Straße nach Las Tricias. Früher, als noch viel Getreide angebaut wurde, mahlten die Einwohner hier den Gofio;

heute aber sind die Mühlen stillgelegt. Auf La Palma entstand im 18. Jh. ein besonderer Windmühlentypus, der bald auch auf den Nachbarinseln Verwendung fand. Er stellte gegenüber den traditionellen Windmühlen, die aus der spanischen Mancha auf die Kanarischen Inseln gekommen waren, eine erhebliche technische Verbesserung dar: Die Flügel wurden nicht mehr mit Segeltuch bespannt, sondern mit hölzernen Schaufeln angetrieben. Das filigrane Mühlengestell bestand ebenfalls aus Holz und saß einem flachen Gebäude auf, in dem der Müller seine Wohnstatt hatte.

Garafía gilt wegen der zahlreichen prähistorischen Funde, die im Gemeindegebiet gemacht wurden, als Hauptsiedlungszentrum der Auaritas. Eine besonders eindrucksvolle Fundstätte, das **Petroglyphenfeld El Calvario,** befindet sich südwestlich von Santo Domingo, in der Nähe des Friedhofs. Man folgt der Straße nach Las Tricias und biegt nach etwa 500 m rechts ab, wo »Puerto« und »Cementerio« ausgeschildert sind. Querab der unteren Ecke des Friedhofs, noch bevor die Straße eine Rechtskurve beschreibt, zweigt rechts ein schmaler Trampelpfad ab (markiert durch eine Steinpyramide) und führt durch aufgelassene Terrassenfelder zu einer kleinen Kuppe. Dort stehen mehrere aufrechte Felsblöcke, in die spiralförmige Muster graviert sind. Die drei schönsten Steine wurden 1992 zur Weltausstellung nach Sevilla geschickt. Seit ihrer Rückkehr werden sie in der »Casa de la Cultura« von Garafía aufbewahrt (meist geschlossen).

Der Fahrweg führt weiter bergab zum **Puertito de Santo Domingo,** dem kleinen Hafen des Ortes. Die letzten 10 Minuten müssen zu Fuß auf einem steilen Pflasterweg zurückgelegt werden. Am Meer findet der Besucher einige nur im Sommer genutzte Fischerhütten, ein paar winzige Fischerboote, die vor der Flut geschützt in einer Höhle hoch über dem Wasser aufbewahrt werden, und eine von der Brandung zerstörte Hafenmole. Der Fischfang hatte für die Bewohner von Garafía nie große Bedeutung, da die Küste als gefährlich gilt. Doch stellte der Hafen bis zum Bau der ersten Straßenverbindung beinahe die einzige Verbindung zur Außenwelt dar. Ein Lastenaufzug diente zum Be- und Entladen, während die Boote hinter der wenig Schutz bietenden Mole in den Wellen auf- und abtanzten.

Restaurant: El Bernegal, Calle Díaz y Suárez 5 (restauriertes historisches Haus mit überdachtem Innenhof).

Bus und Taxi: Linie 11 ab Los Llanos, 1–6 x tägl.; Linie 16 ab Santa Cruz, Mo–Sa 1 x tägl.; Taxi: Plaza Baltazar Martín, ✆ 9 22 40 01 03.

Souvenirs: Artesanía Drago (Keramik, Stickerei, Wein von La Palma).

Der Nord-
osten

Die Heimat der Jungfrau vom Schnee

Die Kornkammer der Insel

In den Cubo de Galga

Mörtel und Dünger aus San Andrés

Wirtschaftszentrum des Nordostens: Los Sauces

Die schönsten Lorbeerwälder der Welt

Am Charco Azul

Wasserreichtum und Lorbeerwälder

Zu den schmucken Landkirchen von Puntallana, den alten Bürgerhäusern von San Andrés, durch Obstplantagen und Zuckerrohrfelder bei Los Sauces und in die urwüchsigen Lorbeerwälder von La Galga und Los Tilos, die zu ausgedehnten Spaziergängen einladen.

Während das Gebiet um Puntallana recht trocken ist, ändert sich das Landschaftsbild rasch, je weiter man nach Norden fährt. Häufig sind die Höhen im Nordosten in Wolken gehüllt, denn man befindet sich auf der niederschlagsreichsten Seite der Insel. Schon die Conquistadores erkannten den wirtschaftlichen Wert der Ländereien um San Andrés und Los Sauces und legten hier riesige Zuckerrohrplantagen an. Heute dient das kostbare Naß der Bewässerung ausgedehnter Bananenfelder. Im Sommer fliehen die Bewohner von Santa Cruz in den schattigen Lorbeerwald an den Berghängen des Nordostens, um allzugroßer Hitze zu entgehen. Wanderwege erschließen diesen Urwald, der zu den besterhaltenen der Kanarischen Inseln zählt.

Las Nieves

Oberhalb von Santa Cruz liegt Las Nieves (40 Einw.), berühmt durch das **Santuario Nuestra Señora de las Nieves,** in dem die Schutzpatronin der Insel, die *Jungfrau vom Schnee*, verehrt wird. Erste urkundliche Erwähnung fand das Heiligtum, das am Ort einer Marienerscheinung errichtet wurde, schon 1517. Die heutige Wallfahrtskapelle geht auf einen Bau von 1525 zurück, der allerdings seither mehrfach erweitert und verschönert wurde. Ab 1649, als sich Dominikanermönche in Las Nieves niederließen und ein Kloster errichteten, hat man die alte, einfache Ermita als Sakristei und Hauptaltarraum in einen größeren Neubau einbezogen, der 1740 vollendet wurde.

Die Fassade mit dem Glockengiebel von 1672 ist schlicht und fast schmucklos gehalten. Dagegen präsentiert sich das barocke Seitenportal (18. Jh.), eine Stiftung des Grundherren Diego de Guisla y Castilla, als prunkvolle Steinmetzarbeit. Es weist zur Plaza de las Nieves, die von Palisanderbäumen und Araukarien beschattet wird.

Wertvollster Schatz der Wallfahrtskapelle ist die Statue der

Jungfrau vom Schnee. Sie wurde Ende des 14. Jh. in Flandern im Übergangsstil zwischen Romanik und Gotik gefertigt. Vermutlich hat Fernández de Lugo die Terrakottafigur persönlich von Gran Canaria nach La Palma gebracht. Scherzhaft bezeichnen die Einheimischen die Jungfrau als »reichste Frau der Insel«, denn sie besitzt zahlreiche Gewänder und ist üppig mit Gold und Edelsteinen behangen – Schenkungen von Gläubigen, denen die Madonna aus Not und Gefahr geholfen haben soll. Die Figur thront auf einem vierstufigen Barockaltar aus massivem Silber. Die erste Stufe wurde 1672 gestiftet, die letzte kam erst 1967 hinzu.

An den Wänden des Gotteshauses zeugen Ölgemälde von den Wundertaten der Jungfrau. Gläubige stifteten sie der Kirche. Von größerem kunsthistorischen Wert sind die Seitenaltäre. Zur Linken steht neben der Taufkapelle der Altar des hl. Michael. Die Heiligenstatue stammt vermutlich aus der flämischen Künstlerschule Rogier van der Weydens. Daneben befindet sich eine der bedeutendsten Kreuzigungsgruppen Spaniens (Mitte 16. Jh.), ebenfalls eine Arbeit aus Flandern. An der rechten Seitenwand stehen der Barockaltar der *Nuestra Señora del Buen Viaje* (›Muttergottes der guten Fahrt‹) – die Madonnenfigur hält ein Schiff in der Hand – und der Altar der *Virgen de la Rosa* (›Jungfrau der Rose‹). Zu beachten ist noch die holzgeschnitzte Mudéjar-Decke im Kirchenschiff, die mit Ornamenten bemalt ist (Mitte 17. Jh.).

Rund um die Plaza de las Nieves gruppieren sich die ehemaligen Klostergebäude. Gegenüber der Ermita erhebt sich die **Casa de Romeros,** die früher als Pilgerherberge diente und die **Casa de Ejercicios** (›Exerzitiengebäude‹) beherbergte. In einem Nebentrakt zur Rechten war die **Casa Rectoral** (›Rektoratsgebäude‹) untergebracht. Der Komplex wurde 1975 restauriert.

Unterkunft: Appartements: Chipi-Chipi, Velhoco, Carretera de las Nieves, ✆ 9 22 41 10 24, Fax 9 22 41 66 55 (abgeschieden, schöner Blick).

Restaurants: Las Nieves, Plaza de las Nieves (typisch palmerisches Ausflugslokal); Chipi-Chipi, Velhoco, Carretera de las Nieves (beliebtes Ausflugslokal, Grillspezialitäten, Gartenterrasse, regelmäßig Auftritte von Folkloregruppen).

Bus: Linie 15, ab Santa Cruz, ca. alle 1–2 Std.

Fest: *Fiesta de la Virgen de las Nieves* (›Mariä Schnee‹) mit *Bajada de la Virgen*, um den 5. Aug., alle fünf Jahre (2000, ..., s. S. 174f.).

Puntallana

Die Hochebene von Puntallana wurde früher »Granero de la Isla« (›Kornkammer der Insel‹) genannt. Die vielen Getreidefelder ersetzen

Die Jungfrau vom Schnee

Irgendwann im 4. Jh., in der Nacht vom 4. auf den 5. August, hatte Papst Liberius einen seltsamen Traum: Die Muttergottes trug ihm auf, eine Kirche an dem Ort zu bauen, wo am Morgen frischer Schnee gefallen sei. Und siehe da, mitten im Sommer schneite es auf dem Esquilin, einem der sieben Hügel Roms. Liberius eilte an der Spitze einer Prozession herbei und vollzog selbst den ersten Spatenstich für die Kirche Santa Maria Maggiore, in der man von nun an die *Jungfrau vom Schnee* anbetete.

Im Spätmittelalter, als sich die Marienverehrung im Volk verbreitete, wurde die Legende von der *Jungfrau vom Schnee* in alle christlichen Länder getragen. So kam sie schon bald nach der Eroberung nach La Palma. Man weihte der *Virgen de las Nieves* eine Kapelle in der Nähe der Hauptstadt und rief sie bei allerlei Sorgen und Nöten an. 1676 begab es sich, daß durch eine große Dürreperiode eine Mißernte drohte. Der Bischof kam persönlich von Gran Canaria herbei, um das Unglück abzuwenden. Er ließ eine Bittprozession die Jungfrau hinab nach Santa Cruz tragen, und in der Tat regnete es kurz darauf.

Um künftigen Dürrezeiten vorzubeugen, ordnete der Bischof an, die *bajada* (*bajar* – ›hinabtragen‹) regelmäßig zu wiederholen. Seit 1680 findet sie alle fünf Jahre statt. Aus der schlichten Bittprozession wurde mit der Zeit ein großes Spektakel, das heute Tausende von Besuchern anzieht. Schon Ende Juni beginnen die Feierlichkeiten, die sich mit Feuerwerk, Sportwettkämpfen, Wahl der Festkönigin, Preisverleihungen und viel Musik über Wochen erstrecken. Berühmt ist die *Danza de Enanos* (›Zwergentanz‹), bei der Männer – mit riesigen Pappmachéköpfen als Zwerge verkleidet – durch die Straßen tanzen (siehe S. 68 f.).

Höhepunkt der Feier ist die eigentliche Bajada geblieben. Mitte Juli wird die Madonna in die Stadt getragen, dort feierlich von den Honoratioren empfangen und in die Iglesia de la Encarnación gebracht. Am nächsten Tag zelebriert man mit Hilfe eines Megaphons den »Dialog zwischen Schiff und Festung« nach vorgegebenem Text. Das Schiff (*Barco de la Virgen*) nähert sich mitsamt der Jungfrau in bedrohlicher Weise der Festung (*Castillo de la Virgen*). Diese will die vermeintlichen Angreifer zurückschlagen. Doch das Schiff, so stellt es sich heraus, gehört der siegreichen Himmelsgöttin. Und so gibt die Festung den Widerstand auf und salutiert der Madonna mit Kanonenschüssen.

Santuario de Nuestra Señora de las Nieves

Die Prozession endet an der Iglesia El Salvador, wo die Jungfrau bis Mariä Schnee (5. August) verweilt. Dann wird sie nach Las Nieves zurückgebracht.

Schon Monate vor dem Fest sind Flüge und Unterkünfte ausgebucht. Emigrierte Palmeros nehmen das Ereignis zum Anlaß, ihre daheimgebliebenen Familien zu besuchen. Unter der Hand wird die Bajada immer noch als Heiratsmarkt betrachtet, denn es war früher üblich, daß junge Auswanderer aus Übersee anreisten, um hier die Frau fürs Leben zu finden. Diese hatte, für einen echten Palmero selbstverständlich, aus der Heimat zu stammen. Und für ein Mädchen von der Insel gab es nichts Erstrebenswerteres, als sich einen der ›reichen‹ Emigranten zu angeln. Zwar putzen Eltern ihre heiratsfähigen Töchter noch immer für den großen Blumenkorso zum Abschluß der Bajada heraus, doch hat sich vieles geändert: Mit dem Heiraten haben es die jungen Frauen heute nicht mehr so eilig.

heute einige wenige Bananenplantagen. Die Ortsteile, in denen insgesamt etwa 2300 Menschen leben, reihen sich in rund 400 m über dem Meer an einer schwer zugänglichen Steilküste aneinander. Von Santa Cruz kommend gelangt man zunächst nach **Santa Lucía,** wo die Familie des Eroberers Lugo große Ländereien besaß. Eine schmale Straße am nördlichen Ortsende führt zur **Ermita Santa Lucía.** Die Kapelle (18. Jh.) ist meist verschlossen, doch wegen ihrer schönen Lage auf einer palmenbestandenen Kuppe, von wo man weit über das Meer blickt, den Besuch wert. Die Toreinfahrt gegenüber gehört zum ehemaligen Landsitz der Lugos, der immer noch in Privatbesitz ist.

Der Gemeindesitz **San Juan de Puntallana** (400 Einw.) liegt etwas abseits der Durchgangsstraße. Um die **Iglesia San Juan Bautista** gruppieren sich ein paar Häuser und zwei Kneipen. Die Kirche stammt aus dem 16. Jh., erhielt aber ihre heutige, typisch kanarische Form erst zu Beginn des 18. Jh. Hoch ragt sie über der Steilküste empor. Von der Terrasse bietet sich ein schöner Blick. Rechts unterhalb der Kirche steht die **Casa Luján,** ein stilecht renoviertes Bürgerhaus aus dem 19.Jh. Es ist als **Ethnographisches Museum** öffentlich zugänglich (Mo–Sa 10–13 u. 16–18 Uhr).

Im Ortsteil **La Galga** lohnt ein Abstecher zum **Mirador San Bartolomé,** den man über eine schmale Straße am nördlichen Ortsausgang erreicht. Sie führt zunächst zur **Ermita San Bartolomé,** einer schlichten Landkirche aus dem 17. Jh. Der Kirchplatz wurde 1976 als Aussichtsterrasse neu gestaltet. Man blickt in den tiefen Barranco de la Galga und den angrenzenden Barranco de la Fuente. Beide Schluchten sind nur durch einen schmalen Felsgrat getrennt und vereinen sich zur Küste hin zu einem gemeinsamen Tal.

Der eigentliche Aussichtspunkt, als **Mirador de la Montaña** ausgeschildert, befindet sich weitläufig angelegt auf der vorgelagerten Kuppe La Galga (437 m). Hier bieten sich ausschweifende Blicke über die Küste und bei klarer Luft bis nach Teneriffa und Gomera.

Unterkunft: La Casona, Lomo Piñero 29, La Galga (am Naturpark, 16 Plätze für Gruppen; Buchung über Turismo Rural, s. S.208).

Restaurant: Casa Asterio, La Galga (palmerische Küche).

Bus: Linie 16, ab Santa Cruz, 3–9 x tägl.

Wanderung in den Cubo de Galga

Die Lorbeerwälder von Cubo de Galga, oberhalb des Ortes La Gal-

Blick auf die Ostküste

ga, stehen heute als Teil des Naturparks »Monte de Los Sauces y Puntallana« unter Schutz. Ein Teil des urwaldähnlichen Gebietes läßt sich auf einer leichten Wanderung (hin und zurück ca. 1 Std. 30 Min.) erkunden. Folgen Sie in La Galga nicht der Beschilderung Richtung ›Cubo de Galga‹, sondern fahren Sie auf der Hauptstraße nach Norden in den Barranco de la Galga hinein. In der Straßenkurve vor dem (4.) Tunnel, der in den nächsten Barranco führt, parkt man das Auto und folgt zu Fuß dem mäßig steilen Waldweg in die Schlucht aufwärts. Vom Befahren des Weges ist abzuraten, da er steinig ist und kaum Ausweichmöglichkeiten bietet! Erst geht es durch Kastanienhaine, dann aber bald immer tiefer in den Urwald hinein. Unablässig tropft Wasser von den steilen Felswänden. Den Talgrund beschatten verschiedene Lorbeerbaumarten, von Lianen umschlungen, und die riesigen Wedel der Woodwardia.

Nach ca. 40 Minuten gabelt sich der Weg. Links gelangt man nach 5 Minuten zu einem Talschluß, in den sich ein Wasserfall ergießt – ein seltener Anblick auf La Palma.

San Andrés

Das Gemeindegebiet von San Andrés y Sauces ist wasserreich und wird landwirtschaftlich intensiv genutzt. Vorherrschend ist der Anbau von Bananen, daneben werden Gemüse und verschiedene tropische Früchte gepflanzt. Etwa 6000 Menschen leben insgesamt in der Gemeinde, davon rund 1100 im älteren Ortsteil San Andrés. Schon 1507 erhielt San Andrés die Stadtrechte und war neben Santa Cruz der einzige Ort, der Stadtschreiber beschäftigen durfte. Doch sollte sich die Meereslage für San Andrés als Nachteil erweisen. Die höhergelegene Nachbargemeinde Los Sauces errang schon nach wenigen Jahrzehnten die wirtschaftliche Vormachtstellung im Nordosten. Los Sauces verfügte über ein gut funktionierendes Bewässerungssystem, das es ermöglichte, das lukrative Zuckerrohr anzubauen. In San Andrés mußte man sich mit dem weniger lohnenden Getreideanbau begnügen. Die beiden Orte wurden im 19. Jh. zu einer Gemeinde zusammengelegt. Heute jedoch befindet sich der Verwaltungssitz in Los Sauces. San Andrés führt abseits der Hauptstraße ein beschauliches Dasein und zählt zu den idyllischsten Orten der Insel.

Mittelpunkt des Ortes ist die weitläufige, palmenbestandene **Plaza de San Andrés.** Typische kanarische Häuser – einige schmücken schöne Holzbalkone – säumen den Platz. Ein Straßencafé lädt zur Rast ein. Hier erhebt sich auch die **Pfarrkirche San Andrés Apóstol** aus dem 16./17. Jh. Zum Schutz gegen Piratenüberfälle wurde sie als Wehrkirche ausgelegt. Von außen wirkt der Bau mit dem wuchtigen, seitlich angebrachten Turm und den naturbelassenen Kantensteinen sehr schlicht.

Die Kirche wurde auf dem Grundriß eines lateinischen Kreuzes erbaut. Seitenkapellen rechts und links des Altarraumes täuschen ein Querschiff vor. Im Chor erhebt sich der barocke Hauptaltar von 1790 mit der Figur des Schutzheiligen; die Altäre der Seitenkapellen bergen Figuren der *Virgen de la Victoria* und der *Virgen del Rosario,* beides flämische Arbeiten aus dem 17. Jh. Sehr kunstvoll gearbeitet ist die hölzerne Mudéjar-Decke.

Von der Plaza ist es nicht weit zum Meer: Dort steht ein gut erhaltener Kalkofen. Da La Palma keine eigenen Kalkvorkommen besitzt, wurde bis vor wenigen Jahrzehnten Kalk aus Fuerteventura per Schiff nach San Andrés gebracht und dort gebrannt, um als Mörtel und Dünger Verwendung zu finden. Im winzigen Hafen setzte man früher bei ruhiger See die Fischerboote mit Hilfe eines Krans zu Wasser. Heute begegnet man hier eifrigen Sportfischern und einigen sonnenhungrigen Badegästen, die über eine Treppe ins Meer gelangen können. Doch ist wegen der bisweilen starken Brandung Vorsicht geboten.

Unterkunft: Pensionen: Las Lonjas, Calle San Sebastián 16, ✆ 9 22 45 07 36 (in historischem Haus); San Andrés, Plaza de San Andrés 12, ✆ 9 22 45 05 39.

Restaurant: San Andrés, Plaza de San Andrés 12 (kanarische Küche, Terrasse auf der Plaza).

Bus: Linie 18, ab Los Sauces, 3–5 x tägl.

Puerto de Espíndola

Ein Fußweg führt direkt am Meer entlang von San Andrés zum **Charco Azul.** Im Winter kommt es bei Flut häufig vor, daß der Weg nicht begehbar ist. Leichter ist der Badeplatz über die Straße nach Puerto de Espíndola zu erreichen, von der hinter der Ruine eines Kalkofens, an einer Bananenpackerei, rechter Hand Stufen zur Küste hinunterführen. Am Charco Azul gibt es mehrere von der Brandung in den Fels genagte Naturschwimmbecken, die zu einer Badeanlage mit Liegeflächen, Umkleidekabinen und Duschen ausgebaut wurden. Im Sommer erfreut sich der Platz großer Beliebtheit, denn er bietet eine der wenigen Bademöglichkeiten im Nordosten. Wenn hohe Wellen in die Becken hineinbrechen, was vor allem im Winter manchmal der Fall ist, sollte man auf das Badevergnügen aus Sicherheitsgründen verzichten.

Nur wenig nördlich vom Charco Azul liegt der kleine Fischerhafen Puerto de Espíndola. Neben Santa Cruz und Puerto de Tazacorte ist er der einzige nennenswerte Hafen der Insel. Weil die dicke Mole nie fertiggestellt wurde, gilt er nicht als unbedingt sturmsicher. Bei rauher See hebt man die Boote mit einem

›Bananen im Wandel‹

Besuch in einer Bananenpackerei: Vier kräftige Männer stopfen unentwegt *plátanos* (wie man die Bananen auf den Kanaren nennt) in große Kartons. Ein Lächeln, ein freundlicher Wink bedeuten, man möge näher treten. Nur selten verirrt sich ein Fremder hierher, obwohl doch das Fischlokal unten am Puerto de Espíndola und der nahegelegene Charco Azul vielbesuchte Attraktionen sind. Mit ein paar Brocken Spanisch kommt man leicht ins Gespräch. Nein, verschifft wird von Puerto de Espíndola schon lange nicht mehr. Heute werden die Kisten in Lkw's zum Hafen von Santa Cruz gefahren. Probleme gebe es, sagen die Männer, man stehe kurz vor dem Ruin. Um die Jahrhundertwende, als Weinanbau, Cochenille-Zucht und Zuckerproduktion in einer tiefen Krise steckten, ja, da waren Bananen die Rettung für die Inselwirtschaft.

1896 legte Antonio Herrera Rodríguez in Los Sauces die erste, nur 100 m^2 große Bananenplantage an. Noch im selben Jahr folgten andere seinem Beispiel. Englische Firmen, allen voran Elder & Fyffes, pachteten riesige Ländereien im Nordosten und im Aridane-Tal, terrassierten die Hänge, verbesserten das Bewässerungssystem und pflanzten Bananen. Auch für den Absatz sorgten englische Firmen, die ihr Mutterland mit den nahrhaften Früchten belieferten.

Doch schon bald gab es Rückschläge. Die beiden Weltkriege, die Weltwirtschaftskrise, der Bürgerkrieg brachten enorme Einbußen. In den 50er Jahren eroberten dann innerhalb weniger Jahre billige lateinamerikanische »Dollarbananen« die europäischen Märkte. Die Engländer verloren das Interesse. Palmeros, die in Venezuela Geld verdient hatten, traten an ihre Stelle, ohne zu merken, daß der Zug schon abgefahren war. Der Bananenanbau wurde immer unrentabler, doch Subventionen sicherten noch den spanischen Markt. 1972 erließ die Franco-Regierung sogar ein Importverbot für ausländische Bananen.

Schuld an der heutigen Absatzkrise sei die Europäische Union, meinen die Bananenpacker. Seit es den Binnenmarkt gibt, können die

Kran an Land. Der kleine Strand nahebei ist steinig und zum Baden kaum geeignet.

Es gibt am Puerto de Espíndola keinen eigentlichen Ort, wohl aber eine Kneipe, ein paar Bananenpackereien und eine Rumdestillerie, die das wenige Zuckerrohr verarbeitet, das noch bei Los Sauces und Barlovento angebaut wird. (Eine

Dollarbananen über andere Staaten der EU ungehindert nach Spanien gelangen. Zwar beschloß man in Brüssel Einfuhrbeschränkungen für Bananen aus Drittländern. Eine endgültige Lösung ist das jedoch nicht. Im Jahre 2002 soll aufs neue über die Zollschranken der EU verhandelt werden. Bis dahin hoffen die Canarios, ihre dünnschalige, fleckige, schwer zu vermarktende Zwergbanane durch die größere, feste Sorte »Giant Cavendish« ersetzt zu haben. Letztere gedeiht jedoch nur unter Plastikplanen, die – so befürchten Umweltschützer – das Landschaftsbild La Palmas verschandeln werden.

Die Abhängigkeit der Inselwirtschaft von den Bananen ist erschreckend: Sie haben einen Anteil von 98% am Gesamtexport La Palmas. Auch neue Sorten werden nichts an der Tatsache ändern, daß ein kanarischer Arbeiter wesentlich mehr Lohn verlangt als sein Kollege in Guatemala oder Costa Rica. Doch nur vereinzelt denkt man über Alternativen nach. Auch die Bananenpacker von Puerto de Espíndola wollen davon nichts wissen. Gutgelaunt reichen sie dem Besucher zum Abschied eine ›Hand‹ goldgelber Plátanos.

zweite Rumdestillerie arbeitet in San Andrés.) Die Fabrik steht an der Straße Richtung San Andrés noch vor der Abzweigung zum Charco Azul. Sie ist nur zwei bis drei Monate im Jahr – nach der Ernte im März – in Betrieb. Während dieser Zeit kann man die Destillerie besichtigen und wird vielleicht zu einer Kostprobe eingeladen.

Restaurant: Mesón del Mar, Puerto de Espíndola (fangfrischer Fisch, im kanarischen Stil eingerichtet).

Bus: Linie 18, ab Los Sauces, 3–5 x tägl.

Los Sauces

Los Sauces ist wirtschaftlicher Mittelpunkt des Nordostens und Nordens. Wie die Namensgebung es bereits verrät, scheinen hier zur Zeit der spanischen Eroberung viele Weiden (span. *sauces*) gestanden zu haben. Alonso Fernández de Lugo erkannte sogleich den Wert des wasserreichen Gebietes und sicherte sich die Rechte auf die Ländereien und auf das Wasser. Er ließ ein erstes Bewässerungssystem anlegen und eine Zuckermühle errichten. Zuckerrohr wird heute nur noch in geringem Umfang angebaut. Stattdessen dehnen sich rund um Los Sauces Bananenplantagen aus.

Die Durchgangsstraße, an der sich Geschäfte und Kneipen aufreihen, teilt nicht nur das Ortszentrum in zwei Hälften, sondern führt auch mitten durch die weitläufige **Plaza del Ayuntamiento** (›Rathausplatz‹). Während die untere Hälfte des Platzes recht nüchtern gestaltet ist, schmücken Blumen den oberen, ruhigeren Teil.

An der Plaza erhebt sich die **Pfarrkirche Nuestra Señora de Montserrat**. Sie wurde schon wenige Jahre nach der Eroberung von dem aus Katalonien stammenden Grundbesitzer Marcos de Montserrat gestiftet, der sie der *Jungfrau von Montserrat* (Montserrat ist eine bedeutende Wallfahrtsstätte bei Barcelona) weihen ließ. Bei dem heutigen, über die Jahrhunderte immer wieder veränderten Bau handelt es sich um eine der größten Kirchen La Palmas. Seitlich an die drei Schiffe angebaut wurde der eckige, von einer kupfergedeckten Kuppel gekrönte Turm.

Das Kircheninnere hat man 1960 renoviert. Schön ist die schlichte Kiefernholzdecke. Rund um den Innenraum läuft ein aufgemaltes Spruchband mit einem Verszitat, das sich auf die Schutzpatronin bezieht. Sehenswert ist die Statue der *Jungfrau von Montserrat* im Hauptaltar, eine spanische Arbeit des 16. Jh., die flämischen Vorbildern folgt. Der linke Seitenaltar birgt eine recht wertvolle Skulptur der *Virgen de la Piedad* (›Jungfrau der Barmherzigkeit‹, Mitte 16. Jh.) aus Flandern.

Rechts neben dem Eingang, in der Taufkapelle, befindet sich die kunsthistorisch bedeutende »Katalonische Tafel«, ein großes Ölgemälde, das die Jungfrau auf dem Berg Montserrat darstellt. Das Bild wird dem flämischen Meister Pieter Pourbus (1523–1584) zugeschrieben und wurde offenbar von dem Flamen Tomás Van de Walle de Cervellón nach La Palma gebracht, dem ab 1588 die Zuckermühle von

Los Sauces gehörte. Da die Taufkapelle meist verschlossen ist, kann man das Gemälde nur durch ein Gitter betrachten.

Ein Mirador mit Blick in den tiefen Barranco del Agua liegt an der Hauptstraße in Richtung Santa Cruz. Einen zweiten Aussichtspunkt findet man am nördlichen Ortsrand, etwas oberhalb der Durchgangsstraße. Man blickt bis zum Leuchtturm an der Punta Cumplida, der Nordostspitze La Palmas.

Unterkunft: Pension: El Drago, Carretera General 8, ✆ 9 22 45 03 50 (an der Durchgangsstraße).

Restaurants: Caribe, Calle José Antonio (kleine kanarische Gerichte); Rosán, Carretera General, El Morro (schöner Innenhof, einheimisches Publikum).

Diskothek: Prisma, Calle José Antonio 22 (nur am Wochenende ab ca. 1 Uhr morgens ist hier etwas los). **Musikbar**: Canaima, Calle Ramón y Cajal 8 (junges Publikum).

Bus und Taxi: Linie 16, ab Santa Cruz, 3–9 x tägl. Taxi: Parque Antonio Herrera, ✆ 9 22 45 09 28.

Los Tilos

Die größten Bestände des ursprünglichen Lorbeerwaldes der Insel befinden sich oberhalb von Los Sauces im Gebiet von Los Tilos. Schluchten und Bergrücken sind von urwaldartiger, beinahe undurchdringlicher Vegetation überzogen. Überall rieselt Wasser aus kleinen Quellen in den Felswänden oder es tropft von den Bäumen. Im Sommer, wenn es an der Küste schon mal recht heiß werden kann, spendet der Lorbeerwald angenehme Frische und Kühle. Um nach Los Tilos zu kommen, zweigt man im Barranco del Agua, etwa 1 km südlich von Los Sauces, von der Hauptstraße nach Santa Cruz ab.

Man passiert zunächst das Wasserkraftwerk **El Mulato**, das den Nordosten der Insel mit Strom versorgt. Die Straße endet am **Centro de Investigación** (UNESCO-Forschungszentrum), das Forschern aus aller Welt die Möglichkeit bietet, sich wissenschaftlich mit dem Lorbeerwald auseinanderzusetzen. Um die Bevölkerung über Umweltprobleme zu informieren, werden Ausstellungen und Seminare veranstaltet (Mo–Fr 9–17 Uhr). In der Nähe des Zentrums befinden sich ein Gartenrestaurant und ein weitläufiger Picknickplatz.

Restaurant: Casa Demetrius, Los Tilos (nur im Sommer geöffnet, kanarische Küche).

Bus: Linie 16, ab Santa Cruz, 3–9 x tägl. bis zur Abzweigung im Barranco del Agua, dann ca. 3 km zu Fuß.

Lorbeerwald bei Los Tilos ▷

Stinklorbeer & Co.

Linde (span. *tilo*) – so nannten die Conquistadores den Stinklorbeer aufgrund seines weichen Holzes. Er war namengebend für das Waldgebiet von Los Tilos im Nordosten der Insel. Dort ist der stattliche Baum noch recht häufig anzutreffen. Seine deutsche Bezeichnung verdankt er der Tatsache, daß dem frisch geschlagenen Holz ein unangenehmer Geruch entströmt. Der Stinklorbeer ist der Charakterbaum von Los Tilos. Doch trifft man auch andere Pflanzen des Lorbeerwaldes an.

Der Lorbeerwald ist ein vom Aussterben bedrohtes Relikt aus der Tertiärzeit, das Biologen gern unter vollständigen Schutz stellen würden. Vor einigen Millionen Jahren war dieser Waldtypus in Süd- und Westeuropa noch weit verbreitet. Während der Eiszeiten, als es dort zu kalt für die empfindlichen Lorbeerarten wurde, starb er bis auf geringfügige Reste – die man im Süden der Iberischen Halbinsel findet – aus. Auf den Inseln im angrenzenden Atlantik blieb das Klima auch dann noch mild, als große Teile Europas von Gletschern bedeckt waren. So konnte der Lorbeerwald auf den Kanarischen Inseln, Madeira und den Azoren überleben.

Heute befindet sich der Lorbeerwald nirgendwo in so gutem Zustand wie im Nordosten La Palmas. Aus diesem Grund wies die UNESCO (Erziehungs-, Wissenschafts- und Kulturorganisation der Vereinten Nationen) 1983 im Rahmen des Programms *Man and Biosphere* (›Mensch und Biosphäre‹, MAB) das Biosphärenreservat »El Canal y Los Tilos« aus. 1998 wurde das ursprünglich nur 511 ha große Gebiet auf insgesamt 13 000 ha ausgedehnt, auf denen man

die Auswirkungen menschlicher Eingriffe in die Natur wissenschaftlich untersuchen will. Ähnliche Ziele verfolgt die UNESCO weltweit in über 300 Biosphärenreservaten.

Schwierigkeiten gibt es zur Genüge. Zwar stellte die kanarische Regierung ausgedehnte Waldflächen im Nordosten La Palmas einschließlich des UNESCO-Reservats im Naturpark »Monte de Los Sauces y Puntallana« unter Schutz. Dies bedeutet allerdings keine absolute Sicherheit vor schädlichen Eingriffen. Holzeinschlag und Ziegenhaltung, die bis zum Ende der 70er Jahre der Vegetation schwer zusetzten, sind im Naturpark verboten. Doch die Grenzen des Parks sind im Gelände nicht gekennzeichnet, und so ›ernten‹ viele Bauern weiterhin aus alter Gewohnheit die jungen Bäume ab, um die dünnen Stämme als Stützstangen in den Bananenplantagen zu verwenden. Hauptproblem dürfte jedoch die fortschreitende Austrocknung sein. Oberhalb von Los Tilos, im Gebiet Marcos y Corderos, sprudeln zahlreiche Quellen. Erst zu Beginn des 20. Jh. wurde diese Reserve zu Bewässerungszwecken angezapft. Ein zweiter Kanal kam in den 50er Jahren hinzu. Seither führt der Barranco del Agua, Kernbereich von Los Tilos, nur noch nach starken winterlichen Regenfällen Wasser. Vor allem aber mußte man feststellen, daß die Quellen von Marcos y Corderos allmählich versiegen. Das Kraftwerk El Mulato, dessen Turbinen mit dem Wasser des Kanals angetrieben werden, liefert kaum noch Strom. Zwischen 1955 und 1992 ging der Wasserdurchfluß am Kraftwerk von 5 Mio. m^3 auf weniger als 1,5 Mio m^3 zurück. Welche Folgen die Erschöpfung der Grundwasserreserven für den Lorbeerwald haben wird, vermag die Wissenschaft heute noch nicht abzuschätzen.

Wanderungen bei Los Tilos

Drei schöne, nicht allzu lange Wanderungen bieten sich vor allem für botanisch Interessierte bei Los Tilos an. Festes Schuhwerk und Regenschutz sind unbedingt erforderlich.

Weg 1: Ausgangspunkt ist der Parkplatz hinter dem Besucherzentrum. Ein schmaler Pfad führt in steilen Serpentinen durch dichten Lorbeerwald bergauf. Nach etwa 30 Minuten Gehzeit ist nunmehr der **Mirador de las Babandas** erklommen, von dem aus sich ein sehr schöner Blick über das Waldgebiet von Los Tilos und bis nach Los Sauces bietet. Hier kann man umkehren oder in ca. 1,5 Stunden auf einer Piste nach Los Sauces hinunterwandern.

Weg 2: In der Kurve vor dem Besucherzentrum steigt man an einem Wasserbehälter vorbei in den Barranco del Agua hinunter und hält sich dann, dem dichtbewachsenen Bachbett folgend, bergauf. Zwei Felsstufen müssen kletternd überwunden werden, der Weg ist daher ein wenig abenteuerlich. An einer dritten, höheren Stufe (nach ca. 30 Minuten) empfiehlt es sich umzukehren.

Weg 3: Rund 500 m vor dem Besucherzentrum, wo die Straße ihren höchsten Punkt erreicht, zweigt bei einem Holzschild, das auf die Reserva de la Biosfera hinweist, ein breiter, durch eine Kette abgesperrter Forstweg ab und führt am Rand des Barranco del Agua langsam, aber stetig bergan. Nach 5 Minuten wird ein Tunnel passiert, kurz darauf kommt man an einer kleinen Baumschule der Forstverwaltung vorbei. Im weiteren Verlauf führt der Weg durch kleine Gruppen des imposanten Stinklorbeers. In Serpentinen geht es weiter bergauf. Nach ca. 1 Stunde. Gehzeit zweigt links im spitzen Winkel ein Treppenweg ab, der auf einem schmalen Felsgrat (durch Geländer gesichert) nach etwa 5 Minuten zu einem kühn erbauten Aussichtspunkt führt. Dort befindet sich eine kleine Wettermeßstation. Bei gutem Wetter überblickt man einen großen Teil des Lorbeerwaldes von Los Tilos. (Es lohnt nicht, auf dem Hauptweg weiterzulaufen, denn er endet bald.)

Grüne Gärten bei San Andrés

Unbekannter Norden

Fruchtbares Land um Barlovento

Von Galiziern und Franzosen

Archäologische Träume: Die rätselhafte Schrift von La Zarza

Zu den höchsten Gipfeln

Landschaft bei La Tosca

Wer die Einsamkeit sucht …

In Barlovento locken Naturschwimmbecken und ein Kratersee, in La Tosca ein Spaziergang durch den Drachenbaumwald. Einsam die winzigen Dörfer Gallegos und Franceses, geheimnisumwittert die Felszeichen von La Zarza.

Die Bewohner des Inselnordens lebten bis vor kurzem in weitgehender Abgeschiedenheit. Erst 1993 wurde die Straßenverbindung von Barlovento nach Garafía fertiggestellt und somit die Umrundung La Palmas auf asphaltierter Strecke ermöglicht. Zuvor rollte der (im Norden ohnehin spärliche) Verkehr über eine holprige Piste. Die Berghänge sind bis in Küstennähe bewaldet, sieht man einmal von den fruchtbaren Ländereien bei Barlovento ab. In den kleinen, entlegenen Weilern leben fast nur noch alte Leute, die ihren kargen Äckern das Lebensnotwendige abringen. Die Jungen sind längst abgewandert.

Barlovento

In 500 bis 600 m Höhe über der Küste liegt Barlovento (2500 Einw.), der mit Abstand größte und wirtschaftlich bedeutendste Ort des Nordens. Für Bananenpflanzungen werden die küstennahen Hänge genutzt, weiter oben baut man Gemüse und Obst an. Die Gegend gilt als besonders regenreich, und im Winter kann es hier empfindlich kühl werden. Während der heißen Sommermonate ist es dagegen recht angenehm, und so zieht Barlovento (wenn auch in bescheidenem Ausmaß) nicht nur einheimische, sondern auch vermehrt ausländische Touristen an. Letztere wohnen zumeist in dem schönen, von einer deutschen Gesellschaft im kanarischen Stil errichteten Hotel »La Palma Romántica« am oberen Ortsrand.

Der Ort selbst bietet nicht viel Zerstreuung. Abseits der Hauptstraße erhebt sich im unteren Teil des Zentrums die schlichte **Pfarrkirche Nuestra Señora del Rosario** (›Rosenkranzkirche‹). Der Altarraum stammt aus dem 16. Jh., das Kirchenschiff wurde im 17. Jh. erbaut. Ohne besondere Verzierungen präsentiert sich die elegante Mudéjar-Kassettendecke, die im Chorbereich etwas aufwendiger gearbeitet wurde. Der barocke, buntbemalte

Hauptaltar von 1767 birgt die Statue der Schutzpatronin (16. Jh.), eine flämische Arbeit aus der Übergangszeit zwischen Renaissance und Barock. An der linken Seitenwand ist die Barockfigur der *Virgen del Carmen* aus dem 18. Jh. bemerkenswert. Sie stammt aus der Hand des andalusischen Künstlers Benito de Hita y Castillo. Das Taufbecken aus glasierter Keramik wurde im 17. Jh. aus Sevilla gebracht.

An der Küste von Barlovento, bei **La Fajana**, befindet sich ein weitläufiger Badeplatz mit Naturschwimmbecken. Hier kann der Besucher in einem Restaurant die gute Küche genießen und Appartements mieten. Nicht weit von La Fajana erhebt sich an der **Punta Cumplida**, der Nordostspitze La Palmas, ein Leuchtturm. Er ist seit 1860 in Betrieb und steht unter Denkmalschutz.

Oberhalb von Barlovento liegt in einem Vulkankrater in etwa 700 m Höhe die **Laguna de Barlovento**. Früher bildete sich der See nur während der regenreichen Wintermonate. Im Sommer versikkerte das Wasser in dem porösen Gestein. In der Franco-Zeit wurde erstmals – allerdings erfolglos – versucht, den Kraterboden abzudichten und die Laguna zu einem Wasserrückhaltebecken auszubauen. Erst kürzlich wurde das Projekt fertiggestellt. Der Stausee faßt 5,5 Millionen m^3 und ist damit das größte Wasserreservoir der Kanarischen Inseln. In der Nähe erfreut sich ein

Blick über die Bananenfelder zum Meer bei Barlovento

Freizeitpark mit Campinggelände, Ausflugslokal, Picknick- und Spielplätzen bei den Einheimischen, besonders Kindern großer Beliebtheit.

Der westlich von Barlovento gelegene Weiler **La Tosca** besitzt mit etwa 20 Exemplaren den größten Drachenbaumhain der Kanaren (s. S. 162 f.). Vom Mirador La Tosca an der Straße nach Franceses kann man die Drachenbäume, die sich zwischen den kleinen Bauernhäusern von La Tosca verteilen, gut überschauen. In die Ferne schweift der Blick die Nordküste entlang.

Unterkunft: Hotel: La Palma Romántica***, Topo de las Llanadas, ✆ 9 22 18 62 21, Fax 9 22 18 64 00 (schöner Blick, Sport und Unterhaltung, Sauna, kleines Observatorium, Restaurant mit niveauvoller intern. Küche). Appartements: La Fajana, ✆ 9 22 18 64 02 (an der Felsbadeanlage).

Camping: La Fajana, Anmeldung beim Rathaus *(Ayuntamiento)* in Barlovento; Laguna de Barlovento, nur mit Genehmigung der Umweltbehörde, s. S. 209.

Restaurants: El Molino, Carretera General (Grillspezialitäten); La Pradera, Carretera de Garafía (kanarische Küche); La Gaviota, La Fajana (an der Felsbadeanlage); Las Goteras, Laguna de Barlovento (beliebtes Ausflugslokal, palmerische Küche).

Bus und Taxi: Linie 16, ab Santa Cruz, 3–7 x tägl.; Taxi: Calle El Drago 36, ✆ 9 22 18 60 46.

Sport: Tennis: Hotel La Palma Romántica, ✆ 9 22 18 62 21.

Souvenirs: Centro de Artesanía, Calle de la Constitución s/n (Keramik, Flechtarbeiten u. a.; Mo–Fr 10–13, 16–18, Sa 10–13 Uhr).

Fest: *Fiesta de la Virgen del Rosario*, alle zwei Jahre am zweiten Augustsonntag (2000, ...) Rosenkranzfest mit Nachstellung der Seeschlacht von Lepanto 1571 (s. S.68f.).

Gallegos

Dem winzigen Ort sieht man seine frühere Bedeutung nicht mehr an. Einst lebten hier mehr Menschen als in Barlovento. Gallegos besaß einen kleinen Hafen, über den ein Großteil des Waren- und Personenverkehrs abgewickelt wurde, als der Norden La Palmas noch keinen Straßenanschluß nach Santa Cruz hatte und auf dem Landweg nur recht mühsam zu Fuß oder per Maultier zu erreichen war.

Das kleine Zentrum liegt auf einem Bergrücken, von tiefen Barrancos und einigen Obstplantagen flankiert. Inmitten der Gassen mit einstöckigen, kanarischen Häusern liegt eine kleine Kirche.

Bus: Linie 16, ab Santa Cruz, 2 x tägl. außer So.

Franceses

Noch abgelegener als Gallegos war Franceses mit seinen verstreut

Rätselhafte Schrift

Eine mystische Stimmung umfängt den Besucher, der zum erstenmal das stille Halbrund von La Zarza betritt. Für ein paar Augenblicke taucht er in die rätselhafte Vorzeit La Palmas ein. Die Illusion ist perfekt, wenn er an der kleinen Quelle vorbei zur schattigen Felswand hinaufklettert und die magischen Zeichen der Ureinwohner entdeckt, deren Entschlüsselung bis heute niemandem gelungen ist. Und daß es sich nur um Magie handeln kann, daran besteht kaum ein Zweifel. Viel zu nüchtern erscheint der Erklärungsversuch mancher Wissenschaftler, die in den Felsritzungen einen bloßen Hinweis auf die nahe Wasserstelle sehen wollen. Die kultische Bedeutung der Petroglyphen offenbart sich jedem Betrachter.

Ritzzeichnungen der Ureinwohner gibt es auf fast allen Kanareninseln, auf La Palma jedoch mit über 50 Fundstellen bei weitem am häufigsten. Immer noch werden neue Zeichen gefunden. Verstärkt treten sie im Nordwesten der Insel auf, rund um Garafía, wo sich der Siedlungsschwerpunkt der Auaritas befunden haben könnte. Meist sind es geometrische Zeichen: Spiralen, konzentrische Kreise, Mäander, Labyrinthe. Vereinzelt lassen sich sogar abstrakte Menschen- und Tierfiguren erahnen.

Die geometrischen Zeichen weisen Parallelen zu Inschriften der europäischen Megalith-Kultur auf. Auch in Südamerika wurden ganz ähnliche Petroglyphen entdeckt. Der Spekulation sind also keine Grenzen gesetzt. Ihre genauen Entsprechungen haben diese Ritzzeichen jedoch nach neueren Forschungen im Nordafrika des 2. bis 1. Jahrtausends v. Chr. Damit ist inzwischen auch die lange umstrittene Abstammung der Altkanarier von den Berbern nachgewiesen. Oft sind die geometrischen Petroglyphen in der Nähe von Quellen zu finden. Andere Zeichen wurden auf Felsen in landschaftlich exponierter Lage geritzt; vielleicht dienten sie einem Sonnenkult, worauf auch die einzigartigen, erst 1982 entdeckten Sonnenmotive von La Fajana deuten (s. S. 148). In der Cueva de Tajodeque (Caldera de Taburiente) wurden alphabetische, sogenannte libysche Zeichen gefunden. Die Inschrift ähnelt dem Tuareg-Wort *mauamselti,* was soviel wie ›Durchgang‹ (span. *paso*) bedeutet. In der Tat wird die Umgebung von den Ziegenhirten noch heute »Paso« del Burejito genannt.

Andere Zeichen sind kreuz- oder rasterförmig, dreieckig oder linear. Da metallenes Werkzeug benutzt wurde, um sie in den Fels zu ritzen, stammen sie auf jeden Fall aus der Zeit nach der Conquista. Vielleicht wurde die Tradition bei den Viehhirten bis in die jüngste Vergangenheit bewahrt, und einige dieser Zeichen könnten Weidegebiete markiert haben. Raster ersetzten den Hirten das Brettspiel, Kreuze könnten magisch-religiöse Bedeutung haben. In diese Kategorie gehören auch die abstrakten Bootsformen, die man hier und da antrifft. Boote waren den Altkanariern unbekannt.

Vandalismus und Antiquitätenjagd stellen große Bedrohungen für die unersetzlichen Zeugen der altkanarischen Kultur dar. Jüngere Fundstellen werden von den Archäologen nach Möglichkeit geheimgehalten. Erstaunlich, daß die meisten Plätze nach wie vor frei zugänglich sind. So bleibt dem Besucher die Entdeckerfreude, wenn seine manchmal recht mühevolle Suche nach den Zeichen von Erfolg gekrönt war oder gar der Zufall ihn über die Ritzmuster stolpern ließ.

liegenden Häusern, das schon zum Gemeindegebiet von Garafía gehört. Die Grenze wird durch den großen Barranco de Franceses markiert. Franceses (›Franzosen‹) führt seinen Ortsnamen auf französische Piraten zurück, die hier einst einen Stützpunkt gehabt haben sollen. Seit Franceses an die neue Straße von Barlovento nach Garafía angebunden wurde, ist es mit der Beschaulichkeit vorbei. Erhalten blieben zwar zahlreiche der kleinen, alten Natursteinhäuser mit den holzgedeckten Dächern, die früher für die gesamte Insel charakteristisch waren. Doch auch hier ist der Fortschritt nicht aufzuhalten: Viele alte Häuser müssen neuen weichen. Ethnologen haben jetzt erreicht, die letzten Häuser dieser Art unter Denkmalschutz zu stellen.

Hinter Franceses windet sich die Straße bergan bis auf etwa 1000 m Höhe. Dort liegt der Weiler **Casas Roque Faro**, in dem ein Ausflugslokal sogar Fremdenzimmer vermietet.

Unterkunft: Pension: Los Reyes, Casas Roque Faro, ✆ 9 22 40 00 46 (einfach).

Restaurant: Los Reyes, Casas Roque Faro (kanarische Küche).

Bus: Linie 16, ab Santa Cruz oder Garafía, 1 x tägl. außer So/Fei.

La Zarza

Erst vor einem halben Jahrhundert wurden die Petroglyphen von La Zarza entdeckt. Heute zählen sie zu den meistbesuchten Felszeichnungen La Palmas, nicht zuletzt wegen der landschaftlich besonders schönen Lage. Etwa auf halbem Wege zwischen Casas Roque Faro und Llano Negro steht ein 1998 eröffnetes **Besucherzentrum,** um den Zugang zu der Fundstätte in kontrollierte Bahnen zu lenken und die Petroglyphen vor Vandalismus zu schützen. Von dort führt ein idyllischer Fußweg in ca. 10 Min. zur **Fuente de la Zarza** (›Dornbuschquelle‹). Hinter der kleinen Quelle kann man an den Flanken einer halbrunden Felswand die spiral- und labyrinthförmigen Zeichen der Ureinwohner entdecken.

Im rechts angrenzenden Nachbartal befindet sich die Fundstelle von **La Zarzita**, die Archäologen als besonders bedeutend einschätzen. Dorthin führt rechts von der Felsstufe bei La Zarza ein gut beschilderter Weg mit vielen Infotafeln. An der rechten Wand des kleinen Barrancos findet man die in den Fels geritzten Zeichen: Spiralen, Mäander, Labyrinthe und, als Besonderheit, zwei figürliche Darstellungen. Die eine zeigt einen Männerkopf im Profil, der an einen Azteken erinnert. Als »Urmutter« bezeichnen Wissenschaftler die andere Figur, eine sehr abstrakte Frauengestalt mit Brüsten und einem großen Reifrock.

Nicht weit von La Zarza zweigt von der Straße nach Garafía zur Rechten eine Piste zur **Ermita de San Antonio** ab. Die ursprüngliche Wallfahrtskirche wurde 1902 bei einem Waldbrand zerstört. Ihr Neubau lohnt kaum einen Besuch, wohl aber die traditionsreiche Fiesta mit großem Viehmarkt, die auf dem Festplatz rund um die Kirche am Vorabend des 13. Juni (Tag des Schutzheiligen Antonius von Padua) abgehalten wird.

Aufregende archäologische Funde in der Nähe von La Zarza

Unterkunft: Albergue San Antonio del Monte, ✆/Fax 9 22 40 04 44 (schlichte Herberge für Wanderer und Gruppen, Zeltgelegenheit).

Zu den höchsten Gipfeln

Einmalig die Ausblicke vom Rand der Caldera, grandios die berühmten Wolkenfälle, sagenumwoben der Roque de los Muchachos. Die höchsten Berge La Palmas laden zu herrlichen Wanderungen ein.

Der Gebirgszug, der die Caldera de Taburiente halbkreisförmig umschließt und im Norden mit dem Roque des los Muchachos (2426 m) seine größte Höhe erreicht, ist seit 1985 sowohl von Santa Cruz als auch von Garafía zu erreichen. Die gut ausgebaute Straße stellt die kürzeste Verbindung zwischen diesen beiden Orten dar. Auch wenn die Berge, von der Küste betrachtet, wolkenverhangen wirken, so kann man doch in der Gipfelzone mit Sonne und klarer Sicht rechnen, da sie zumeist oberhalb der Passatwolken liegt. Allerdings kann

es, vor allem im Winter, recht kalt sein. Gar nicht selten fällt in den größeren Höhen Schnee, der manchmal wochenlang liegenbleibt und dann erst abtaut.

Von Santa Cruz kommend passiert die Straße die **Degollada de Franceses,** wo ein Mirador einen beeindruckenden Panoramablick in die Caldera erlaubt. Im Tagesverlauf bilden sich, wenn der Passatwind weht, an der Ostseite der Insel oft Wolken, die zunächst den Höhenzug der Cumbre Nueva und später auch den Caldera-Rand verhüllen, sich aber, sobald die Luft die Hänge hinabsinkt, sofort auflösen. Dann entstehen die berühmten »Wolkenfälle«, die wie ein gigantischer Wasserfall wirken.

Später gabelt sich die Straße. Rechts geht es nach Garafía hinunter, links gelangt man zum **Roque de los Muchachos** (›Knabenfels‹). Bis zu den Felsformationen an seinem Gipfel sind es vom Parkplatz nur wenige Meter. Der Blick schweift über die Caldera hinweg zur Westküste bei Los Llanos. In der Ferne ist der fast stets wolkenfreie **Pico del Teide** auf Teneriffa auszumachen – mit 3718 m der höchste Berg Spaniens. Bei klarer Sicht kann man weiter rechts auch die kleineren Nachbarinseln Gomera und Hierro erkennen.

Seit 1985 steht am Roque de los Muchachos eine der größten astronomischen Stationen der Welt. Die Luft ist hier so klar und der Nachthimmel so schwarz, daß die Bedingungen für die Sternenbeobachtung nahezu optimal sind. Um diese Bedingungen zu erhalten, muß die nächtliche Beleuchtung auf La Palma in Grenzen gehalten werden. Straßenlampen, Leuchtreklamen und andere Außenlampen sind schwach ausgelegt und dürfen nicht nach oben strahlen.

Unter britischer Leitung errichteten die Niederlande, Irland, die skandinavischen Länder und Italien das großflächig angelegte **Observatorio Astrofísico,** das aus Meß- und Beobachtungsstationen mit Teleskopen besteht. Der William-Herschel-Reflektor ist mit 4,2 m Öffnung einer größten der Welt. Schweden stellte einen Sonnenbeobachtungsturm auf. Hubschrauber ermöglichen den Wissenschaftlern den Zugang zum Observatorium, wenn die Straße einmal wegen Schnee und Eis gesperrt werden muß. Spanien stellt das Gelände und die Infrastruktur zur Verfügung und beansprucht dafür 20% der Beobachtungszeit. Deutschland ist auf dem Roque de los Muchachos mit dem Projekt HEGRA vertreten. Es ist eines der weltweit größten Experimente zur Untersuchung der kosmischen Strahlung und zur Hochenergie-Gamma-Astronomie und wird wegen der vielen Detektoren, die wie Bienenhäuschen aussehen, von den Palmeros »Las Colmenas« genannt. Mit sechs Cherenkov-Spiegelteleskopen werden energetische Gammaquellen im All untersucht.

Manche Wissenschaftler kommen nur für kurze Zeit und werten

ihre Beobachtungen anschließend in ihrer Heimat aus. Sie wohnen in Gästehäusern unmittelbar neben den Teleskopen. Andere bleiben jahrelang auf der Insel und leben mit ihren Familien in Santa Cruz.

Das Observatorio Astrofísico kann jeweils an einem Mittwoch im Monat besichtigt werden (Terminabsprache über ✆ 9 22 41 15 52, Führungen auch in deutscher Sprache). Außerdem gibt es in unregelmäßigen Abständen Tage der offenen Tür. Termine nennt das Fremdenverkehrsbüro in Santa Cruz (s. S. 95).

Wanderung am Roque de los Muchachos

Ein sehr schöner Weg führt über den Höhenkamm vom Roque de los Muchachos zum Pico de la Cruz (hin und zurück ca. 5 Std.). Man sollte frühzeitig aufbrechen, da sich die Berge im Osten der Caldera oft gegen Mittag in Wolken hüllen. Vom Parkplatz am Roque de los Muchachos geht es zunächst auf die Teleskope zu. Diese sind nach ca. 30 Gehminuten erreicht. Der Pfad berührt hier die Straße, entfernt sich jedoch gleich wieder nach rechts. Wenig weiter liegt links des Weges der **Mirador de los Andenes**, von dem man gleichzeitig die Caldera und die Nordseite der Insel überblickt.

Auf dem Hauptweg wandert man durch das Felsentor **Pared de Roberto** zum Paß **Degollada de Franceses** (1 Std. 45 Min.). Dort folgt man der Straße etwa 150 m nach rechts, bis eine Piste Richtung Barlovento abzweigt. Direkt gegenüber weist ein Schild den Fußweg zum Pico de la Nieve. Er entfernt sich ein wenig von der Straße und führt auf die (geschlossene!) Schutzhütte am **Pico de la Cruz** (2361 m) zu, dessen Gipfel nach ca. 2 Std. 30 Min. Gehzeit erreicht ist. Oben bietet sich ein schöner Blick hinüber zu der Sternwarte am Roque de los Muchachos. Für Autofahrer empfiehlt es sich, hier umzukehren und zum Ausgangspunkt zurückzulaufen.

Tip: Wer mit dem Taxi gekommen ist, kann entlang des Höhenkamms über den **Pico de la Piedra Llana** (2321 m) zum **Pico de la Nieve** (2230 m) weiterlaufen und von dort zur Straße hinabsteigen (beschildert »Salida Pico de la Nieve«). Diese Wanderung nimmt ab dem Pico de la Cruz ca. 2,5 Std. in Anspruch. Die meisten Taxifahrer kennen die Stelle, wo der Weg auf die Straße trifft.

Bus: Es gibt keine Busverbindung zum Roque de los Muchachos.

Abbildungsnachweis

Bäumli, Othmar, Luzern: Titelbild, S. 51, 110, 124, 126, 128f., 146f.
Frei, Franz Marc, München: S. 10f., 23, 35, 44, 45, 66f., 70, 71, 72f., 81, 93, 99, 101, 103, 107, 108, 135, 144, 150f., 168, 170f., 195
Jung, Gerold, Ottobrunn: S. 35, 39, 92, 196f.
Huber, Gernot/LAIF, Köln: Umschlagklappe vorn und hinten, Umschlagrückseite oben, S. 30f., 54f., 63, 118f., 149
Lipps, Susanne, Düsseldorf: S. 1, 162
Lipps, Volker, Düsseldorf: S. 27, 49, 76f., 84f., 88, 96f., 136f., 158f., 160, 161
Oertl, Marie Luise, Odenthal-Glöbusch: 34, 57, 59, 104, 116, 175
Stieglitz, Andreas, Frankfurt a. M.: S. 112f., 155, 157, 177, 184f., 188f.
Zanettini, Fulvio/LAIF Köln: Umschlagrückseite unten und Mitte, S. 2f., 19, 22, 23, 52f., 62, 122f., 181, 186, 191, 200

Karten und Pläne: DuMont Buchverlag, Köln

Danksagung
Besonderer Dank gilt meinem Mann Volker Lipps, der mir bei meinen Recherchen auf La Palma ein unermüdlicher Weggefährte war. Außerdem gebührt mein Dank Herrn Rüdiger Thielmann (La Palma) für die vielen hilfreichen Informationen.

TIPS & ADRESSEN

Alle wichtigen Informationen rund ums Reisen – von Auskunft bis Zoll – auf einen Blick.

Hinweise auf typische Spezialitäten und Urlaubsaktivitäten.

INHALT

REISEVORBEREITUNG

Informationsstellen

Auskunft/Infomaterial bei den Spanischen Fremdenverkehrsämtern:
. . . in Deutschland: 10707 Berlin, Kurfürstendamm 180, ✆ 0 30/ 8 82 65 41, Fax 8 82 66 61; 40237 Düsseldorf, Grafenberger Allee 100, ✆ 02 11/6 80 39 80, Fax 6 80 39 85; 60323 Frankfurt/M., Myliusstr. 14, ✆ 0 69/72 50 33, Fax 72 53 13; 80336 München, Schubertstr. 10, ✆ 0 89/5 38 90 75–6, Fax 5 32 86 80.
. . . in Österreich: 1010 Wien, Walfischgasse 8, ✆ 01/5 12 95 80, Fax 5 12 95 81.
. . . in der Schweiz: 80078 Zürich, Seefeldstr. 19, ✆ 01/2 52 79 31.

Diplomatische Vertretungen

. . . in Deutschland: Spanische Botschaft, 53115 Bonn, Schloßstr. 4, ✆ 02 28/91 17 90, Fax 22 34 05.
. . . in Österreich: Spanische Botschaft, 1040 Wien, Argentinierstr. 34, ✆ 01/50 55 78 80,
Fax 5 04 20 76.
. . . in der Schweiz: Spanische Botschaft, 3000 Bern 16, Kalcheggweg 24, ✆ 0 31/3 52 04 12,
Fax 3 51 52 29.

Einreisebestimmungen

Bürger aus Deutschland, Österreich und anderen Ländern der Europäischen Union (EU) dürfen sich unbegrenzt lange in Spanien aufhalten. Für die Einreise genügt ein Personalausweis.

Für Schweizer genügt bei einem Aufenthalt bis zu drei Monaten die gültige nationale Identitätskarte. Wer einen längeren Aufenthalt plant, sollte bei der Spanischen Botschaft ein Visum beantragen.

Devisen- und Zollvorschriften

Spanische Währung darf nur bis zu einem Höchstbetrag von 1 Mio. Pesetas (in bar oder Schecks) ein- oder ausgeführt werden. Für Fremdwährungen gibt es keine Beschränkungen.

Die Kanarischen Inseln nehmen trotz der 1993 erfolgten Integration in die Europäische Union nicht vollständig am europäischen Binnenmarkt teil. Daher gelten für die Einreise auf die Kanarischen Inseln sowie für die Wiedereinreise nach Deutschland, Österreich und in andere EU-Länder, ebenso für die Einreise in die Schweiz nach wie vor die internationalen Freigrenzen: 200 Zigaretten oder 50 Zigarren oder 250 g Tabak, 1 l Spirituosen mit mehr als 22 Vol.% Alkoholgehalt (pro Person ab 15 bzw. 17 Jahren), 500 g Kaffee und 50 g Parfüm; Geschenke sind im Wert bis zu umgerechnet 350 DM, 1000 öS bzw. 200 Sfr zollfrei.

Geld

Für den ersten Bedarf sollte man einen kleinen Peseten-Betrag von zu Hause mitnehmen. Darüber hinaus empfehlen sich Euroschecks. Mit EC-Karte und Geheimnummer kann man an Bankautomaten Geld abheben. Hotels, Autovermietungen, viele Restaurants und Geschäfte akzeptieren die gängigen Kreditkarten. Postsparbücher s. S.219.

Gesundheitsvorsorge

Zwischen Spanien und Deutschland sowie Österreich besteht ein Sozialversicherungsabkommen.

Die früher üblichen Auslandskrankenscheine gelten seit April 1998 nicht mehr. Mitglieder gesetzlicher Krankenkassen können nun ebenso wie Privatversicherte den Arzt frei wählen und zahlen die Behandlungskosten vor Ort bar.

Zu Hause werden diese gegen Vorlage der Rechnung, die man sich möglichst detailliert ausstellen lassen sollte, erstattet. Man sollte sich vor Antritt der Reise bei seiner Krankenkasse erkundigen, ob alle Leistungen abgedeckt werden. Gegebenenfalls empfiehlt sich der Abschluß einer privaten Auslands-Krankenversicherung.

Haustiere

Für Hunde und Katzen benötigt man ein amtstierärztliches Herkunfts- und Abstammungszeugnis und eine Tollwutimpfung mit Angabe des Impfdatums (muß mindestens 30 Tage zurückliegen).

Kleidung

Von Juli bis September genügt für die Küstengebiete leichte Sommerkleidung, in den übrigen Monaten sollten zusätzlich Pullover, leichte Jacken und Regenschutz eingepackt werden. Wanderer benötigen darüber hinaus einen winddichten Anorak und Bergstiefel.

Literatur/Karten

Pflanzenführer

Schönfelder, Peter & I.: Die Kosmos-Kanarenflora, Stuttgart 1997.

Wanderführer

Lipps, Susanne: Richtig wandern La Palma – Gomera – Hierro, Köln 1996.

Historisches

Castellano, Gil/ José, M./ Macías, Martín/ Francisco, J.: History of the Canary Islands, Santa Cruz de Tenerife 1993.

Concepción, José Luis: Die Guanchen. Ihr Überleben und ihre Nachkommen, La Laguna 1992[11].

Martín Rodríguez, Ernesto: La Palma y los Auaritas, Santa Cruz de Tenerife 1992.

Romane, Essays

Braem, Harald: Tanausú der letzte König der Kanaren, München 1991.

Castro, J. M.; Eigen, S.; Göbel, W.: La Palma. Die Canarische Insel, Es-

says über Land und Leute, Fulda o. J.
Körke, Harald: Noch ein verdammter Tag im Paradies, Tübingen 1988.

Alle aufgeführten Titel sind auf La Palma bei Contacto, Los Llanos, Calle General Yagüe 6 oder in Buchhandlungen (z. B. Librería Fidio, Santa Cruz, Calle O'Daly 4) erhältlich.

Karten

Einen guten Überblick bietet die ›Mapa Isla de La Palma‹ von Mini Ediciones David mit Stadtplänen von Santa Cruz und Los Llanos sowie einer Detailkarte der Caldera de Taburiente. Sie ist auf La Palma in vielen Geschäften erhältlich. Wesentlich detaillierter ist die Autokarte ›La Palma‹ (Verlag ›freytag & berndt‹), die es nur in Deutschland gibt. Für Wanderer ist die allerdings recht veraltete Topographische Karte 1:50 000, Instituto Geografico Nacional 1981[2] zu empfehlen, die man über den deutschen Buchhandel beziehen kann.

Reisezeit

Auf La Palma ist es das ganze Jahr über angenehm mild. Reisende aus Mitteleuropa bevorzugen Herbst, Winter und Frühjahr, wenn es in den Heimatländern kalt und ungemütlich ist. Spanier vom Festland reisen dagegen gerne in den Sommerferien auf die Insel. In dieser Zeit herrscht in den Urlaubsorten der meiste Betrieb.

Zum Wandern eignen sich am besten das Frühjahr (April bis Juni), wenn die Blütenpracht in den Bergen am schönsten ist, und die Herbstmonate Oktober/November mit ihren sommerlich milden Abenden und den noch angenehm warmen Wassertemperaturen. In den Sommermonaten ist das Wetter meist gleichbleibend schön und gut für Wassersport geeignet. Badeurlaub ist auch im Winter möglich. In den Bergen allerdings können dann schon einmal Temperaturen um den Gefrierpunkt mit Schnee und Eis auftreten (s. S. 20f.).

Anreise

. . . mit dem Flugzeug

Im Direktflug ist La Palma ein- bis zweimal wöchentlich von Berlin, Bremen, Dresden, Düsseldorf, Erfurt, Frankfurt, Hamburg, Hannover, Köln, Leipzig, München und Stuttgart mit LTU oder Condor zu erreichen. Hin und zurück kostet der Flug je nach Saison zwischen ca. 500 und 950 DM.

Charter-Fluggesellschaften dürfen mittlerweile auch Linientickets ausstellen, so daß auch nur der Flug ohne Unterkunft gebucht werden kann. Außerdem gibt es einmal wöchentlich die (etwas umständlichere) Möglichkeit, von Wien, Zürich und vielen deutschen Flughäfen nach Madrid und von dort mit der spanischen Gesellschaft Iberia nach La Palma zu fliegen.

Wenn man den Aufenthalt auf La Palma mit dem Besuch einer anderen Insel des Kanaren-Archipels verbinden will, bieten sich die Linienflüge der Gesellschaften Binter (keine Reservierung eines bestimmten Fluges) und Canarias Regional Air an. Von Teneriffa und Gran Canaria wird La Palma mehrmals täglich angeflogen. Nach Hierro gibt es im Sommer einmal wöchentlich eine Verbindung.

. . . mit dem Schiff

Die zeitraubende und teure Anreise mit der Autofähre lohnt nur für Langzeiturlauber, die ihren eigenem Wagen mitnehmen möchten: Einmal wöchentlich Fährschiff der Trasmediterránea vom spanischen Hafen Cádiz nach Teneriffa; dort geht es am selben Tag weiter nach La Palma (Santa Cruz). Für die Anfahrt nach Cádiz sind 2–3 Tage zu veranschlagen, für die Überfahrt weitere 2 $^1/_2$ Tage. Fährschiffe der Trasmediterránea ab Teneriffa und Gomera laufen den Hafen von Santa Cruz de La Palma dreimal wöchentlich an (Überfahrt ca. 8 bzw. 3 Std.). Einen aktuellen Fahrplan mit Preisliste vergibt die deutsche Vertretung der Trasmediterránea: DERTRAFFIC-Service-Center Fähren, Emil-von-Behring-Str. 6, 60439 Frankfurt/M., ✆ 0 69/ 95 88 58 00, Fax 95 88 58 22, Fax-Abruf 9 58 87 92 02.

Lineas Fred. Olsen verbindet La Palma täglich mit Teneriffa (Überfahrt Los Cristianos ca. 4 Std., Santa Cruz de Tenerife ca. 7 Std.).

UNTERWEGS AUF LA PALMA

. . . mit Leihwagen/Motorrad

Einen Kleinwagen (Opel Corsa o. ä.) erhält man schon ab ca. 40 DM pro Tag (inklusive Vollkasko- und Insassenversicherung und unbegrenzter Kilometerzahl). Wird der Wagen über ein Reisebüro im voraus gebucht, kann man ihn schon am Flughafen übernehmen. Dort befinden sich auch Büros sowohl spanischer als auch der bekannten internationalen Autovermieter. Weiterhin übernehmen Hotelrezeptionen, Reisebüros oder Contacto in Los Llanos die Vermittlung. Die Mietautos befinden sich in der Regel in gutem Zustand.

Voraussetzung für die Kfz-Mieten ist der nationale Führerschein, der bereits ein Jahr alt sein sollte; der Fahrer sollte mindestens 21–23 Jahre alt sein. Das Fahren auf La Palma ist unproblematisch, die Verkehrsdichte gering. Pflicht ist dennoch der Abschluß einer Vollkaskoversicherung, da spanische Unfallpartner oft nicht ausreichend versichert sind.

Motorräder der Marke Honda vermietet Auto Soyka, Los Llanos, ✆ 9 22 46 32 04. Der Preis liegt bei 60 DM pro Tag. Es besteht Helmpflicht.

In den Ortschaften sind 50 km/h, auf der Landstraße 90 km/h erlaubt. Vor unübersichtlichen Kurven ist es üblich zu hupen, damit der Gegenverkehr vorbereitet ist. Die Promillegrenze liegt bei 0,7.

Bei der Planung von Rundfahrten sollte man bedenken, daß **Tankstellen** in entlegenen Gegenden oft an Sonn- und Feiertagen geschlossen sind. Einige Tankstellen an den Hauptverbindungsrouten bieten 24-Stunden-Service.

. . . mit dem Bus

Abgesehen von organisierten Busrundfahrten, die von Hotels und Reisebüros angeboten werden, gibt es auch gute Möglichkeiten, Ausflüge per Bus auf eigene Faust zu unternehmen. Alle wichtigen Orte sind an das Liniennetz angebunden; die Busse sind pünktlich und die Fahrtkosten niedrig. Eine gute Hilfe bei der Routenplanung ist der jeweils aktuelle Busfahrplan (*horario*), der bei der Busgesellschaft »Transporte del Norte« in Santa Cruz, Calle Pedro J. de las Casas 3, im Busbahnhof von Los Llanos, Calle Ramón Pol 3, sowie in Reisebüros oder im Fremdenverkehrsamt von Santa Cruz erhältlich ist.

Bushaltestellen sind nicht immer als solche zu erkennen. Auf freier Strecke halten die Busse auf Handzeichen. Gezahlt wird beim Fahrer. Zwischen Santa Cruz und Los Llanos verkehren Linienbusse etwa stündlich. Alle anderen wichtigen Orte der Insel sind zumindest mit einer dieser beiden Städte verbunden. Hinweise dazu findet der Besucher bei den jeweiligen Ortsbeschreibungen.

. . . mit dem Taxi:

Taxis sind auf La Palma weiß und tragen an der Seite die Buchstaben »SP« (*Servicio público*). Nicht alle Wagen sind mit Taxameter ausgerüstet, doch führt jeder Fahrer eine Preisliste mit, die man bei längeren Strecken vor der Fahrt einsehen sollte. Es gibt drei Preiszonen, angezeigt durch Leuchtziffern auf dem Wagendach. Abgerechnet wird bei Stadt- und Überlandfahrten nach gefahrenen Kilometern. Man kann die Preise für Rundfahrten aber auch frei aushandeln. Eine Tagestour kostet ca. 12 000 Pts.

Ein Ausflug mit dem Taxi kann sehr lohnend sein, denn die ortskundigen Fahrer geben meist unterwegs viele Erklärungen und kennen die besten Restaurants. Wanderer können mit dem Taxifahrer vereinbaren, sie am Endpunkt ihrer Tour wieder abzuholen. Wer des Spanischen nicht mächtig ist, sollte sich um einen deutsch- oder englischsprechenden Fahrer bemühen. An den Hotelrezeptionen organisiert man gerne die Vermittlung.

Sprachführer

La Palma ist kein Ziel des Massentourismus'. Außerhalb der Ferienorte verstehen nur wenige Menschen Deutsch oder Englisch. Daher können Grundkenntnisse des Spanischen, die man sich vor der Reise aneignet, durchaus von Nutzen sein. Volkshochschulen und ähnliche Einrichtungen bieten Spanischkurse für Anfänger und Fortgeschrittene an. Für das Selbststudium eignen sich Kassetten- oder Video-Sprachkurse. Speziell auf die Bedürfnisse von Urlaubern zugeschnitten ist z. B. »Intensiv Spanisch« vom Lingen Verlag.

Das auf den Kanarischen Inseln gesprochene Spanisch klingt melodischer als auf dem Festland. Die Aussprache ist der südamerikanischen ähnlich. So verschlucken die Canarios das »s« am Ende vieler Wörter und legen wenig Wert auf die sorgfältige Aussprache des Lautes »c« (vor »e« und »i«), die der des englischen »th« ähnelt.

Einige Besonderheiten der spanischen (kanarischen) Aussprache, die man sich einprägen sollte:

c	vor a, o und u wie k
c	vor e und i wie engl. th; auf den Kanaren auch wie ein stimmloses s
ç	wie c vor e und i
ch	wie tsch
g	vor e und i wie ch in ›ach‹
h	bleibt stumm
j	wie ch in ›ach‹
ll	wie j
ñ	wie nj
q	wie k
s	wie ss
v	bilabialer Reibelaut zwischen b und w; auf den Kanaren aber auch wie w
y	wie j
z	wie das englische stimmhafte th; auf den Kanaren aber auch wie ein stimmhaftes s.

Einige geographischer Begriffe:

alto, alta	hoch
bajo, baja	niedrig
barranco	Schlucht
caleta	kleine Bucht
callao	Felsbrocken, Stein
cascada	Wasserfall
charco	Pfütze, Lache
cueva	Höhle
cumbre	Bergrücken
faro	Leuchtturm
fuente	Quelle
hoyo	Grube
iglesia	Kirche
lomo	Rücken
malpaís	schlechtes Land
mirador	Aussichtspunkt
montaña	Berg, Gebirge
morro	Schnauze, Maul
pico	Berggipfel, Spitze
piedra	Stein
pinar	Kiefernwald
playa	Strand
plaza	Platz
puerto	Hafen
punta	Landspitze
risco	Felsen, Klippe, Grat
refúgio	Schutzhütte
roque	Felsen

Unterkunft

Alle großen Reiseveranstalter und auch eine Reihe von Spezialveranstaltern bieten Pauschalarrangements mit Flug, Transfer oder Mietwagen und Unterkunft auf La Palma an. Die Auswahl reicht von Hotels über Appartementanlagen verschiedener Größe und Ausstattung bis hin zu familiären Pensionen und Ferienhäusern. Oft vermieten (meist deutsche) Besitzer ihre Ferienhäuser privat über Kleinanzeigen in Tageszeitungen oder Reisemagazinen.

Ausgesprochene Ferienorte, die sich sowohl als ›Stützpunkt‹ für Wanderfreunde als auch für einen reinen Badeurlaub eignen, sind

Puerto de Naos und Los Cancajos. Die 4 Sterne-Hotels in Los Cancajos (Taburiente Playa) und Puerto de Naos (Sol Elite La Palma) leisten sogar gehobenen Ansprüchen Genüge. Ansonsten gibt es in beiden Orten Appartementanlagen, die z. T. auch Halbpension anbieten.

Individualisten finden außerhalb der Ferienzentren eine ganze Reihe unterschiedlichster Unterkünfte. Santa Cruz ist für einen Badeurlaub nicht geeignet, kommt aber mit Stadthotels und mehreren Pensionen durchaus als Stützpunkt in Frage, wenn man viel auf eigene Faust unternehmen und dabei nicht auf die Annehmlichkeiten des Stadtlebens verzichten möchte. In vielen Inselorten gibt es kleinere, familiäre Appartementanlagen und Ferienhäuser, oft von schönen Gärten umgeben und sehr ruhig gelegen. Restaurierte alte Bauernhäuser werden im Rahmen des Programms »Turismo Rural« (s. S. 46f.) vermietet (Vermittlung in Deutschland: Karin Pflieger, Lohkoppelweg 26, 22529 Hamburg, ✆/Fax 0 40/ 5 60 44 88). Wenn man eine solche Unterkunft bucht, sollte man einen Mietwagen für den gesamten Aufenthalt einplanen.

Bei der Wahl des Urlaubsortes ist zu bedenken, ob er auf der West- oder Ostseite der Insel liegt. Der Westen ist sonnensicherer, vor allem im Winter. Im Sommer dagegen kann es dort recht heiß und trocken werden. Auf der Ostseite ist die Vegetation üppiger, die Blütenfülle prächtiger. Allerdings bewölkt es sich häufiger. In den kältesten Monaten empfiehlt es sich, eine Unterkunft auszusuchen, die nicht mehr als 300 m über dem Meeresspiegel liegt, denn in größeren Höhen kann es in den (meist ungeheizten) Häusern abends recht kühl werden.

Wer auf eigene Faust nach La Palma reist und keine Unterkunft vorausbuchen möchte, sollte die Monate Juli und August sowie die Weihnachts- und Osterzeit meiden. Dann sind die preiswerteren Unterkünfte meist durch spanische Urlauber ausgebucht. In verschiedenen Orten gibt es eine Reihe einfacher Appartementhäuser und Pensionen. Wenn man in entlegene Gebiete fahren will, sollte man zuvor angesichts der begrenzten Unterkünfte telefonisch, über ein Reisebüro oder über Contacto in Los Llanos reservieren lassen.

Für Gruppen bieten sich die Herbergen bei La Galga und in San Antonio del Monte an.

Zelten ist nur auf wenigen, ausgewiesenen Plätzen für begrenzte Zeit möglich. Genehmigungen für die Caldera de Taburiente erteilt die Nationalparkbehörde (Centro de Visitantes, ✆ 9 22 49 72 77, Fax 9 22 41 34 38, s. S. 154) bis zu zwei Monate im voraus oder direkt vor Ort. Für die Plätze El Pilar, Laguna de Barlovento, Fuencaliente und San Antonio del Monte ist die Umweltbehörde zuständig: Medio Ambiente, Santa Cruz, Plazoleta del Muelle, ✆ 9 22 41 11 91. Die Gemeinde Barlovento betreibt einen Campingplatz an der Meeresbadeanlage La Fajana (Anmeldung im Rathaus, *Ayuntamiento*). Private Zeltplätze gibt es in Puntagorda (s. S. 166) und in La Laguna (Camino Cruz Chica 60, ✆ 9 22 40 11 79).

ESSEN & TRINKEN

Restaurants

Die Gastronomie La Palmas ist bodenständig. Sogenannte ›internationale‹ Küche findet man kaum. In den Ferienorten, den Hotels und auch in gepflegten städtischen Restaurants werden meist für das spanische Festland typische Gerichte serviert. Außerdem gibt es von Ausländern geführte Lokale, wo italienische, chinesische oder auch deutsch-palmerische Küche geboten wird. Will man die kanarischen Spezialitäten kennenlernen, sollte man in den einfachen Restaurants essen, die die Einheimischen aufsuchen. Tips dazu finden sich bei den jeweiligen Ortsbeschreibungen.

Bis in die jüngste Vergangenheit war die Bevölkerung La Palmas sehr arm, die Kochkultur entsprechend schlicht. Traditionell ißt man gerne Eintöpfe aller Art, die sehr schmackhaft sein können. Fleisch oder frischer Fisch werden in der Pfanne gebraten; mit etwas Glück erhält man aber auch gut gewürzte Schmorgerichte. Dazu gibt es *Papas arrugadas* (eine Art Pellkartoffeln) und ein wenig Salat. Gewürzt wird mit kräftigen, hausgemachten Saucen (*Mojo rojo, Mojo verde*), die viel Knoblauch enthalten (siehe S. 213).

Überall auf der Insel gibt es Ausflugslokale, die sich meist *Parilla* (Grillstube) nennen. Am Wochenende fahren die Einheimischen gern mit der ganzen Familie ins Grüne und verbringen oft mehrere Stunden beim ausgiebigen Mittagessen. Die *Parillas* sind bei Fleisch-Fans bekannt für die riesigen Portionen an gegrilltem, kräftig mit Knoblauch gewürztem Fleisch (Hähnchen-, Schweine- und Ziegenfleisch). An den Stränden und Badeplätzen bieten *Kioscos* (sehr einfache Restaurants) auf schattiger Veranda fangfrischen Fisch an.

Den kleinen Hunger kann man in einer *Bar* stillen. Damit sind auf La Palma einfache Kneipen gemeint, in denen man ohne großen Zeitaufwand einen Kaffee, ein Bier oder ein Glas Wein trinken kann, meist im Stehen oder auf einem Barhocker am Tresen. Sie sind vom Vormittag bis spät in den Abend hinein geöffnet. Aus einer Kühltheke kann man *tapas* (kleine Portionen) auswählen: Fleisch- oder Fischgerichte, die dann kurz erhitzt werden, *bocadillos* (›belegte Brötchen‹), *tortilla* (›Kartoffel-Omelette‹) und Salate. Dies ist vielleicht die beste Art, die palmerische Küche kennenzulernen, denn das (in der Regel hausgemachte) Angebot ist vielseitiger als das auf den Speisekarten der Restaurants.

Zum Essen trinken die Einheimischen stets Wein (einfachen, offenen Landwein der Insel oder aus Spanien importierten Flaschenwein), dazu Tafelwasser ohne Kohlensäure, das aus der Caldera de Taburiente stammt. Mittlerweile ist Bier zwar recht verbreitet und wird auf Teneriffa gebraut, doch trinkt man es eher zwischen den Mahlzeiten. Zum Abschluß der Mahlzeit gehört ein *café solo* (›Espresso‹) oder *cortado* (›Espresso mit viel Kondensmilch‹). Beliebt ist auch der *carajillo* (›Kaffee mit Cognac‹). Außerdem gibt es *café con leche* (›Milchkaffee‹), der mitteleuropäischen Vorstellungen von Kaffee am ehesten entspricht. Die Palmeros trinken ihn gern zum Frühstück. Tee ist nicht sehr verbreitet und wird immer mit Hilfe von Teebeuteln gebrüht.

Die Palmeros nehmen das Mittagessen üblicherweise gegen 14 Uhr, das Abendessen gegen 21 Uhr ein. Dies kommt mitteleuropäischen Gepflogenheiten entgegen. Nur in den Ferienorten, wo im Sommer viele Spanier vom Festland ihren Urlaub verbringen, füllen sich die Lokale am Abend oft erst gegen 22 Uhr. Die Speisekarten der größeren Restaurants sind meist in deutscher Sprache verfaßt. In ländlichen Lokalen kann es vorkommen, daß es gar keine Speisekarte gibt. Dort empfiehlt der Wirt den Gästen die Spezialität des Tages noch persönlich und führt sie bei Verständigungsproblemen auch schon mal zur Ansicht der Gerichte in die Küche. Der Service ist stets eingeschlossen. Darüber hinaus ist es üblich, den Rechnungsbetrag um 5–10% aufzurunden.

Selbstverpfleger

In den größeren Orten führen Supermärkte ein komplettes Sortiment. Besonders reichhaltig ist das Angebot an Obst, Gemüse, Fisch und Fleisch in den Markthallen von Santa Cruz und Los Llanos sowie auf dem Wochenmarkt von Mazo. Kleinere Läden, vor allem in ländlichen Gemeinden, führen meist nur Grundnahrungsmittel. Wer im Urlaub auf Vollwertkost nicht verzichten möchte, dem sei der deutsche Naturkostladen El Campo in El Paso, Carretera General 1, empfohlen. Direkt nebenan gibt es eine deutsche Bäckerei.

Palmerische Spezialitäten

Sopa de garbanzos (›Kichererbsensuppe‹): Eine nahrhafte Vorsuppe, die meist auch etwas Fleisch enthält und überall dort angeboten wird, wo man gute palmerische Küche genießen kann.

Sopa picadillo: Hühnerbrühe mit ein wenig Fleisch und Ei, dazu geröstete Weißbrotwürfel. Eine leichte Vorsuppe.

Ropa vieja: ›Alte Wäsche‹ heißt dieser beliebte Eintopf aus Kichererbsen, Suppenfleisch, Paprikawurst und Zwiebeln, dazu Tomaten und Paprikaschoten.

Vieja (›Papageifisch‹): Einer der begehrtesten Speisefische auf La Palma. Er wird gegrillt (*a la parilla*) oder auf einer Eisenplatte gebraten (*a la plancha*) angeboten. Andere häufig gefangene Fischsorten sind Thunfisch (*atún*), Seehecht (*merluza*), Goldmakrele (*dorado*) und Makrele (*caballa*).

Conejo en salmorejo: Kaninchen ist ein beliebtes Jagdwild, aber im Restaurant erhält man meist Hauskaninchen. Es wird in kräftig mit Kräutern, Knoblauch, Safran und Chili gewürzter Brühe gegart.

Gofio

Nahrung der Altkanarier

Vor der Kneipe von Las Piedras parken eigentlich immer ein paar Autos. Palmeros, die beruflich von Los Llanos nach Santa Cruz unterwegs sind, stärken sich in der zugigen Bar mit einem Glas Wein, dazu gibt es deftige Tapas. Hin und wieder verirren sich auch Touristen hierher. Vorsicht ist allerdings geboten, wenn man kanarische Spezialitäten probieren will. Was da zwischen den Süßigkeiten auf einem Teller liegt, sieht verlockend aus – wie gebrannte Mandeln, mit Puderzucker bestreut. Ein Biß, und die Enttäuschung ist groß. *Chicharrones* seien dies, meint der Junge hinter der Theke in seinem fast unverständlichen Inseldialekt und zeigt ungerührt mit der Hand auf seinen Bauch. Keine Mandeln also, sondern bei kleiner Hitze goldgelb gebratene Schweinegrieben, recht kräftig gesalzen. Und der ›Puderzucker‹? Nein, kein Mehl, sondern ... *gofio.*

Einheimische behaupten, es dauere Jahre, bis man Geschmack am Gofio fände. Dann aber wolle man nicht mehr davon lassen. Fremden setzt man Gofio nicht gern vor, denn die wissen ihn ja noch nicht zu schätzen. Auf Speisekarten ist er nicht zu finden. Hat man sich als Neuling dennoch durchgerungen und ihn ausdrücklich bestellt, so sitzt man meist recht ratlos vor einer Schüssel, in der sich so etwas ähnliches wie roher Brotteig befindet – Gofio, mit Wasser verknetet.

Cabrito en adobo: Das Fleisch junger Ziegen gibt es zur Schlachtzeit in den Wintermonaten. Es schmeckt hervorragend, wenn es vor dem Braten in Wein mit Kräutern, Knoblauch und Gewürzen eingelegt und dann langsam im Backofen gegart wird.

Papas arrugadas: ›Verschrumpelte‹ Pellkartoffeln mit einer Salzkruste, die traditionell als Beilage serviert werden. Man kocht sie in stark gesalzenem Wasser (ursprünglich verwendete man Meerwasser) und dämpft sie anschließend ab, damit das Wasser völlig verdunstet. Die Kartoffeln (die Pelle wird mitgegessen!) werden mit den Fingern zerbrochen und dann in Saucen getunkt.

Mojo rojo: Milde, rote Sauce aus Knoblauch, Paprika, Olivenöl und Essig. Es gibt auch eine scharfe Variante (*mojo picón*). Beide werden zu *Papas arrugadas* serviert.

Mojo verde: Eine Sauce mit grünem Paprika und Kräutern (Petersilie, Koriander u. a.).

Bienmesabe (›Schmeckt mir gut‹): Beliebtes palmerisches Dessert,

Um es wie die Einheimischen zu machen, sollte man ihn zu kleinen Kugeln rollen und zum Wein verspeisen. In der ›Luxusversion‹ ist er mit gehackten Zwiebeln und Kräutern verfeinert, doch schmeckt die Mischung so oder so pappig und fad. Man kann den Teig aber auch unter Suppe und Saucen mischen, die dadurch recht gehaltvoll werden. Kenner rühren puren Gofio gern beim Frühstück in ihren Milchkaffee oder verwenden ihn für Süßspeisen. Übrigens darf er auf gar keinen Fall gekocht oder gebacken werden, sonst gibt es »cemento«.

Der vielseitige Gofio war wichtigste Ernährungsgrundlage der Altkanarier, denn das Brotbacken war ihnen unbekannt. Um die Gerste – vermutlich das einzige von ihnen angebaute Getreide – nicht roh essen zu müssen, rösteten sie die Körner in einer Tonschale über dem offenen Feuer und mahlten sie anschließend per Hand in einer Steinmühle. Vor dem Verzehr rührte man das Mehl mit Wasser oder Ziegenmilch an. Auch nach der Conquista blieb Gofio ein wichtiges Nahrungsmittel. Allerdings ersetzte man die Gerste nun häufig durch Mais, Weizen oder gar Kichererbsen. In schlechten Zeiten mußten arme Leute auf Farnwurzelmehl zurückgreifen oder getrocknete Pilze untermischen.

Erst im 20. Jh. kam Gofio ein wenig aus der Mode. Es galt als schick, statt dessen Brötchen und Kartoffeln zu essen. Mit der Rückbesinnung auf kanarische Traditionen erlebt der Gofio in den letzten Jahren eine ›Renaissance‹. Sein hoher Nährwert – schließlich wird das volle Korn vermahlen – wird wieder geschätzt. Ihre Manneskraft führen viele Palmeros sprichwörtlich gern auf den täglichen Genuß von Gofio zurück ...

das aus Eiern, Mandeln und Zucker hergestellt wird.

Rapaduras de gofio: Süßigkeit aus Zuckerrohrsirup und Gofio, die in Geschäften und Bars verkauft werden.

Queso blanco: Frischer, milder Ziegenkäse, der auf La Palma meist geräuchert wird, um ihn haltbar zu machen. Als Zwischenmahlzeit ißt man gerne *bocadillos* mit Ziegenkäse.

Arepas: Ausgebackene Teigtaschen aus Maismehl, die mit Käse, Thunfisch, Huhn oder Fleisch gefüllt sind. Rückkehrer aus Venezuela haben diese südamerikanische Spezialität auf La Palma eingebürgert, wo sie manchmal in Bars angeboten wird.

Ron (›Rum‹): Wird in geringen Mengen auf der Insel hergestellt und pur oder mit Eis getrunken. Gut schmeckt er mit Honig (*ron con miel*).

URLAUBSAKTIVITÄTEN

Baden

Auf La Palma gibt es nur wenige, kleine Strände. Die meisten sind kiesig bis steinig. Den besten Sandstrand besitzt Puerto de Naos. In Los Cancajos wurde ein Sandstrand künstlich angelegt und durch Wellenbrecher gesichert. Schöne, ruhige Badebuchten findet man an der Küste von Fuencaliente sowie rund um Puerto de Naos. Doch auch hier können die Wellen an manchen Tagen so hoch sein, daß Baden nicht ungefährlich ist. An den bewachten Stränden wird Badeverbot durch eine rote Flagge angezeigt. Gelb bedeutet »Vorsicht«, bei Grün ist Baden sicher. An unbeaufsichtigten Stränden sollte man nur bei auflaufendem Wasser baden. Gezeitentabellen werden in dem deutschsprachigen ›Infomagazin‹ (s. S.220) veröffentlicht.

Im Norden, wo Strände rar sind, wurden Felsbadeanlagen geschaffen. Man schwimmt in natürlichen Meeresschwimmbecken, die von der Brandung in den Küstenfels genagt wurden. Schöne Anlagen dieser Art gibt es am Charco Azul bei San Andrés und in La Fajana bei Barlovento.

Gleitschirm- und Drachenfliegen

Beliebtes Revier ist der Südwesten. Ein Vulkankegel bei Jedey dient als Starthügel, gelandet wird auf dem nahen Sportplatz oder am Strand von Puerto de Naos; Anfänger ohne Vorkenntnisse können gegen Gebühr im Tandem-Paragleiter mitfliegen: Gleitschirmbasis ›Palmaclub‹ in Puerto de Naos (✆/Fax 9 22 40 81 21, s. S. 134). Unterricht im Drachenfliegen erteilt die Escuela de Parapente, in Los Quemados/Fuencaliente, Calle la Cruz, ✆ 9 22 44 40 34, 9 22 44 43 03.

Radfahren

Radwanderer und Mountainbiker haben es auf La Palma wegen der enormen Steigungen nicht leicht. Dennoch sieht man sie immer häufiger. Hinweise zum Raderleih stehen am Ende der jeweiligen Ortsbeschreibungen.

Geführte Radtouren bieten an: La Palma Tours in Los Cancajos, ✆ 9 22 18 11 09; Bike Station La Palma in Puerto de Naos, ✆/Fax 9 22 40 83 55; Bike'n'Fun in Los Llanos, ✆/Fax 9 22 40 19 27.

Reiten

In El Paso gibt es einen Reitstall (Unterricht, Ausritte): Centro Hípico, ✆ 9 22 40 82 75 (s. S. 149).

Segeln

Bisher gibt es auf La Palma keinen Verleih von Segelbooten und auch keine organisierte Mitsegelgelegenheit. Hochsee-Segler legen ab und zu in Santa Cruz oder Puerto de Tazacorte an, um sich mit Proviant zu versorgen oder Landausflüge zu unternehmen. Die Liegemöglichkeiten sind aber begrenzt und nicht besonders komfortabel.

Surfen

Die Gewässer rund um die Insel eignen sich nur schlecht, da größere Strände fehlen; Nord- und Ostküste sind wegen hoher Brandung zu gefährlich, an der Südwestküste herrschen ablandige Strömungen vor. Lediglich die Strände von Puerto de Naos sind einigermaßen geeignet. Okt.–Mai werden dort an der Playa Nueva Bretter vermietet und Kurse angeboten.

Tauchen

An der Steilküste von La Palma erschließt sich für den Taucher im sehr sauberen Wasser eine variantenreiche Meeresfauna. Das beste Revier liegt im Süden, in den Felsriffen vor der Punta de Fuencaliente. Dort bekommt man Barrakudas, Wrackbarsche, Haie und Meeresschildkröten zu sehen.

Tauchbasen die Kurse, geführte Tauchgänge und Ausrüstung anbieten: Taucher-Treff La Palma, El Paso, ✆ 9 22 48 59 38 (s. S. 149); Atlantic 28°, Puerto de Tazacorte, ✆/Fax 9 22 48 09 11 (s. S. 140); Tauchpartner La Palma, Puerto de Naos 438, ✆/Fax 9 22 40 81 39 (s. S. 134); alle unter dt. Leitung.

Tennis

Einige Hotel- und Appartementanlagen besitzen Tennisplätze, die in der Regel Hotelgästen vorbehalten sind. Daneben bietet sich in Santa Cruz die öffentliche Anlage Polideportivo Miraflores oberhalb des Hospitals de las Nieves an (Buchung: Cabildo Insular, Av. Marítima 3, 5 St., ✆ 9 22 41 36 57). An der Straße von Los Llanos nach Puerto de Naos liegt der Club de Tennis Valle de Aridane, ✆ 9 22 48 02 03, wo man auf Anfrage spielen kann, wenn man den eigenen Schläger mitbringt.

Wandern

Zum Wandern ist die Insel mit ihrer abwechslungsreichen Landschaft und den gut ausgebauten Wegenetzen hervorragend geeignet. Dieses Buch hält Routenvorschläge im Anschluß an die jeweiligen Ortsbeschreibungen bereit (s. Inhaltsverzeichnis). Weiterführende Literatur und Karten s. S.205. Verschiedene Veranstalter bieten Wanderwochen oder einzelne Wandertage an (z. B. Alpinschule Innsbruck, Timah). Geführte Wanderungen in die Caldera de Taburiente organisieren Reisebüros sowie die Nationalparkverwaltung (s. S. 154, 209).

Yoga und Kampfsport

Deutsche Einwanderer haben Puntagorda zu einem regelrechten Zentrum für Yoga und fernöstliche Kampfsporttechniken gemacht.

Kurse in Hatha Yoga und Tai Chi Chuan: Johannes Schaumburg, Calle de Marcelo Sanfiel 2, ✆ 9 22 49 30 82. Aikido-Gruppe: Dojo Invernadero, Camino de la Varquita, ✆ 9 22 49 33 66.

REISEINFORMATIONEN VON A BIS Z

Auskünfte

Spanisch: Oficina Insular del Turismo, Calle O'Daly 18, Santa Cruz, ✆ 9 22 41 21 06; Casa Massieu, Los Llanos, Ortsteil Argual, ✆ 9 22 40 18 99. **Deutsch:** Contacto, Calle General Yagüe 5, Los Llanos, ✆ 9 22 46 32 04, Palmaclub, Paseo Marítimo s/n, Puerto de Naos, ✆/Fax 9 22 40 81 21; Info Center La Palma, Calle Antonio Pino Pérez 3, El Paso ✆/Fax 9 22 49 74 68.

Diebstahl

La Palma ist eine sichere Insel. Um Einbrüche nicht zu provozieren, sollte man Wertsachen dennoch nicht offen im Auto liegenlassen.

Diplomatische Vertretungen

Konsulat der BRD: Av. Francisco La Roche 45, Santa Cruz de Tenerife, ✆ 9 22 28 48 12, 9 22 28 48 16, Fax 9 22 24 70 49, Mo–Fr 9–12 Uhr. In dringenden Fällen außerhalb der Dienststunden wählt man 9 22 28 48 12. Der Anrufbeantworter informiert, an wen man sich wenden kann.

in Santa Cruz de la Palma: J. Francisco Pérez Bravo, Calle O'Daly 39, ✆ 9 22 42 06 89, Fax 9 22 41 32 78, Mo–Do 10–13 Uhr.

Konsulat der Republik Österreich: Calle San Francisco 17, Santa Cruz de Tenerife, ✆ 9 22 24 37 99, Mo–Fr 10.30–12.30 Uhr.

Schweizerisches Konsulat: Calle El Cid 38–40, Las Palmas (Gran Canaria), ✆ 9 28 27 45 44, Mo–Fr 9–13 Uhr.

Feiertage und Feste

Offizielle Feiertage

In Spanien werden die 14 gesetzlichen Feiertage in den einzelnen Regionen jährlich neu festgelegt. Auf den Kanaren sind dies in der Regel: 1. Januar (Neujahrstag), 6. Januar (Dreikönigsfest), Gründonnerstag, Karfreitag, 1. Mai (Tag der Arbeit), 30. Mai (Tag der Kanaren), Fronleichnam, 25. Juli (Sankt Jakob), 15. August (Mariä Himmelfahrt), 5. Oktober (Tag der Entdeckung Amerikas), 1. November (Allerheiligen), 6. Dezember (Tag der Verfassung), 8. Dezember (Mariä Empfängnis), 25. Dezember (Weihnachten). Darüber hinaus bestimmt jede Gemeinde zwei örtliche Feiertage (s. u.).

Kirchenfeste
An Wochenenden im Sommerhalbjahr finden überall auf der Insel ausgelassene *fiestas* statt. Anlaß ist stets die Feier eines Dorfheiligen, zu dessen Ehren am Sonntag eine Prozession veranstaltet wird. Wichtiger Bestandteil der Feierlichkeit ist das Volksfest am Vortag, das mitunter sogar mehrere Tage dauern kann. Die Termine der Feste variieren von Jahr zu Jahr etwas. Sie werden auf Plakaten angekündigt.

Wichtige Feste
Am 5. Januar, dem Vorabend des **Dreikönigsfests**, findet ähnlich wie bei uns am Heiligabend eine Bescherung für die Kinder statt. Ihr geht in den größeren Orten ein Umzug voraus, bei dem drei als die Heiligen Drei Könige verkleidete Männer, auf Mauleseln reitend, Bonbons an die Kinder verteilen.

Sehr ausgiebig und fast schon südamerikanisch lebhaft wird der **Straßenkarneval** gefeiert, oft noch weit über die eigentlichen Karnevalstage hinaus. Bei den Maskenumzügen setzen sich die Sänger in heiter-ironischer Form mit der Lokalpolitik auseinander. Ein Tag ist den Emigranten gewidmet, die aus Übersee in weißen Anzügen als Symbol ihres neuen Reichtums in die Heimat zurückkehrten. An diesem *Día de los Indianos* bestreut man sich gegenseitig mit Talkumpuder, bis alle ›weiße Anzüge‹ tragen. Den Abschluß des Karnevals bildet die Beerdigung einer überdimensionalen Sardine aus Pappmaché, der eine feierliche Feuerbestattung bereitet wird.

Eine der wichtigsten örtlichen Fiestas ist das **Mandelblütenfest** in Puntagorda (s. S. 164 f.). Der Termin wird je nach Blühbeginn in jedem Jahr neu festgelegt (Ende Januar/Anfang Februar). Das Fest, das noch keine lange Tradition hat, wurde geschaffen, um dem immer weiter zurückgehenden Mandelanbau auf La Palma neuen Antrieb zu verleihen. Auftritte von Folkloregruppen, Dichterlesungen und Pferderennen sind die Attraktionen. Dazu gibt es Musik, Tanz und üppiges Essen und viel Wein.

Fronleichnam wird in vielen Orten der Insel mit Blumenteppichen gefeiert, die in den Straßen ausgelegt werden. Am farbenprächtigsten begeht man das Fest in Villa de Mazo (s. S. 105f.).

Das bekannteste Fest La Palmas ist die **Bajada de la Virgen,** die nur alle fünf Jahre am 5. August zu Ehren der *Jungfrau von Las Nieves* stattfindet (der nächste Termin ist 2000, s. S. 174f.).

Mit einer Nachstellung der berühmten **Seeschlacht von Lepanto** wird in Barlovento alle zwei Jahre am zweiten Sonntag im August das **Rosenkranzfest** begangen (nächster Termin: 1998, s. S. 68f.).

In Tijarafe feiert man anläßlich der *Fiesta de la Candelaria* jährlich am 7./8. September das spektakuläre **Teufelsfest** (*Fiesta del Diablo*), das auf vorchristliche Bräuche zurückgeführt wird.

Fotografieren

Fotomaterial ist in guter Auswahl, allerdings deutlich teurer als zu

Hause, erhältlich. Fotogeschäfte gibt es in allen größeren Orten.

Geld und Geldwechsel

Währungseinheit ist die Peseta (pta., ptas. oder pts.). Es sind Banknoten zu 20 000, 10 000, 5000, 2000 und 1000 Pesetas im Umlauf, Münzen zu 1, 5, 10, 25, 50, 100, 200 und 500 Pts.

Regulär sind Banken geöffnet: Mo–Fr 9–14 und Sa 9–13 Uhr. In den Sommermonaten sind sie samstags geschlossen. An den Hotelrezeptionen ist Geldwechsel ebenfalls (meist zu einem schlechteren Kurs) möglich. Auch an Automaten kann man (mit Euroscheckkarte und Geheimnummer) Geld abheben. Euroschecks werden bis zu einem Höchstbetrag von 25 000 Pts. angenommen. Beim Geldwechsel ist oft der Paß oder Personalausweis vorzulegen.

Gesundheit

Krankenhäuser: Santa Cruz, Hospital Nuestra Señora de las Nieves, Carretera de las Nieves 2, ✆ 9 22 42 03 00; Hospital Nuestra Señora de los Dolores, Plaza Ramón y Cajal, ✆ 9 22 41 55 25, 9 22 42 32 04. Los Llanos, Hospital del Valle de Aridane, ✆ 9 22 46 00 68.
Gesundheitszentren: In vielen größeren Orten gibt es ein »Centro de Salud« oder »Centro Sanitario«, das Erste Hilfe leistet und einfache Fälle medizinisch betreut: Barlovento, Calle El Calvario 2, ✆ 9 22 45 10 52; Breña Alta, Calle la Dura, ✆ 9 22 43 71 53; Breña Baja, San Antonio, ✆ 9 22 43 50 02; Fuencaliente, Calle Emilio Quintana Sánchez 9, ✆ 9 22 44 41 28; Garafía, Calle Diaz y Suárez, ✆ 9 22 40 00 56; Los Llanos, Plaza Mercado, ✆ 9 22 46 30 22; Villa de Mazo, Carretera General, ✆ 9 22 44 03 57; El Paso, Av. José Antonio 5, ✆ 9 22 48 59 43.
Deutsche Ärzte: Santa Cruz, Dr. med. Siegfried Kasper, Av. El Puente 31, 5. St., ✆ 9 22 41 38 47, 9 22 42 83 45; Breña Baja, Dr. med. Roland Klassert, San Antonio 255, ✆ 9 22 18 14 14, 9 22 41 24 01; vormittags im Hospital de las Nieves, ✆ 9 22 42 03 00; El Paso, Claus Voss, Tajuya, Calle Espigón 20, ✆ 9 22 48 60 28 (Allgemeinmedizin und Innere Medizin).
Apotheken: Die gut sortierten Apotheken (*farmacia*) sind durch ein grünes Kreuz auf weißem Grund gekennzeichnet. Reguläre Öffnungszeiten: Mo–Fr 9–13 und 17–19 Uhr. Ein Schild an der Tür gibt an, welche Apotheke Notdienst hat.
Hygiene: Die hygienischen Verhältnisse sind in der Regel in Ordnung. Dennoch empfiehlt es sich, anstelle des Leitungswassers das preiswerte Mineralwasser zu verwenden, das in 5 l-Kanistern angeboten wird.

Polizei

Über den **Notruf** 1 12 ist die »Policía Nacional« zu erreichen. **Diebstähle** sind bei der »Guardia Civil« anzuzeigen, wo man eine Bescheinigung für die Reisegepäckversicherung erhält: Santa Cruz, La Portada, ✆ 9 22 41 11 00; Los Llanos, Av. Tanausú 22, ✆ 9 22 46 09 90; El Paso, Calle Fátima 2, ✆ 9 22 48 50 04. Für die **Unfallaufnahme** ist die Verkehrspolizei zuständig: ✆ 9 22 41 23 85.

Post

Die Postämter (*correos*) sind Mo–Fr 9–14 und Sa 9–12 Uhr geöffnet. Postsparer können nur in den folgenden Dienststellen der »Caja Postal de Ahorros« Geld abheben: Santa Cruz, Calle Anselmo Pérez de Brito 8; Los Llanos, Calle General Franco 3. Porto: Postkarten und Briefe nach Deutschland und Österreich kosten bis 20 g 60 Pts., in die Schweiz 70 Pts.

Radio/Fernsehen

Deutschsprachig: *Deutsche Welle*, KW 6075 kHz, 6100 KHz, 9545 kHz, 13780 kHz, 15720 kHz, 17860 kHz; Inos: Deutsche Welle, Hörerpost, 50588 Köln, ✆ 02 21/ 3 89 32 08, Fax 3 89 30 00. *Radio Cadena Española*, MW 747 kHz, Mo–Fr 8.30, Sa 8 Uhr Nachrichten; *Radio Marítimo*, MW 720 kHz, tägl. 17–18 Uhr; *Radio Sol*, UKW 88 mHz, Mo–Sa 21–21.30 Uhr Musik und Information.
Fernsehen: In Hotels, Appartementanlagen und Ferienhäusern können Satellitenprogramme empfangen werden. Der spanische Sender TV1 bringt täglich um 13 Uhr Nachrichten in deutscher Sprache.

Souvenirs

Seide: Taschentücher, Krawatten, Halstücher, Blusen aus handgesponnener Naturseide; zwei Werkstätten in El Paso;
Stickerei: handgearbeitete Tischdekken, Servietten, Sets, Taschentücher, Blusen, oft mit bunten Blumen- oder Vogelmotiven; in Kunsthandwerksläden und Privathäusern;
Webarbeiten: Decken, Tischläufer, Taschen aus Stoffresten per Hand gewebt; in Kunsthandwerksläden und kleinen Werkstätten;
Flechtarbeiten: Taschen, Hüte und Matten aus Palmstroh; in Kunsthandwerksläden und kleinen Werkstätten;
Keramik: detailgetreue Replikate altkanarischer Töpferwaren; Tienda de Artesanía »El Molino«, Hoyo de Mazo;
Zigarren: handgedrehte *puros;* in kleinen Werkstätten in Santa Cruz, Breña Alta, Breña Baja und El Paso;
Wein: schwerer Aperitifwein (Malvasier), fruchtige Rot- und Weißweine; in Probierstuben in Fuencaliente und Mazo. Auf Wunsch erhält man die Flaschen in transportgeeigneten Kartons mit Handgriffen.

Die Geschäfte haben normalerweise Festpreise. Gehandelt wird nur in Ausnahmefällen. Die reichhaltigste Auswahl bieten die Läden in Santa Cruz und Los Llanos. **Öffnungszeiten** sind in der Regel Mo–Fr 9–13(14) und 16(17)–20 Uhr sowie Sa 9–13(14) Uhr. In den Ferienorten öffnen manche Geschäfte über Mittag durchgehend, abends länger und auch am Wochenende. Während der Sommerferien (Juli, August) bleiben viele Läden am Nachmittag geschlossen.

Strom

Die Stromspannung beträgt immer 220 Volt. Nicht überall passen die bei uns üblichen Stecker, so daß es sich empfiehlt, einen Adapter mitzunehmen.

Telefon

Von Telefonzellen kann man internationale Gespräche sowohl mit Münzen führen (zu 100, 50 und 25 Pts., Mindestsumme 200 Pts.) als auch mit Telefonkarten (*tarjetas*), die man in Tabakläden (*estancos*) erhält. Von Postämtern kann man nicht telefonieren.

Man wählt zunächst 00, wartet einen Dauerton ab und wählt dann weiter die **Vorwahl** des Heimatlandes (Deutschland 49, Österreich 43, Schweiz 41), die nationale Ortsvorwahl ohne die 0 und zuletzt die Teilnehmernummer. Von Europa aus ist La Palma über die Vorwahl 00 34 (für Spanien) zu erreichen.

Trinkgelder

In Restaurants und Bars ist der Service im Preis enthalten. Üblicherweise läßt man sich das Wechselgeld genau herausgeben und läßt bei größeren Rechnungsbeträgen einige Münzen auf dem Tisch liegen (ca. 5%).

Zimmermädchen erhalten ca. 500 Pts. pro Woche. Bei Taxifahrten kann man die Summe aufrunden. Im Hotel erwarten Restaurantangestellte am Ende des Urlaubs (bei längeren Aufenthalten auch zwischendurch) einen angemessenen Betrag, den man dem Oberkellner in einem Umschlag überreicht.

Zeitungen

Die größeren deutschen Tageszeitungen und Zeitschriften sind in den Hauptorten mit ein- bis zweitägiger Verspätung in Zeitungsläden erhältlich, in den Ferienorten auch in Supermärkten.

In deutscher Sprache erscheinen auf La Palma drei Anzeigenblätter, die in Hotels und am Zeitschriftenkiosk erhältlich sind: ›La Palma Info‹ (halbjährlich), ›Infomagazin‹ (alle drei Wochen), ›Correo de Valle‹ (alle zwei Wochen). Sie enthalten Hintergrundinformationen über La Palma, Kleinanzeigen und Hinweise auf Veranstaltungen.

Zeitunterschied

Es gilt die Westeuropäische Zeit (WEZ). Die Uhr ist im Sommer wie im Winter um eine Stunde zurückzustellen.

REGISTER

Personen und Organisationen

Orts- und Sachregister

Bitte schreiben Sie uns, wenn sich etwas geändert hat.
Alle in diesem Buch enthaltenen Angaben wurden von der Autorin nach bestem Wissen erstellt und von ihr und dem Verlag mit größtmöglicher Sorgfalt überprüft. Gleichwohl sind – wie wir im Sinne des Produkthaftungsrechts betonen müssen – inhaltliche Fehler nicht vollständig auszuschließen. Daher erfolgen die Angaben ohne jegliche Verpflichtung oder Garantie des Verlages oder der Autorin. Beide übernehmen keinerlei Verantwortung und Haftung für etwaige inhaltliche Unstimmigkeiten. Wir bitten dafür um Verständnis und werden Korrekturhinweise gerne aufgreifen:

DuMont Buchverlag, Postfach 10 10 45, 50450 Köln
E-Mail: reise@dumontverlag.de